Moisés
Varón de Dios

Loren VanGalder

Spiritual Father Publications

Toda cita bíblica que no es anotada es de La Santa Biblia: Nueva Versión Internacional® NVI® (NVI) Copyright © 1999 by Biblica, Inc.® Used by permission. All rights reserved worldwide.

Citas anotadas (DHH) de Dios habla hoy ®, © Sociedades Bíblicas Unidas, 1966, 1970, 1979, 1983, 1996. Used by permission. All rights reserved worldwide.

Citas anotadas (LBLA) de La Biblia de las Américas, Copyright © 1986, 1995, 1997 by The Lockman Foundation.

Citas anotadas (NTV) de La Santa Biblia, Nueva Traducción Viviente, © Tyndale House Foundation, 2010. Used by permission. All rights reserved worldwide. Todos los derechos reservados.

Citas anotadas (RVR) de la Versión Reina-Valera 1960 © Sociedades Bíblicas en América Latina, 1960. Renovado © Sociedades Bíblicas Unidas, 1988. Used by permission. All rights reserved worldwide.

Copyright © 2018 by Loren VanGalder. All rights reserved.

ISBN-10: 0-9982798-9-7

ISBN-13: 978-0-9982798-9-3

Contenido

Introducción...1

Parte Uno: La misión empieza: De la zarza ardiente a la corte del faraón...3

1 Cuidado con la zarza ardiente (¡puede transformar tu vida!) *(Éxodo 3:1-12)*...**5**

2 Después de la zarza, ¡Dios quiso matar a Moisés! *(Éxodo 4:18-26)*...**15**

3 Seis pasos para iniciar la misión *(Éxodo 4:27-5:21)*...**23**

4 ¿Por qué, Señor? *(Éxodo 5:22-23)*...**31**

5 La respuesta de Dios a "¿Por qué?:" ¡Sigue adelante! *(Éxodo 6:1)*...**37**

6 Cómo avanzar con confianza *(Éxodo 6:2-12 & 6:28-7:13)*...**41**

7 Una noche más con las ranas *(Éxodo 8:8-10)*...**49**

8 La plaga de tinieblas *(Éxodo 10:21-29)*...**51**

Parte dos: Entrar al desierto: Los primeros días libres...57

9 ¡Liberación! *(Éxodo 12:31-41)*...**59**

10 ¿Estás listo para la batalla? *(Éxodo 13:17-22)*...**65**

11 Entre la espada y la pared *(Éxodo 14)*...**71**

12 ¡Adoración! *(Éxodo 15:1-21)*...**83**

Parte tres: Pruebas y enseñanzas en el desierto...93

13 ¡El socorro está por delante! *(Éxodo 15:22-27)*...**95**

14 El desierto de pecado *(Éxodo 16:1-12)*...**105**

15 ¿Cómo está tu obediencia? *(Éxodo 16:13-35)*...**115**

16 Sobrevivir en los lugares secos *(Éxodo 17:1-7)*...125
17 La Primera Batalla *(Éxodo 17:8-16)*...133
18 Moisés, hombre de familia *(Éxodo 18:1-12)*...141
19 Alguien que me cuida *(Éxodo 18:13-27)*...147

Parte 4: Monte Sinaí: Encontrar a Dios...155
20 La propuesta: Dios los invita a un pacto
(Éxodo 19:1-9)...157
21 La boda: Sellando el Pacto
(Éxodo 19:10-25; 20:18-21)...163
22 Cómo derrotar a tus enemigos
(Éxodo 23:20-33)...171
23 ¿Estás listo para un encuentro con Dios?
(Éxodo 24)...181
24 Un becerro de oro surge del fuego
(Éxodo 32)...189
25 El corazón de un hombre de Dios *(Éxodo 32)*...197
26 No puedo ir sin la presencia de Dios
(Éxodo 33)...209
27 El fin de la crisis *(Éxodo 34)*...221
28 Dones de artesanía *(Éxodo 35:30-36:7)*...231

Parte 5: Autoridad y rebelión...237
29 ¿Entrarás en el Reino? *(Números 9:15-23)*...239
30 Rebeldía: Quejas y descontento
(Números 11:1-34)...251
31 El peligro de criticar a los líderes de Dios *(Números 12)*...265
32 ¿Obediencia o rebelión? *(Números 13)*...273

33 Rebelión total *(Números 14:1-19)*...**281**

34 El fruto devastador de una rebelión *(Números 14:20-45)*...**291**

35 Fuego extraño *(Levítico 10)*...**301**

36 La rebelión de Coré *(Números 16)*...**309**

37 Un error costoso para Moisés *(Números 20)*...**323**

38 Salvación a través de una serpiente *(Números 21)*...**333**

39 El sexo como un arma *(Números 25 y 31)*...**339**

Parte 6: Deuteronomio: Moisés reflexiona en sus 40 años de liderar a Israel y da su último discurso a la nación...349

40 Aspectos destacados de la jornada *(Deuteronomio 2 & 3)*...**351**

41 Rescatado del horno *(Deuteronomio 4:1-40)*...**359**

42 El *Shemá*; el corazón de la religión judía *(Deuteronomio 6:4-19)*...**371**

43 Hermosas promesas de Dios y sus condiciones *(Deuteronomio 7)*...**381**

44 El peligro de la prosperidad *(Deuteronomio 8)*...**393**

45 ¿Por qué te encomendaría Dios matar a "tu esposa amada"? *(Deuteronomio 13 & 18)*...**403**

Parte 7: El final del camino...415

46 Nunca te abandonaré *(Deuteronomio 31)*...**417**

47 La canción de Moisés *(Deuteronomio 32)*...**431**

48 La muerte de Moisés *(Deuteronomio 34)*...**447**

49 Moisés en el resto de la Biblia...**453**

Introducción

Es hora de redescubrir a Moisés.

Quién más:

¿Dividió el Mar Rojo?

¿Golpeó una roca para proporcionar agua a miles de personas?

¿Puso de rodillas la nación más poderosa del mundo en su tiempo (Egipto)?

¿Guió a una multitud de exesclavos a través de un desierto brutal y los preparó para convertirse en una nación?

¿Probablemente realizó más milagros que nadie excepto Jesús?

Obviamente, Dios fue el hacedor de milagros, pero se necesitó a un hombre muy especial para hacerlo todo, un hombre que, a pesar de ello, fue llamado el hombre más humilde de la tierra. Él es la figura más importante del judaísmo y está cerca de la cima tanto para cristianos como para musulmanes.

Moisés debería figurar entre los diez hombres más importantes de toda la historia, así que fui a varios sitios web para ver qué podrían pensar otros. ¿A quién eligieron? La mayoría de ellos (afortunadamente) coloca a Jesús en la parte superior de la lista, pero no encontré a Moisés en ninguna de ellas. Wikipedia incluyó a personas como Thomas Jefferson y William Shakespeare entre los diez primeros. ¿De verdad? ¿William Shakespeare es mayor que Moisés? *Ranker.com* lo colocó en el décimo sexto puesto entre los cincuenta hombres más influyentes de todos los tiempos. No podía creer que la revista *Time* no encontrara lugar para él entre las "Cien figuras más significativas de la historia".

Sí, es hora de redescubrir a Moisés. Creo que descubrirás que su vida tiene lecciones tremendas para ti.

Esto no es un comentario sobre el Pentateuco. La mayoría de nosotros no podríamos soportar todas las preguntas técnicas y las leyes interminables. Tampoco es una biografía de Moisés reconstruida a partir de lo que sabemos de él. Es un estudio exegético de su "autobiografía," diseñado para ayudarte a aplicar las Escrituras a tu vida y hacer que Moisés cobre vida. Ofrece riquezas particulares a los líderes, tanto dentro como fuera de la iglesia.

Parte Uno
La misión empieza:
De la zarza ardiente a la corte del faraón

1

Cuidado con la zarza ardiente (¡puede transformar tu vida!)

Éxodo 3:1-12

¹*Apacentando Moisés las ovejas de Jetro su suegro, sacerdote de Madián, llevó las ovejas a través del desierto, y llegó hasta Horeb, monte de Dios.* ² *Y se le apareció el Ángel de Jehová en una llama de fuego en medio de una zarza; y él miró, y vio que la zarza ardía en fuego, y la zarza no se consumía.*

³ *Entonces Moisés dijo: Iré yo ahora y veré esta grande visión, por qué causa la zarza no se quema.*

⁴ *Viendo Jehová que él iba a ver, lo llamó Dios de en medio de la zarza, y dijo: ¡Moisés, Moisés! Y él respondió: Heme aquí.*

¿Estás listo para algo nuevo y dramático del Señor? ¿Estás seguro? Sería lindo escuchar la voz de Dios con esta claridad. Tal vez tú necesitas confirmación de que Dios es real y te gustaría una zarza ardiente. ¿Puedes soportar todo lo que Dios podría decirte? Puede que Moisés se arrepintió de investigar la zarza. Su vida habría sido más tranquila si hubiera apacentado ovejas.

Moisés pasaría los siguientes cuarenta años vagando por el desierto con miles de israelitas rebeldes, ayunando durante semanas seguidas, sin su mujer y con una dieta de maná. Pero también tuvo el privilegio de sacar a su pueblo de la esclavitud en

Egipto, de tener comunión íntima con Dios y de recibir las tablas de la ley escritas con el mismo dedo de Dios.

Moisés sería uno de los grandes líderes de la historia, pero ese día en el desierto no era muy evidente. Claro que tenía una juventud muy bendecida:

- Por el ingenio de su madre fue salvo del mandato del faraón de matar a todos los bebés varones.

- Por casualidad, la hija del rey lo encontró en el río (o fue guiada por un Dios que ella no conocía) y permitió que su propia madre lo criara (y le enseñara acerca del Dios de Israel).

- Más tarde volvió al palacio y aprendió el lenguaje y las costumbres de los egipcios, lo cual le resultaría muy útil mucho más tarde. Puede que Moisés fuera el único hebreo que sabía escribir, lo cual le preparó para redactar los primeros cinco libros de la Biblia.

¡Qué comienzo!

El príncipe se convierte en un prófugo

En un momento de ira impulsiva, todo cambió de forma dramática: mató a un egipcio que maltrataba a un hebreo. Tal vez tú has hecho algo impulsivo que ha tenido consecuencias muy feas. Moisés creía que nadie lo había visto. Pero Dios siempre te ve y casi siempre hay alguien mirándote: un policía, una mujer o un jefe. Ahora, el príncipe de Egipto se convirtió en un fugitivo con una sentencia de muerte. Moisés pasó los siguientes cuarenta años en el desierto. Sabemos muy poco acerca de esos años. Era un hombre de familia y pastor de ovejas. Seguramente Dios estaba formando su carácter. Moisés no lo sabía, pero Dios tenía un plan para su vida desde el vientre de su madre y utilizaría todas esas experiencias para su bien. Primero, Él tenía que sacarlo del palacio en Egipto, con todas sus tentaciones. El desierto era el lugar perfecto para prepararlo. Puede ser que, muchas veces, en esos largos cuarenta años, Moisés clamó: "¿Hasta cuándo, Señor? ¿Nunca volveré a ver a mi mamá? ¿Nunca puedo volver a casa?"

Puede que tú te identifiques con partes de su historia. Puede que tú estuvieras en la vía rápida hacia el éxito en la iglesia, la política o el mundo de los negocios. Tal vez todavía estás en ese camino y estás muy agradecido por la forma en que Dios te ha bendecido. Claro que puedes seguir ese camino, pero parece que una parte común de la preparación del siervo de Dios es la caída. Tenemos que salir del camino ancho del mundo o del camino dominado por nuestro ego y entrar en el camino angosto de Dios.

La caída

Nadie cae a propósito. Siempre puedes decir "yo habría...", "yo debería haberlo..." o "yo podría haberlo..." Tal vez si Moisés no hubiese matado a ese egipcio, él podría haber intercedido por los hebreos dentro del palacio. Podría testificar ante el faraón, quien aceptaría a Dios, y todos vivirían como una gran familia feliz. Pero ese no era el plan de Dios. A fin de cuentas, Dios escribe la historia de tu vida, aunque tú puedes intentar preparar el manuscrito tú mismo.

Muchas veces la caída es rápida e inesperada. Hay tantas posibilidades:

- Pecado sexual.
- Problemas financieros que llevan a robar en el trabajo.
- Divorcio.
- Enfermedad o accidente.
- Desempleo.

A veces lo ves venir. Si Moisés tenía amigos de confianza en el palacio, es posible que ellos hayan notado la ira de Moisés ante el trato a los esclavos hebreos y las cuestiones que tenía sobre su identidad. ¿Hay alguien cerca de ti que conoce tus debilidades? Y tú, ¿sabes cuáles son? ¿Hay algún escenario que te asuste? ¿O ya te has caído?

Dios no quiere que tú andes con temor a lo que pueda suceder, ni que lamentes lo que pudo haber sucedido. Dondequiera que estés en el camino de esta vida, acércate a Jesús, anda con Él y confía en que Él tiene un plan para tu vida. Después de la caída, Dios quiere redimir tus errores y restaurar tu vida. Siempre y cuando haya un arrepentimiento genuino. Cuando Moisés huyó al desierto, nunca soñó que volvería después de cuarenta años para liberar a su pueblo. Con los años, probablemente él creía que sería un pastor de ovejas de por vida. Él no manipuló la situación para que ocurriera algo. Cuando Dios estuvo listo, Él hizo todo lo necesario para transmitir el mensaje a Moisés, y hará lo mismo contigo.

El monte de Dios
No sabemos por qué Moisés fue al monte de Dios ese día.

- Tal vez sintió la necesidad de buscar a Dios.
- Quizás Dios puso en su corazón el deseo de conocer este monte, objeto de tantas leyendas.
- Posiblemente fue a ese monte con frecuencia.

El hecho es que Moisés fue a un lugar donde pudo escuchar la voz de Dios. ¿Qué pasaría si hubiera ignorado la voz sutil del Señor y escuchado la voz del enemigo para ir a las carpas que ofrecían a los viajeros los placeres de una mujer? No habría tenido este encuentro con Dios. ¿Y tú, estás en un lugar para escuchar la voz de Dios? ¿O está tu vida tan llena de las cosas del mundo que no prestarías atención a una zarza ardiente? ¿Es hora de ir al monte de Dios?

Moisés tuvo que investigar lo que estaba ocurriendo con la zarza. Esta es la única zarza ardiente en la Biblia. Puedes esperar toda una vida por una zarza que nunca va a aparecer, pero cuando hay algo fuera de lo común, hay que prestar atención e investigarlo. Puede ser un deseo de ir a una iglesia o a una conferencia, o de hablar con un pastor o con un hermano cristiano, o de enfrentar alguna circunstancia extraña en tu hogar o en tu trabajo. No te demores en investigar lo que está sucediendo. Puede ser un ángel del Señor.

Dios solo le habló a Moisés cuando *vio* que tenía su atención. Muchas veces no escuchamos la voz de Dios porque Él puede ver que estamos ocupados con otras cosas y no prestamos atención a esas pequeñas señales.

¿Has tenido un encuentro con una zarza ardiente? ¿Quieres uno? Solo Dios sabe la mejor manera de comunicarse contigo. Mantén los ojos abiertos. Quién sabe cuándo tu recámara o tu jardín se conviertan en tierra santa y tengas que quitarte los zapatos para recibir una comisión de Dios que transformará tu vida. Dios llamó a Moisés por su nombre. Él conoce tu nombre también. Cuando Él te llame, ojalá que tú respondas a pronto:

Heme aquí
⁵ Y dijo: No te acerques; quita tu calzado de tus pies, porque el lugar en que tú estás, tierra santa es. ⁶ Y dijo: Yo soy el Dios de tu padre, Dios de Abraham, Dios de Isaac, y Dios de Jacob. Entonces Moisés cubrió su rostro porque tuvo miedo de mirar a Dios.

Creo que hemos perdido mucha reverencia hacia Dios; casi no hay temor al Rey del universo. Claro que Jesús es un buen amigo y que Dios es nuestro Padre, pero algunas iglesias se parecen más a un circo que a Tierra Santa.

⁷ Dijo luego Jehová: Bien he visto la aflicción de mi pueblo que está en Egipto, y he oído su clamor a causa de sus exactores; pues he conocido sus angustias,

Tres cosas que Dios ha hecho y sigue haciendo:

- Ha visto la aflicción de su pueblo. Él ha visto todas tus aflicciones y todo lo que está pasando con su iglesia en todo el mundo.

- Ha oído el clamor de esos esclavos, y Dios ha oído tu clamor. Ha escuchado tus oraciones. Ellos no recibieron respuesta y tal vez les parecía una mentira que Dios hubiera oído sus peticiones, pero Dios te escucha cuando clamas a Él.

- Ha conocido sus angustias. Mucho más profundo que ver o escuchar, Dios *conoce* todo lo que ha pasado en tu vida.

Eso es genial, pero no ayudó mucho a los esclavos en Egipto. Ellos pasaron cientos de años en la esclavitud. Clamaron a Dios con mucha fe por su libertad y sufrían mucho, pero parece que Dios no les hizo caso. A veces es así en la vida. Hemos aceptado la mentira de que merecemos un matrimonio feliz, hijos ejemplares, éxito en el trabajo y casas y carros bonitos. Supuestamente, si tenemos suficiente fe, vamos a vivir la vida buena y próspera. Pero el penúltimo versículo de Hebreos 11, después de hablar de todos los héroes de la fe, dice: *Y todos éstos, aunque alcanzaron buen testimonio mediante la fe, no recibieron lo prometido.* Claro que, por la gracia de Dios, Él puede bendecirnos con un buen matrimonio. Pero la verdadera fe persevera *a pesar* de las circunstancias duras, y sigue clamando al Señor cuando parece que Él no responde. El primer versículo del capítulo 11 de Hebreos dice: *"Es, pues, la fe la certeza de lo que se espera, la convicción de lo que no se ve"*. Si ya tenemos todas esas bendiciones, no necesitamos mucha fe. La prueba de la fe es cuando se continúa en su esclavitud al faraón año tras año – y sigues confiando en la promesa de Dios de que algún día partirás hacia una tierra prometida. No nos corresponde "declarar" cuando Dios tiene que actuar; nosotros tenemos que esperar el tiempo del Señor.

Dios ha descendido

En el caso de estos esclavos en Egipto, ese momento había llegado. Ahora Dios no solo va a *ver, oír y conocer* su situación, Él está listo para *actuar*:

⁸ y he descendido para librarlos de mano de los egipcios, y sacarlos de aquella tierra a una tierra buena y ancha, a tierra que fluye leche y miel, a los lugares del cananeo, del heteo, del amorreo, del ferezeo, del heveo y del jebuseo. ⁹ El clamor, pues, de los hijos de Israel ha venido delante de mí, y también he visto la opresión con que los egipcios los oprimen.

Ahora Dios ha descendido para liberarlos de Egipto. Ellos todavía no lo saben, pero Dios ya ha comenzado el proceso en esa zarza ardiente. Lo triste es que ninguno de esos esclavos verá esa tierra que fluye leche y miel; todos morirán en el desierto como resultado de su rebelión. Ni siquiera Moisés pudo entrar en la tierra; por una pequeña falla se le prohibió entrar. La vio desde lejos.

Ahora tenemos buenas noticias: Dios ha descendido otra vez. Él descendió en forma de hombre: Jesucristo. Ha visto nuestra necesidad, ha oído nuestro clamor y conoce nuestras angustias. Cristo descendió para liberarnos de la opresión del diablo y de nuestra esclavitud al pecado, y para llevarnos a un reino celestial donde vamos a reinar con Él.

Estoy seguro de que Moisés estaba contento al escuchar esta noticia. Él todavía cree que va a morar con sus ovejas y su familia en la comodidad de Madián y tal vez algún día viajar a esa tierra que fluye leche y miel. Nos resulta muy cómodo interceder por un vecino, por el gobierno y por las necesidades de hermanos de otros países. Pero Dios tuvo una sorpresa para Moisés y, a veces, también para nosotros.

¡*Tú* eres el instrumento de Dios!

10 Ven, por tanto, ahora, y te enviaré a Faraón, para que saques de Egipto a mi pueblo, los hijos de Israel.

¡Moisés es el varón escogido para cumplir la tarea! Y puede que tú seas el instrumento que Dios va a usar para responder tus oraciones y ayudar a la gente necesitada. Dios no le *ofreció* la oportunidad de participar en su obra. No es una opción; es un llamado. Moisés podría obedecer o rebelarse, pero en la segunda opción tendría que sufrir las consecuencias.

11 Entonces Moisés respondió a Dios: ¿Quién soy yo para que vaya a Faraón, y saque de Egipto a los hijos de Israel?

¿Dirías tú lo mismo? ¿Quién soy yo? Tal vez tú no tengas la educación, la experiencia o el talento necesarios, pero eso no importa. Lo importante es que Dios te llamó y sabe lo que está haciendo. Dios no necesita hombres muy autoconfiados. Es difícil para Dios usar a ese hombre orgulloso, pero a un hombre humilde que dice "¿Quién soy yo?" le resulta muy útil en manos de Dios.

12 Y él respondió: Ve, porque yo estaré contigo; y esto te será por señal de que yo te he enviado: cuando hayas sacado de Egipto al pueblo, serviréis a Dios sobre este monte.

Dios nunca respondió a la duda de Moisés; simplemente repitió el mandato: «*Ve*». La única cosa que importa es que Dios estará con él. Si sabes que estás en la voluntad de Dios y andas en obediencia a su llamado, puedes estar seguro de que Dios está contigo. Y si Dios es por ti, ¿quién contra ti? Él peleará las batallas y hará todo lo necesario para cumplir su voluntad. La única señal ofrecida a Moisés en este punto sería que, después de que él sacara al pueblo de Egipto, volviera a ese mismo monte para servir a Dios.

Este libro puede ser tu zarza ardiente. Por este medio, Dios puede abrir tus ojos y revelarte tu llamado. Puede que tengas que quitarte el calzado porque estás en Tierra Santa.

2

Después de la zarza, ¡Dios quiso matar a Moisés!

Éxodo 4:18-26

Moisés es el varón escogido por Dios para liberar a su pueblo. Han pasado 40 años en el desierto preparándose para esta misión. Ya ha tenido un encuentro impresionante con el Señor, ha recibido la palabra de Dios y tiene su vara para hacer señales milagrosas ante el faraón. Todo parece estar en orden, pero vamos a ver que esta es una de las porciones más extrañas de la historia de este varón.

Moisés se va a Egipto en obediencia a Dios

Hay momentos en que, al día siguiente, ese encuentro que tuvimos con Dios parece un sueño y no hacemos nada más al respecto. Pero Moisés vuelve a casa para pedirle permiso a su suegro para el viaje, y recibe su bendición:

¹⁸ Así se fue Moisés, y volviendo a su suegro Jetro, le dijo: Iré ahora, y volveré a mis hermanos que están en Egipto, para ver si aún viven. Y Jetro dijo a Moisés: Ve en paz.

Es interesante que Moisés no mencionó nada sobre su misión a Jetro; solo dijo que quiso ver a sus hermanos. No sabemos si compartió con su esposa lo que fue llamado a hacer; yo creo que no. ¿Fue sabio? ¿O cobarde? Es comprensible que un hombre humilde como Moisés no quisiera hablar de un encuentro con Dios en una zarza ardiente ni de una tarea tan impresionante.

Pero ¿cuál es la diferencia entre una mentira y decir solo una pequeña parte de la verdad, lo que sea cómodo para ti?

Antes de irse de Madián, él recibe otra palabra de confirmación de Dios y la buena noticia de que "todos" (no sabemos cuántos, sino varios) que procuraban su muerte ya han muerto:

¹⁹ Dijo también Jehová a Moisés en Madián: Ve y vuélvete a Egipto, porque han muerto todos los que procuraban tu muerte.

Moisés obedece cuidadosamente toda la palabra que recibió. No está escrito que Dios le mandó llevar a su familia con él (sería una situación complicada para la mujer y los chiquillos), pero toda la familia va:

²⁰ Entonces Moisés tomó su mujer y sus hijos, y los puso sobre un asno, y volvió a tierra de Egipto. Tomó también Moisés la vara de Dios en su mano.

Una vez que Dios observó su obediencia y Moisés se dirigió a Egipto, este recibió más información sobre lo que ocurriría. Eso pasa con frecuencia: Dios nos da una palabra y, mientras caminamos en fe y obediencia a ella, recibimos más revelación.

Israel es mi hijo, mi primogénito

²¹ Y dijo Jehová a Moisés: Cuando hayas vuelto a Egipto, mira que hagas delante de Faraón todas las maravillas que he puesto en tu mano; pero yo endureceré su corazón, de modo que no dejará ir al pueblo. ²² Y dirás a Faraón: Jehová ha dicho así: Israel es mi hijo, mi primogénito. ²³ Ya te he dicho que dejes ir a mi hijo, para que me sirva, mas no has querido dejarlo ir; he aquí yo voy a matar a tu hijo, tu primogénito.

Moisés no va para liberar a unos esclavos; él va para liberar al hijo de Dios, al primogénito de Dios, la niña de sus ojos. ¡Esta es una misión muy importante! Pero desde el principio Moisés sabía que su tarea no estaría fácil:

- Dios va a endurecer el corazón del faraón; quiere mucha oportunidad para manifestar su poder y su gloria. A la vez que Dios endurece su corazón, el faraón va a resistir la palabra de Dios; no quería dejar ir al pueblo. Sí, Dios endurece, pero el faraón también es culpable.
- Resulta que, a pesar de sus declaraciones y milagros, Moisés tiene que esperar un buen rato para liberar a los hebreos.
- Dado que el faraón ha oprimido a este "hijo" de Dios, su "primogénito", Dios va a matar al hijo del faraón, a *su* primogénito. Moisés sabe el fin desde el principio; tiene que pasar por todo el proceso de las plagas hasta llegar a ese punto. Cuando leemos la Palabra de Dios, ya sabemos el final desde el principio, pero es fácil perder esa visión en medio del largo proceso.

Todo parece excelente, pero de repente algo completamente inesperado sucede.

Otro encuentro con Dios; esta vez quiso matarlo

[24] Y aconteció en el camino, que en una posada Jehová le salió al encuentro, y quiso matarlo.

No sabemos exactamente cómo Dios le salió ni cómo quiso matarlo, pero sería un gran susto para la mujer y sus hijos. Y parece increíble que, después de toda la preparación, Dios estuviera a punto de matar a su siervo escogido. ¿Por qué?

[25] Entonces Séfora tomó un pedernal afilado y cortó el prepucio de su hijo, y lo echó a sus pies, diciendo: A la verdad tú me eres un esposo de sangre. [26] Así le dejeste ó luego ir. Y ella dijo: Esposo de sangre, a causa de la circuncisión.

Como siempre, cuando hay una porción oscura, hay muchas conjeturas sobre su significado. Nos presenta muchas preguntas:

- ¿Por qué Dios no le habló a Moisés sobre este asunto *antes*, tal vez en la zarza ardiente? ¿Por qué esperó a una posada durante el viaje?
- Moisés tenía dos hijos. ¿Estaba el otro circuncidado?
- ¿Qué exactamente pasó en esa posada? ¿Qué tipo de "encuentro" tuvo Dios con Moisés cuando este estaba a punto de matarlo?
- ¿No era capaz Moisés de circuncidar a su hijo? ¿Por qué lo hizo Séfora?
- ¿Cómo estaba la relación entre Moisés y Séfora? Ella no estuvo contenta aquí. ¿Ella ya le advirtió a su esposo varias veces que debería circuncidar a su hijo? ¿O Séfora no quería a su hijo circunciso? ¿Se oponía la familia de Séfora a la circuncisión?
- ¿Estuvo ella atribulada al dejar a su familia para un viaje muy peligroso?

Nosotros siempre queremos respuestas; queremos una explicación para todo, pero a menudo no es posible. Ten cuidado con quienes tienen todas las respuestas a los pasajes difíciles de la Biblia. A pesar de las dificultades, hay varias cosas claras aquí:

- El pecado fue la falla de circuncidar al hijo de Moisés. Dios echa la culpa a Moisés por este fracaso; no sabemos por qué no lo hizo conforme al pacto. Le correspondió circuncidar a su hijo; tampoco sabemos por qué Moisés permitió que Séfora lo hiciera. Sería vergonzoso para el muchacho y la mujer que la mamá le cortara el prepucio. Yo creo que Dios está formando a Moisés aquí. Tal vez no manejaba bien su hogar.

- Como siempre, el contexto es importante. En los versos 22 y 23 ya hemos visto dos padres y sus primogénitos; ahora tenemos el tercer padre y, posiblemente, su primogénito. Dios va a salvar la vida de su hijo; el hijo de Faraón va a morir y Moisés va a morir porque no circuncidó a su hijo. Dos padres son rebeldes a la palabra del Padre y no reconocen su autoridad. Es un vistazo de la relación padre-hijo y del corazón de un padre.
- La circuncisión era la señal del pacto que Dios hizo con Abraham: *Todos los varones entre ustedes deberán ser circuncidados. Circuncidarán la carne de su prepucio, y esa será la señal del pacto entre nosotros. Todos los varones de cada generación deberán ser circuncidados a los ocho días de nacidos, tanto los niños nacidos en casa como los que hayan sido comprados por dinero a un extranjero y que, por lo tanto, no sean de la estirpe de ustedes. Todos sin excepción, tanto el nacido en casa como el que haya sido comprado por dinero, deberán ser circuncidados. De esta manera mi pacto quedará como una marca indeleble en la carne de ustedes, como un pacto perpetuo. Pero el varón incircunciso, al que no se le haya cortado la carne del prepucio, será eliminado de su pueblo por quebrantar mi pacto* (Génesis 17:10-14). Aunque en Israel no había la palabra por escrito, todos los hebreos sabían de este pacto. La pena por no circuncidar era la muerte.
- Moisés no tenía excusa. No hay acepción de personas ante Dios. No importa que Moisés tenga una tarea tan impresionante. De hecho, es aún más importante que alguien como Moisés haga todo conforme. Si no tiene su propia familia en orden, ¿cómo puede guiar al pueblo de Dios? Yo no creo que Dios realmente quisiera matarlo; quería comunicarle claramente que tenía que

- obedecerlo en todo. Posiblemente esto le dio a Moisés un temor de Dios que no tenía antes. ¡Desobedecer a Dios era aún más peligroso que enfrentar a Faraón!
- Moisés tenía padres de fe; seguramente él fue circunciso. Claro que pasó muchos años en el palacio del faraón y muchos más en el desierto, pero él tenía que saber del pacto. Todos los hombres que salieron de Egipto fueron circuncisos (Josué 5:5), pero tuvieron que circuncidar a los que nacieron en el desierto antes de entrar a la Tierra Prometida.
- Séfora no estaba contenta con su esposo. Para echar el prepucio a los pies de Moisés, tiene que estar enojada. Allí estaba ella, lejos de su familia, en un desierto desconocido, con sus hijos, y casi perdió a su esposo por su desobediencia. Estoy seguro de que el muchacho tampoco estaba contento. Parece que después de este fracaso, Moisés obligó a su familia a volver a la casa de su suegro. Moisés no quería más problemas con Séfora ni en las posadas ni en Egipto. O posiblemente fue Séfora, enojada, quien dijo que no iba a acompañarlo. Solo reaparecen cuando Jetro visita a Moisés en Éxodo 18:5.

Antes de cumplir tu misión, arregla todo en tu familia
Tú puedes tener un gran llamado de Dios. Puede que hayas pasado muchos años de estudio y preparación para un ministerio importante y que hayas tenido encuentros sobrenaturales con Dios. Pero todavía es posible ser un fracaso con tu familia. Ocurre con frecuencia. Algunos han sugerido que la circuncisión era abominable para Séfora (ella no era hebrea) y que, para mantener la paz en su hogar, Moisés fracasó como padre. Puede ser; también sucede en muchos hogares cristianos. Qué lástima que, a veces, en la iglesia y en la familia, dejemos que las mujeres

hagan las cosas que nosotros, como hombres, debemos hacer. ¡Levántate, varón de Dios, y toma tu autoridad como líder y cabeza de tu hogar!

¿Está Dios a punto de matarte por alguna falla en tu familia? ¿Has sido fiel como el sacerdote de tu hogar, siguiendo fielmente lo que dice la Palabra de Dios? ¿O has permitido que la presión de la mujer, de los niños o de la cultura te haga flojo en tu obediencia? Como cabeza de familia, eres responsable de lo que sucede en tu hogar. ¿Cómo vas a predicar la Palabra de Dios si no la has puesto en práctica? ¿Hay algo que tengas que arreglar antes de entrar en la gran misión que Dios tiene para ti? No seas un esposo de sangre. Tu familia necesita tu obediencia.

3

Seis pasos para iniciar la misión

Éxodo 4:27 - 5:21

Moisés aceptó a regañadientes el llamado de Dios para volver a Egipto y liberar a los hebreos. ¿Cuál es tu misión? Estos son los primeros pasos que Moisés dio para iniciar la suya. ¿Podrían ayudar a iniciar la tuya también?

²⁷ Ahora bien, el Señor le había dicho a Aarón: «Ve al desierto para encontrarte con Moisés». Así que Aarón fue a encontrarse con Moisés en el monte de Dios y lo abrazó. ²⁸ Moisés le contó todo lo que el Señor le había ordenado que dijera y también le contó acerca de las señales milagrosas que el Señor le mandó a realizar.

Primer paso: Reunir el equipo de liderazgo
Los esclavos no sabían que su liberación estaba cerca, pero Dios ya estaba arreglando todo. Él había trabajado en Moisés durante años; ahora Él mueve a Aarón al lado de su hermano como su portavoz. Ese era el plan de Dios: solo dos hombres emprendieron una de las misiones más difíciles de la historia. Para un solo hombre, el estrés sería casi insoportable, pero cuando dos están unidos en el Espíritu, Jesús dijo que todo sería posible (Mateo 18:18-20).

- ¿Tienes a alguien que trabaje contigo? ¿Alguien cuyo corazón late con el tuyo y con el del Señor? ¿Tal vez tu esposa?

- ¿Eres un Aarón, llamado por Dios para ayudar a un Moisés?
- Es posible que ya estés trabajando con un equipo. ¡Tú eres bendecido! ¡Son un tesoro! ¡Asegúrate de tratarlos bien!

²⁹ Luego Moisés y Aarón reunieron a todos los ancianos israelitas, ³⁰ y Aarón, además de repetirles todo lo que el Señor le había dicho a Moisés, realizó también las señales a la vista del pueblo, ³¹ con lo que el pueblo creyó. Y al oír que el Señor había estado pendiente de ellos y había visto su aflicción, los israelitas se inclinaron y adoraron al Señor.

Segundo paso: Habla con la iglesia

Tu primera parada debe ser la iglesia, aunque podría parecer más fácil prescindir de ella. La iglesia no siempre es el cuerpo glorioso que debería ser, pero Dios ha escogido trabajar a través de ella. ¿Cómo se comunica la visión a la gente oprimida y desesperada?

- Comienza con el liderazgo establecido. Tú no estás en competencia con ellos. Comparte humildemente la tarea que Dios te ha encomendado. Ellos pueden ser escépticos, pero no dejes que eso te impida obedecer el llamado de Dios.

- Asegúrate de que la palabra que compartes sea del Señor y luego proclámala con valentía y fe. Ten cuidado de no embellecerla ni de intentar hacerla más atractiva.

- Confía en Dios para confirmar la palabra mediante señales y prodigios.

- Estás en una misión de Dios. Predica su palabra. Sé obediente y confía en el Espíritu para que se manifieste mediante una confirmación milagrosa. Ojalá que ellos

- respondan con fe, pero no te sorprendas si su fe es débil, especialmente cuando las cosas no suceden tan rápido como esperan. No dejes que sus dudas te desalienten; mantente firme en tu fe.

- A pesar del gran llamado que has recibido, no descuides *servir* al pueblo con el amor de Dios. Cada persona era importante para Jesús. No te olvides del pequeño solo porque tienes una gran misión. Del mismo modo que Dios envió a Moisés con esa palabra, tal vez Él me ha enviado con esta para que sepas que tú eres realmente importante para Él y que Él sabe todo lo que sucede en tu vida.

- La respuesta natural a un movimiento tan obvio de Dios es la adoración. Moisés no tenía que animarlos a adorar, ni tenía experiencia en dirigir la adoración. Ni una banda de adoración ni un gran sistema de sonido son necesarios. Cuando la gente está dispuesta a adorar, interrumpe tu programa, anímalos y únete a ellos. Esa adoración es esencial.

- Registra este tremendo momento en tu memoria. Anótalo en tu diario. Graba un video del servicio si puedes. Vas a necesitar el aliento en los días por venir. Ellos pueden ser breves, pero Dios proporciona estos momentos de ánimo para confirmar que Él está contigo. Puede ser un buen rato antes del próximo; aférrate a ellos y atesóralos.

5:1Después de eso, Moisés y Aarón se presentaron ante el faraón y le dijeron:

—Así dice el Señor, Dios de Israel: "Deja ir a mi pueblo para que celebre en el desierto una fiesta en mi honor."

² —¿Y quién es el Señor —respondió el faraón— para que yo le obedezca y deje ir a Israel? ¡Ni conozco al Señor, ni voy a dejar que Israel se vaya!

³ —El Dios de los hebreos nos ha salido al encuentro —contestaron—. Así que debemos hacer un viaje de tres días, hasta el desierto, para ofrecer sacrificios al Señor nuestro Dios. De lo contrario, podría castigarnos con plagas o matarnos a filo de espada.

Paso tres: Ir al mundo para enfrentar al enemigo con la Palabra de Dios

Muchos hombres fracasan aquí: tienen un llamado de Dios, preparan un equipo de ministerio y animan a la iglesia. Pero la confrontación es difícil, especialmente con el faraón. De repente esa "fiesta en el desierto" suena tonta. La amenaza de plagas o la espada de un Dios que Faraón no reconoce probablemente no lo moverán. Ahora se necesita verdadera fe. Una cosa es predicar con unción en la iglesia; otra es ir con esa misma unción a los funcionarios públicos y hacer una solicitud que tú ya sabes que no será bien recibida.

Lo importante aquí es la obediencia de Moisés. El faraón es el problema de Dios. Mientras Moisés sigue cuidadosamente lo que Dios le dice que haga, Dios lo cuidará. Pero si lo desobedece, él tiene que tratar con Dios.

⁴ —Moisés y Aarón —replicó el rey de Egipto—, ¿por qué distraen al pueblo de sus quehaceres? ¡Vuelvan a sus obligaciones! ⁵ Dense cuenta de que es mucha la gente de este país, y ustedes no la dejan trabajar.

⁶ Ese mismo día el faraón les ordenó a los capataces y a los jefes de cuadrilla: ⁷ «Ya no le den paja a la gente para hacer ladrillos. ¡Que vayan ellos mismos a recogerla! ⁸ Pero sigan exigiéndoles la

misma cantidad de ladrillos que han estado haciendo. ¡No les reduzcan la cuota! Son unos holgazanes, y por eso me ruegan: "Déjanos ir a ofrecerle sacrificios a nuestro Dios."⁹ Impónganles tareas más pesadas. Manténganlos ocupados. Así no harán caso de mentiras.»

¹⁰ Los capataces y los jefes de cuadrilla salieron de allí y fueron a decirle al pueblo: «Así dice el faraón: "Ya no voy a darles paja. ¹¹ Vayan ustedes mismos a recogerla donde la encuentren. Pero eso sí, ¡en nada se les rebajará la tarea!"»

¹² Fue así como el pueblo se esparció por todo Egipto para recoger rastrojo y usarlo en lugar de paja. ¹³ Los capataces no dejaban de apremiarlos y decirles: «Cumplan con su tarea diaria, como cuando se les daba paja.»

Paso cuatro: Prepárate para los contratiempos en la batalla

¿Qué estaba Moisés pensando? Está claro que no estaba preparado para la respuesta de Faraón. Tal vez Moisés esperaba que el faraón estuviera de acuerdo con todo lo que le pidieron, pero no lo estuvo. No hubo liberación. En cambio, las cosas se pusieron mucho peor, y eso es lo que sucede a menudo cuando nos ponemos serios en la batalla contra las fuerzas de maldad. La oposición es tan fuerte que muchas personas se dan por vencidas y vuelven a la seguridad de la iglesia para cantar alabanzas y escuchar mensajes sobre prosperidad y bendiciones.

Ya sea que trates de lidiar con la injusticia o de ayudar a tu familia o a la iglesia, el enemigo puede atacar y ponerlos en tu contra. La carga puede parecer tan insoportable que ellos prefieren servir al enemigo y permanecer esclavos que hacer el trabajo duro para liberarse.

¹⁴ Además, esos mismos capataces del faraón golpeaban a los jefes de cuadrilla israelitas que ellos mismos habían nombrado, y les preguntaban: «¿Por qué ni ayer ni hoy cumplieron con su cuota de ladrillos, como antes lo hacían?»

¹⁵ Los jefes de cuadrilla israelitas fueron entonces a quejarse ante el faraón. Le dijeron:

—¿Por qué Su Majestad trata así a sus siervos? ¹⁶ ¡Ya ni paja recibimos! A pesar de eso, ¡se nos exige hacer ladrillos y, como si fuera poco, se nos golpea! ¡La gente de Su Majestad no está actuando bien!

Paso cinco: Prepárate para los ataques de las personas cuyo apoyo necesitas

En una prisión siempre hay algunos reclusos que tienen la confianza de la administración. Obtienen información sobre los demás reos y contribuyen a que la cárcel funcione sin contratiempos. Están en una posición difícil: tienen que satisfacer tanto a la administración como a los reclusos, o bien enfrentarse a serios problemas con ambos.

Los jefes de cuadrilla hebreos tenían acceso al propio Faraón, lo que demuestra que el trabajo de los esclavos hebreos era muy importante para él. Pero los capataces del faraón los golpearon por algo que eran incapaces de hacer, y esos golpes no ayudaron a la causa de Moisés. La ayuda de los jefes de cuadrilla sería fundamental para animar a la gente a seguir a Moisés. Sin su apoyo, la tarea de Moisés sería mucho más difícil. Casi imposible.

¹⁷ —¡Haraganes, haraganes! —exclamó el faraón—. ¡Eso es lo que son! Por eso andan diciendo: "Déjanos ir a ofrecerle sacrificios al Señor." ¹⁸ Ahora, ¡vayan a trabajar! No se les va a dar paja, pero tienen que entregar su cuota de ladrillos.

¹⁹ Los jefes de cuadrilla israelitas se dieron cuenta de que estaban en un aprieto cuando se les dijo que la cuota diaria de ladrillos no se les iba a rebajar. ²⁰ Así que al encontrarse con Moisés y Aarón, que los estaban esperando a la salida, ²¹ les dijeron: «¡Que el Señor los examine y los juzgue! ¡Por culpa de ustedes somos unos apestados ante el faraón y sus siervos! ¡Ustedes mismos les han puesto la espada en la mano, para que nos maten!»

Paso seis: Dificultades personales ciegan a la gente de los propósitos de Dios

Moisés y Aarón querían reunirse con los jefes de cuadrilla, tal vez para animarlos o hacer todo lo posible para rescatar la misión, pero se han convertido en el enemigo número uno. ¿Cómo te sentirías si tus líderes clave le pidieran a Dios que te juzgara? La situación de los esclavos va de mal en peor. Ni siquiera pueden *pensar* en el gran plan de liberación de Dios. Es muy difícil para la gente sufrida pensar en grandes verdades espirituales; solo quiere sobrevivir. Las palabras de Moisés sobre el amor de Dios les parecen una fantasía a ellos.

¡Mantente firme!

En este punto, todo el mundo está en contra de Moisés: tanto el faraón como los ancianos y jefes de cuadrilla (hebreos), y como la gente, que no puede soportar mucho más. ¡La mayoría de los hombres renunciaría y volvería a sus ovejas!

Pero la mayoría de los hombres no se involucran en batallas tan intensas; están demasiado ocupados con su propia comodidad y felicidad y no son tontos. Especialmente con toda la información que tenemos hoy, ya saben cuánto hay en contra del reino de Dios. Tal vez tú eres uno de los pocos que se han atrevido a creer que Dios es capaz de moverse ahora con el mismo poder que demostró entonces. Tal vez tú hayas experimentado algo de lo que Moisés experimentó en estos primeros pasos. Es posible que estés muy desanimado y dispuesto a renunciar en este momento. Me gustaría decirte que Dios va a arreglar todo y que será fácil, pero sería una mentira. Él puede, pero rara vez sucede. Lo mejor que puedo ofrecerte en este momento es el estímulo de que Moisés pasó por lo mismo. Todo el proyecto parecía un desastre, y no mejoró cuando salieron de Egipto. ¿Pero sabes qué? ¡Israel llegó a la Tierra Prometida! ¡Dios era fiel a su palabra! ¡No te rindas! Si Dios te ha llamado y te ha dado una palabra, ¡sigue adelante! No te desanimes por los ataques de la iglesia ni del enemigo. Estudia estos primeros pasos de Moisés en el desarrollo de su misión para ver si se relacionan con tu situación. Mantén tus ojos en Jesús y sé fiel a su llamado. Mantente firme: ¡tienes un papel importante en el plan de Dios!

4
¿Por qué, Señor?
Éxodo 5:22-23

²² Moisés se volvió al Señor y le dijo: —¡Ay, Señor! ¿Por qué tratas tan mal a este pueblo? ¿Para esto me enviaste? ²³ Desde que me presenté ante el faraón y le hablé en tu nombre, no ha hecho más que maltratar a este pueblo, que es tu pueblo. ¡Y tú no has hecho nada para librarlo!

Pobre Moisés. Estaba feliz de pastorear ovejas y de disfrutar de su familia en Madián. Él no pidió esta tarea ni buscó plata ni fama. ¡Moisés ya está harto de esta misión! Lo mismo sucede muchas veces con nosotros: subestimamos la dificultad de la tarea y sufrimos de memoria corta (o selectiva).

Dios le dijo claramente que el corazón del faraón se endurecería (4:21), pero sospecho que Moisés pensó que él y Aarón serían bien recibidos en el palacio y enviados a la tierra prometida con la bendición del faraón. Ciertamente, Moisés no esperaba problemas con su propio pueblo. En lugar de agradecer su ayuda, los hebreos están listos para devolverlo a Madián. ¡Y con buena razón! Claro que la esclavitud era agonizante, pero estaban acostumbrados a ella y sabían cómo manejarla. Los jefes de cuadrilla israelitas mantenían una buena relación con los egipcios. Pero Moisés trasteó con el sistema y ahora ellos se enfrentan a una carga imposible. Su propia gente está enojada con él; es una broma para el faraón e incluso su esposa no está contenta con él (4:23).

Desafiar el sistema

Las cosas no han cambiado mucho en miles de años. Todavía creemos que Dios debe hacer milagros, cambiar corazones y hacer la vida más fácil. Ese es el evangelio popular: salud, riqueza y felicidad. Por desgracia, no es la realidad. Solo después de un viaje largo y duro y de muchas batallas, entrarían estos esclavos en la tierra que fluye leche y miel (y ni siquiera ellos — todos ellos murieron en el desierto). A menudo las cosas empeoran antes de mejorar. El diablo aprovecha eso para hacernos reconsiderar dejar nuestra esclavitud al pecado. Lo familiar puede tener una poderosa influencia sobre nosotros. Hacer grandes cambios y desafiar a los poderes actuales puede resultar abrumador. Es por eso que los reclusos a veces fracasan deliberadamente poco antes de su salida de la prisión. La seguridad de la cárcel les parece mejor que el mundo libre desconocido, y ellos tienen toda la razón. Tener tres comidas y una cama, sin muchas responsabilidades, puede parecer bastante atractivo si no te importan la libertad muy limitada y faltar ciertas cosas, como una mujer. Pero Dios te diseñó para algo mucho mejor que la vida en prisión, la esclavitud al faraón o cualquier otra atadura que puedas tener. Sin embargo, cuando tú desafías el statu quo, ya sea en el gobierno, en el trabajo o incluso en la iglesia, todo el infierno puede desatarse. Y también sucede cuando tú das los primeros pasos para cambiar tu propia vida o tu matrimonio. Prepárate para ello. Espera contragolpes, acusaciones, incomprensión y algunos días muy duros.

¿A dónde puedes ir?

Moisés hizo lo único que pudo: correr hacia el Señor. Esa es una buena elección. ¿A dónde más podría ir? Incluso su esposa probablemente no quería saber nada al respecto y Aarón no era muy feliz de verse obligado a participar en esta aventura.

La oración de Moisés ciertamente no es un ejemplo de gran fe. Se puede llamar una oración de queja. ¿Pero sabes algo? ¡Dios puede soportarlo! ¡Ni siquiera reprende a Moisés! ¿Tienes libertad para expresar ira o frustración ante Dios?

¿Por qué?

¿Tienes alguna pregunta "por qué" para Dios? Todo el mundo las tiene. Muchas veces no recibimos respuesta de ellas. A menudo suenan más bien a quejas, y puede que estemos clamando a la persona equivocada. ¿Fue Dios quien aumentó la carga sobre los hebreos? ¡Claro que no! ¡Fue el faraón! ¡Dios les envió un libertador! Muchas veces, cuando le preguntamos a Dios "¿por qué?", si realmente reflexionamos sobre ello, deberíamos comprender que fue Satanás o el hombre pecador quien causó el problema. Por supuesto, Dios es soberano y, de alguna manera, creemos que eso lo hace responsable. Pero también Él nos ha dado libre albedrío, y así es como, empezando con Adán y Eva, entramos en todo este lío con el diablo y el pecado.

Dios envió a otro libertador, mucho mayor que Moisés: su propio Hijo. Si Moisés pensó que su tarea era difícil, Jesús lo tenía mucho peor. ¡Lo crucificaron!

Dudar tu vocación

La segunda pregunta que Moisés tiene para el Señor es sobre su vocación; subestimaba la dificultad: *"¿Para esto me enviaste?"* ¿Sólo para hacer la vida difícil y poner a mi propio pueblo en mi contra? Si eres pastor, tal vez lo has sentido. Creías que Dios te envió a una ciudad para levantar una poderosa iglesia de creyentes llenos del Espíritu. Hasta ahora, no hay poder y pocos verdaderos creyentes. Predicas la Palabra y, de vez en cuando, alguien acepta al Señor. Las ofrendas van para abajo. Otros pastores de la ciudad no te reciben y piensan que eres arrogante o engreído porque estás desafiando la rutina y la tradición de sus iglesias.

Podemos hacerle esta pregunta a Dios sobre varias cosas: "¿Es por eso que me diste a esta mujer?" Tú pensabas que el matrimonio sería puro placer. Tal vez incluso ayudarte a alcanzar un mejor estado económico. O si eres un tradicionalista, buena comida, una casa limpia y una madre para tus hijos. Es posible que ya hayas visto que estabas equivocado.

La raíz de nuestras preguntas "¿por qué?"

Ambas preguntas a menudo pueden revelar un fuerte egocentrismo y superficialidad. Puede que solo veamos la superficie y cómo la vida podría ser más fácil. Queremos que todo esté hecho ahora. Dios ve las cosas desde la perspectiva de la eternidad y, por lo general, no tiene mucha prisa. Su agenda es mucho más profunda que la nuestra; está preocupado por su propia gloria, por promover un cambio profundo y duradero y por formar el carácter de una persona que va a reinar con Él.

¿Por qué no haces tu parte, Señor?

En esencia, la última queja de Moisés es: «He guardado tus reglas, he hecho lo que tenía que hacer y tú no has hecho nada».

Es tan fácil pensar que Dios está obligado a bendecirte y darte lo que estás pidiendo si tan solo oras con fe, haces una confesión positiva, vas a la iglesia y vives una vida recta. Especialmente si estás en la voluntad de Dios. Aquí está muy claro: su voluntad es rescatar y liberar a su pueblo. Puede haber cosas que tú estás esperando que sean claramente su voluntad; sin embargo, Dios no responde cómo o cuándo tú crees que debería hacerlo. Si Moisés hubiera reflexionado por un momento, tal vez habría recordado que Dios ya había dicho que esto tomaría tiempo.

La tentación siempre es darse por vencido:

- "Si volvemos a Faraón, ¿qué más va a hacer contra nosotros?"
- "¿Voy a hacer las cosas aún peor para el pueblo? ¿Me matarán?"
- "Tal vez debería callarme y no proclamar la Palabra de Dios ni dar este paso de fe."

Ésta es una verdadera prueba de fe:

- ¿Fue realmente Dios quien llamó a Moisés a esta misión?
- ¿Es Dios capaz de cambiar el corazón del faraón?
- Si Moisés sigue la voluntad de Dios, ¿será liberado el pueblo?

¿O sería mejor para Moisés tomar las cosas en sus propias manos? ¿Tal vez organizar un sindicato o asesinar al faraón? ¿O incitar una insurrección armada, como él intentó cuarenta años antes?

¿Alguna vez has dudado de si Dios realmente sabe lo que hace? En tu caso, ¿has estado tentado a dejar de hacer las cosas a la manera de Dios y hacerlas a tu manera o a la manera del mundo? ¿Cuáles son las "por qué" preguntas que tienes para Dios? ¿Cómo piensas que Él respondería a ellas?

5

La respuesta de Dios a "¿Por qué?": ¡Sigue adelante!

Éxodo 6:1

Hasta ahora, esta gran misión de Moisés para rescatar a su pueblo de la esclavitud en Egipto parece un desastre:

- El entusiasmo inicial de los hebreos cambió rápidamente a ira y desesperación cuando Faraón les hizo la vida imposible.
- Hasta el momento, Moisés no ha logrado convencer al faraón.
- Su esposa y su hermano tienen dudas sobre la sabiduría de toda esta aventura.

Entonces, ¿qué puede hacer Moisés? La única opción es volver a Aquél que lo metió en este lío: "¿Por qué, Dios? ¿Por qué no haces algo?" Tal vez tú tengas tu propia queja o tu "¿por qué?" ante el Señor. ¿Cómo responde Dios a las quejas? ¿Cómo responde al desaliento de Moisés y a sus preguntas?

El Señor le respondió:

—Ahora verás lo que voy a hacer con el faraón. Realmente, sólo por mi mano poderosa va a dejar que se vayan; sólo por mi mano poderosa va a echarlos de su país.

Dios puede ignorar tu "¿por qué?"

Son principios básicos de las relaciones humanas:

- Si quieres que alguien te respete y trabaje para ti, escucha sus preocupaciones y bríndales respuestas honestas.
- Tómalos en serio.
- Intenta mejorar las cosas para ellos.
- Hazles sentir que verdaderamente empatizas con ellos.

¿Es Dios sordo? ¿No puede escuchar la frustración, la ira y el dolor de Moisés en su oración? ¿No se preocupa por él y por sus sentimientos? ¡Dios, totalmente, ignora lo que Moisés oró!

Aparentemente Dios no estuvo presente en la clase sobre las relaciones humanas. Él deja de lado las preocupaciones de Moisés y simplemente reafirma lo que le había dicho antes. Dios no cambia nada con base en estos nuevos desarrollos, porque no eran nuevos para Él. Él sabía desde el principio lo que sucedería. Todo va según lo planeado. El problema es que Moisés no comprendió plenamente ese plan. Aplicó sus propias expectativas sobre lo que Dios iba a hacer y se sintió frustrado cuando las cosas no salieron según su plan.

¿Estás desconcertado por lo que está sucediendo en tu vida en este momento? ¿No es como lo tenías planeado? ¿Tenías una buena idea de cómo debería trabajar Dios? ¿Te sientes frustrado porque parece que Dios está sordo a tus quejas?

Es fácil revolcarse en la autocompasión, pero Dios no nos mima. Él permanece firme con el mismo mensaje, persiguiendo lo que estableció originalmente. A pesar de las apariencias, quiere fortalecer la fe de Moisés en que Él hará lo que dijo que haría. Y a pesar de cómo pueden parecer las cosas en tu vida en este momento, el llamado y los propósitos de Dios no han cambiado. Él está ocupado preparando a una novia para su hijo, quien reinará con Él por toda la eternidad. Él te ama y siempre escucha tu oración, pero tus malestares momentáneos simplemente no le importan demasiado.

Lo que Dios no incluye es el marco temporal. Él empieza diciendo "ahora". Sería fácil pensar que eso significa dentro de unos días, pero no es así. Todo es tiempo futuro y, en este caso, eso significaría semanas y múltiples rechazos y batallas. No hay duda de que sucederá: tres veces Dios dice que "será". Nosotros simplemente no sabemos cuándo. Muy a menudo, es la espera la que nos hace tropezar. Por lo general, esperamos que las cosas sucedan más rápido de lo que Dios realmente ha planeado y nos impacientamos cuando no sucede así. Los propósitos de Dios para ti no han cambiado. Confía en Él. Él sabe lo que está haciendo. La espera simplemente edifica tu perseverancia y tu carácter. Puede parecer que está ignorando tu oración, pero, como veremos a continuación, Dios tiene algo importante que decirte.

6

Cómo avanzar con confianza

Éxodo 6:2-12 y 6:28-7:13

²*En otra ocasión, Dios habló con Moisés y le dijo: «Yo soy el Señor. ³Me aparecí a Abraham, a Isaac y a Jacob bajo el nombre de Dios Todopoderoso, pero no les revelé mi verdadero nombre, que es el Señor.⁴ También con ellos confirmé mi pacto de darles la tierra de Canaán, donde residieron como forasteros. ⁵He oído además el gemir de los israelitas, a quienes los egipcios han esclavizado, y he recordado mi pacto.*

Un recordatorio de quién es Dios

Con la misión reafirmada, Dios le recuerda a Moisés quién es Él, pasado, presente y futuro:

- Las promesas están en tiempo futuro.
- La naturaleza de Dios es siempre presente: el gran "YO SOY".
- En el medio está el recordatorio de la fidelidad de Dios en el pasado.

Rápidamente olvidamos el carácter de Dios y sus hechos pasados. Eso es entendible para Moisés; él estaba solo y enfrentaba una tarea enorme, pero nosotros tenemos la Biblia, testimonios de creyentes a lo largo de los siglos, oportunidades casi infinitas para escuchar mensajes de aliento en Internet y el apoyo amoroso de la iglesia. ¿Cuál es nuestra excusa?

Es fácil concentrarte en la circunstancia inmediata y olvidar a quién estás sirviendo. Estamos rodeados de una cultura obsesionada con todo, excepto con el Dios del universo. Múltiples distracciones nos mantienen alejados del Señor y de su Palabra. Por eso es tan importante mantener la comunión con Dios y estudiar las Escrituras.

Moisés tiene que recordar:

- El nombre de Dios: YO SOY. Él reveló su nombre a Moisés por primera vez en la zarza ardiente. Él es el Creador, el Alfa y la Omega y el único Señor.

- Moisés tuvo el privilegio de una revelación más profunda que la de los patriarcas (Abraham, Isaac y Jacob). A Dios le encanta revelarse, ya sea en visiones, a través de Jesucristo o en la Biblia. Probablemente se te ha revelado de alguna manera. Moisés forma parte de una revelación progresiva que culminó en la de Jesucristo.

- Dios es un Dios de pacto que depende de la fidelidad de ambas partes. Dios es totalmente fiel. Moisés puede estar seguro de que Dios va a sacar a la gente de Egipto, porque Él toma muy en serio su promesa de dar la tierra a Abraham y a sus descendientes. Tú eres parte de un nuevo pacto por medio de Jesucristo, sellado con su sangre, que recuerdas y reafirmas cada vez que tomas la Cena del Señor. Dios será absolutamente fiel al completar la buena obra que Él comenzó en ti, y te llevará a una comunión eterna con Él en el cielo. ¿Eres fiel a tu parte del pacto?

- Dios escucha tu gemido. A veces, no puedes expresar esos gemidos en palabras (Romanos 8:22, 23, 26). Cualquiera que sea la forma, dile a Dios lo que hay en tu corazón. Podría parecer que Él no responde al gemir de Moisés, pero sí, siempre escucha. Puede que tú no veas nada sucediendo, pero Dios ha oído tu gemido y ahora está trabajando a tu favor.

[6] Así que ve y diles a los israelitas: "Yo soy el Señor, y voy a quitarles de encima la opresión de los egipcios. Voy a librarlos de su esclavitud; voy a liberarlos con gran despliegue de poder y con grandes actos de justicia. [7] Haré de ustedes mi pueblo; y yo seré su Dios. Así sabrán que yo soy el Señor su Dios, que los libró de la opresión de los egipcios. [8] Y los llevaré a la tierra que bajo juramento prometí darles a Abraham, Isaac y Jacob. Yo, el Señor, les daré a ustedes posesión de ella."»

Las promesas de Dios

Basada en el carácter de Dios y en su fidelidad a este pueblo en el pasado, la parte final de la respuesta de Dios a Moisés es en todo tiempo futuro. Ocho veces (en el contexto de tres repeticiones de "YO SOY"), Dios anuncia lo que hará y lo que Israel experimentará. Son promesas y, puesto que el gran "YO SOY" las hace, no son meras palabras.

¡Qué bueno que tenemos a un Dios que conoce el futuro! No es solo la historia bíblica antigua ni las grandes cosas que Él hizo por Israel en el pasado. No es solo la vida de Jesús en la tierra ni el poderoso mover del Espíritu Santo en la iglesia primitiva. Somos parte del plan de Dios para toda la eternidad. Él conoce el futuro y no le sorprende lo que sucede en tu vida o en el mundo de hoy. ¿Conoces las promesas de la Biblia que se aplican a ti? ¿Hay promesas que Dios te ha dado específicamente a ti?

Mira lo que Dios les promete y cómo las mismas promesas se aplican a ti hoy:

- Él los liberará del yugo de la esclavitud. Quienquiera o lo que sea que te esclavice no es rival del poder de Dios. Lo puedes experimentar de inmediato, pero a menudo tenemos que esperar. La promesa es que Él te liberará de ese yugo. No es la voluntad de Dios que estés esclavizado.

- Él los redimirá (los comprará de nuevo) con el brazo extendido y con grandes proezas. Experimentamos la redención de Dios de la manera más poderosa en Jesucristo. Él pagó el precio de tu salvación con su propia sangre. Su brazo extendido se moverá con el mismo poder para ti que ejerció para Israel.

- Él hará de ellos su propio pueblo. El deseo de Dios desde el principio ha sido por un pueblo que tiene comunión con Él, para adorarle y servirle. Él te hace libre, paga el precio de tu pecado y te da una nueva vida. Eres suyo. Quiere moldearte y formarte como parte de la novia gloriosa de su Hijo. ¿Quieres ser moldeado por Dios?

- Él será su Dios. ¿Qué más quieres? ¡El Señor del universo quiere ser tu Dios!

- Ellos sabrán que Él es Dios. Al experimentar sus prodigios y ver sus obras poderosas, tú también tendrás la certeza y el conocimiento de que Él es Dios.

- Dios los llevará a la tierra prometida. Mucho mejor que una propiedad en el Medio Oriente, Él tiene una vivienda eterna preparada para ti en el cielo. Él hará lo que sea necesario para llevarte allí.

- Él les dará esa tierra como posesión. Tú eres un heredero, con Jesús, de toda la provisión increíble de Dios. Esto significa que aún no lo tienes todo. Puede haber algunas cosas que tienes que agarrar ahora; a otras hay que esperar, como la ansiosa expectativa de un niño en Navidad.

Es posible que Israel no estuviera consciente de estas promesas. Incluso si las hubieran oído, como nosotros, tienen que recordárselas con frecuencia, junto con el plan de Dios.

Moisés probablemente pensaba que ganaría a la gente con este sermón, que recibió directamente del Señor. Si tú eres un predicador, Dios puede darte una palabra ungida. Se espera una gran respuesta de la iglesia, pero no siempre ocurre así. Moisés necesitaba aliento. Necesitaba que su gente se aferre a esta palabra, pero no ocurrió así. ¿Qué impide a la gente recibir lo que Dios tiene para ellos?

9 Moisés les dio a conocer esto a los israelitas, pero por su desánimo y las penurias de su esclavitud ellos no le hicieron caso.

El desánimo y las penurias cierran los oídos

Cuando le cuesta a la gente sobrevivir y está aplastada por la depresión y el desánimo, probablemente no sea capaz de recibir la Palabra de Dios, que puede sonar increíble y sin relación con su sufrimiento. Sé paciente con ellos. No los acuses de incredulidad ni de pecado. Probablemente no puedas hacer mucho para aliviar su duro trabajo, pero ámalos, ora por ellos y sigue obedeciendo fielmente la palabra que Dios te ha dado. No permitas que su desánimo quite tu confianza en las promesas de Dios.

10 Entonces el Señor habló con Moisés y le dijo: 11 —Ve y habla con el faraón, el rey de Egipto. Dile que deje salir de su país a los israelitas.

Si los suyos no le escuchan, ¿cómo puede Moisés esperar que el faraón lo escuche? Después de su fracaso inicial en el palacio, habría sido bueno saber que su propio pueblo le creía y lo apoyaba. Pero muchas veces el líder no puede contar con ese apoyo, sino solo con el de Dios. Y ese apoyo es lo más importante, porque Dios definitivamente sacará a su pueblo de Egipto y Moisés desempeña un papel clave en ello. Dios también tiene un trabajo para ti que es importante en su plan.

12 *Pero Moisés se enfrentó al Señor y le dijo: —¿Y cómo va a hacerme caso el faraón, si ni siquiera los israelitas me creen? Además, no tengo facilidad de palabra.*

28 *Cuando el Señor habló con Moisés en la tierra de Egipto,* **29** *le dijo: —¡Yo soy el Señor! Dile al faraón, rey de Egipto, todo lo que te digo.*

30 *Pero Moisés discutió con el Señor argumentando: —¡No puedo hacerlo! ¡Soy tan torpe para hablar! ¿Por qué debe escucharme el faraón?*

¿Podría ser que Moisés no escuchó lo que el Señor le acaba de decir? Vino a Dios con una oración de queja y Dios reafirmó su carácter y sus propósitos, pero Moisés no es mucho más fuerte que el resto de su pueblo. También está desalentado y, cuando las cosas son tan difíciles, tendemos a volver al punto de partida y centrarnos en nuestras deficiencias. ¿Hay algún pecado, debilidad o aspecto de tu pasado que sea un recordatorio constante de que eres diferente? ¿O que no eres capaz? ¿O simplemente no puedes hacerlo?

7:1 *—Toma en cuenta —le dijo el Señor a Moisés— que te pongo por Dios ante el faraón. Tu hermano Aarón será tu profeta.* **2** *Tu obligación es decir todo lo que yo te ordene que digas; tu hermano Aarón, por su parte, le pedirá al faraón que deje salir de su país a los israelitas.* **3** *Yo voy a endurecer el corazón del faraón, y aunque haré muchas señales milagrosas y prodigios en*

Egipto, ⁴ él no les hará caso. Entonces descargaré mi poder sobre Egipto; ¡con grandes actos de justicia sacaré de allí a los escuadrones de mi pueblo, los israelitas! ⁵ Y cuando yo despliegue mi poder contra Egipto y saque de allí a los israelitas, sabrán los egipcios que yo soy el Señor.

La provisión de Dios para Moisés

¡Dios es tan misericordioso con Moisés! No lo reprende por dudar. En su lugar, lleva a Moisés un paso más: Él lo ha hecho como Dios ante Faraón. ¿Qué significa eso? Ciertamente, no fue Moisés elevado a la divinidad. Pero como representante de Dios, es como si el Señor mismo estuviera de pie ante Faraón. Y no es diferente cuando tú ministras en el Nombre de Jesús; es como si Jesús mismo estuviera haciendo el trabajo. Y Él es; Él mora en ti y trabaja a través de ti.

Dios también le recuerda a Moisés sobre el portavoz que Él proporcionó, elevando a Aarón al papel de profeta, diciendo las palabras que Moisés le da. Nada ha cambiado. No hay ninguna corrección a medio plazo. Lo que sucede no es ninguna sorpresa para Dios. Moisés solo tiene que comunicar las palabras que Dios le da. Dios le explica exactamente lo que va a ocurrir:

- Dios va a endurecer el corazón del faraón.

- El faraón no escuchará a Moisés. ¡Eso es difícil para un predicador! Su propio pueblo no escucha a Moisés, y mucho menos el faraón. Es tentador callarse. Pero ¡la Palabra de Dios nunca se devuelve vacía! Si alguien escucha o no, nuestro trabajo es proclamar la Palabra.

- Dios multiplicará señales y maravillas, pero aun así los milagros no siempre tocan los corazones endurecidos.

- Descargará su poder sobre Egipto. Una cosa es tener la unción sobre ti y otra tener la mano del juicio.

- Él sacará a su pueblo de Egipto, ¡a pesar de toda la evidencia en contra!
- Tanto Israel como Egipto sabrán que Él es Dios.

⁶ Moisés y Aarón cumplieron al pie de la letra las órdenes del Señor. ⁷ Cuando hablaron con el faraón, Moisés tenía ochenta años y Aarón ochenta y tres.

⁸ El Señor les dijo a Moisés y a Aarón: ⁹ «Cuando el faraón les pida que hagan un milagro, le dirás a Aarón que tome la vara y la arroje al suelo ante el faraón. Así la vara se convertirá en serpiente.»

¹⁰ Moisés y Aarón fueron a ver al faraón y cumplieron las órdenes del Señor. Aarón arrojó su vara al suelo ante el faraón y sus funcionarios, y la vara se convirtió en serpiente. ¹¹ Pero el faraón llamó a los sabios y hechiceros y, mediante sus artes secretas, también los magos egipcios hicieron lo mismo: ¹² Cada uno de ellos arrojó su vara al suelo, y cada vara se convirtió en una serpiente. Sin embargo, la vara de Aarón se tragó las varas de todos ellos. ¹³ A pesar de esto, y tal como lo había advertido el Señor, el faraón endureció su corazón y no les hizo caso.

¡Moisés lo está haciendo muy bien! Él no ve ningún éxito en este momento, ¡pero eso no lo detiene! Cumplieron las órdenes del Señor, al pie de la letra. Ya sea que veamos los resultados o no, ¡eso es el único camino al éxito! Eso es todo lo que tenemos que hacer. ¡Dios se encargará del resto!

Es posible que tú prediques fielmente la Palabra de Dios. Incluso Dios puede ungirte para hacer señales y milagros. Tú puedes hacer todo bien. ¡Pero no pasa nada! La gente no se salva. La iglesia no crece. ¡Nadie te está escuchando! ¡No te preocupes! ¡Sigue escuchando la Palabra de Dios y haz lo que te dice hacer!

7

Una noche más con las ranas

Éxodo 8:8-10

Entonces el faraón mandó llamar a Moisés y a Aarón, y les dijo: Ruéguenle al Señor que aleje las ranas de mí y de mi pueblo, y yo dejaré ir al pueblo para que le ofrezca sacrificios.

Moisés le respondió: Dime cuándo quieres que ruegue al Señor por ti, por tus funcionarios y por tu pueblo. Las ranas se quedarán solo en el Nilo y tú y tus casas se librarán de ellas. "Mañana", contestó el faraón.

"Así se hará", respondió Moisés, "y sabrás que no hay dios como el Señor, nuestro Dios."

El faraón y todo el país de Egipto estaban afligidos por una plaga de ranas; así como muchos están afligidos por algún pecado, una adicción o algún problema en su vida.

Faraón hace lo correcto: llama al varón de Dios y pide oración para que se le quite esa aflicción. Le promete que si Dios contesta, él obedecerá el mandato del Señor. Muchos hacen votos y promesas al Señor si Él les quita su aflicción. Dios está listo para contestar la petición y quitar las ranas, pero le ofrece al faraón una opción: ¿Cuándo lo quieres?

Ahora, es lógico que él diga: "Pues, ahora mismo." Pero no, le contesta: "Mañana."

Una noche más con las ranas.

¿Por qué esperas hasta mañana cuando Dios quiere salvarte hoy? ¿Por qué sufres una noche más cuando Dios quiere sanarte hoy? Me recuerda a Jesús preguntando al paralítico: ¿Quieres ser sano?

La realidad es que muchos solo quieren un poquito más de tiempo para su pecado. Unos días más con esa novia. Una noche más con las drogas o con la pornografía. Ya están acostumbrados a esa vida y todavía no quieren cambiar.

No esperes más. Arrepiéntete ya. Hoy es el día de salvación. No esperes a recibir más fe ni a asistir a esa campaña. Dios está contigo ahora mismo. Cuando Dios contesta tu petición, cumple tu voto o promesa. No esperes hasta mañana. No pases una noche más con las ranas.

8

La plaga de tinieblas

Éxodo 10:21-29

Dios envió a Moisés para liberar a su pueblo y traer esperanza, pero parece que solo ha provocado más dolor. Día tras día, semana tras semana, Dios afligió a Egipto con plagas: sangre, ranas, piojos, úlceras—ocho plagas hasta el momento. Los hebreos todavía no confían mucho en Moisés y Egipto está devastado.

Vale la pena leer los capítulos 7 a 11 de Éxodo y estudiar todas las plagas. Algunas cosas se destacan de ellos:

- Al principio, los magos egipcios duplicaron la plaga. ¡El diablo y sus demonios, sin duda, tienen poder! Podían duplicar la plaga, pero no podían eliminarla.

- En la mayoría de los casos, los hebreos y la tierra donde vivían estaban exentos de las plagas. Era otra demostración para el faraón de que Dios actuaba en favor de su pueblo.

- Había una gran variedad en la manera de generar la plaga:
    o La mano o la vara extendida (podría ser la de Aarón o de Moisés).
    o A veces, simplemente sucedió en el momento que Dios designó.

- - Otras veces Moisés arrojó hollín o polvo en el aire.

- Los egipcios fueron advertidos sobre el granizo y podrían salvar a sus esclavos y a su ganado si obedecieran la palabra de Dios y los llevaran adentro. Los que se burlaban de la palabra de Dios sufrieron pérdidas.

- Durante las plagas, el país se vio cada vez más devastado. Dios no quiere destruirnos (por lo general Él comienza con un juicio relativamente ligero), pero será cada vez más grave a medida que endurezcamos nuestros corazones. Con el tiempo, nuestras vidas terminan totalmente devastadas. A pesar de esa destrucción, de alguna manera muchos se adaptan a las consecuencias del juicio y pueden seguir con su rebelión, creyendo que será posible sobrevivir.

- Los funcionarios del faraón terminaron por rogárselo para salvar al país.

Cada plaga siguió un patrón similar:

- Moisés exige al faraón que libere al pueblo y anuncia una plaga si se niega. Faraón siempre se negó.

- Cuando la plaga se vuelve insoportable, el faraón llama a Moisés, se compromete a dejarlos ir y Dios le concede alivio.

- Tan pronto como las cosas mejoran, el corazón del faraón se endurece de nuevo y no los deja ir.

Hoy no es muy diferente:

- Dios nos habla a través de la Escritura o de un sermón sobre algo que tenemos que cambiar, junto con sus consecuencias en caso de desobediencia.

- Cuando empezamos a experimentar la mano dura del Señor, clamamos a Él por alivio y, al menos, pretendemos arrepentirnos. A menudo Dios tiene misericordia de nosotros.

- Una vez que Dios nos libra de la aflicción y las cosas vuelven a la normalidad, muchas veces olvidamos el arrepentimiento; caemos nuevamente en el pecado y el proceso comienza de nuevo.

El faraón solo se rindió cuando Dios mató a su primogénito. Todos los egipcios sufrieron como resultado de la rebelión de su rey; todos los primogénitos murieron. Pero antes de esa última plaga, habrá otra que seguirá el patrón familiar y nos mostrará los pasos que también podemos tomar en nuestro servicio a Dios.

21 El Señor le dijo a Moisés: «Levanta los brazos al cielo, para que todo Egipto se cubra de tinieblas, ¡tinieblas tan densas que se puedan palpar!»

Primer paso: oír la voz de Dios
En todo lo que hizo, Moisés tuvo que esperar a Dios y estar en un lugar donde pudiera oír su voz. Nunca fue al faraón a menos que Dios lo enviara, y él nunca inventó una plaga. Esto suena obvio, pero hoy en día demasiados hacen lo suyo, totalmente fuera de contacto con Dios. Antes de hacer alguna declaración, reclamar algo o proclamar una profecía, asegúrate de haber escuchado realmente la voz de Dios.

22 Moisés levantó los brazos al cielo, y durante tres días todo Egipto quedó envuelto en densas tinieblas. 23 Durante ese tiempo los egipcios no podían verse unos a otros, ni moverse de su sitio. Sin embargo, en todos los hogares israelitas había luz.

Segundo paso: La obediencia
Dios ordenó diversas formas de iniciar las plagas. Más tarde, Moisés aprendió cuán serio es Dios con los detalles (como cuando golpeó la roca en lugar de hablarle). Puede que no parezca importante si fuese Moisés o Aarón quien extendió su vara, o si simplemente extendió una mano, pero nuestra parte es solo obedecer y confiar en Dios para lograr el resultado deseado. No importa si tiene sentido para nosotros o no. El hecho de que Moisés arrojó polvo en el aire una vez no significa que tú obtengas el mismo resultado si tiras polvo. Nos gusta obligar a Dios a hacer las cosas de cierta manera; a Él le gusta cambiarlas para probarnos y ver si estamos prestando atención.

²⁴ Entonces el faraón mandó llamar a Moisés y le dijo: —Vayan y rindan culto al Señor. Llévense también a sus hijos, pero dejen atrás sus rebaños y sus ganados.

Tercer paso: persevera y mantente firme
Después de todo lo que Moisés ha experimentado, puede resultar tentador aceptar la oferta del faraón. Es cierto que Moisés ha logrado la mayor parte de lo que pidió y ¡siempre podrían reconstruir sus rebaños más tarde o convertirse en vegetarianos!

Pero ¡no te conformes con menos de lo que Dios te ha prometido! No importa si tu faraón te da dolores de cabeza y te acusa de ser rígido o fanático, ¡mantente firme en la Palabra de Dios!

²⁵ A esto replicó Moisés: —¡Al contrario!, tú vas a darnos los sacrificios y holocaustos que hemos de presentar al Señor nuestro Dios, ²⁶ y además nuestro ganado tiene que ir con nosotros. ¡No puede quedarse aquí ni una sola pezuña! Para rendirle culto al Señor nuestro Dios tendremos que tomar algunos de nuestros animales, y no sabremos cuáles debemos presentar como ofrenda hasta que lleguemos allá.

Cuarto paso: mantén a Dios en el centro y haz de la adoración una prioridad

Si el objetivo era solo salir de Egipto, Moisés podría aceptar la oferta del faraón. Pero el ganado era necesario para mucho más que para el alimento; era una parte esencial de su culto. Es cierto que todavía no habían recibido detalles sobre los sacrificios y las ofrendas, pero Israel tenía una comprensión elemental de ellos. No escatimes en tus ofrendas a Dios. Asegúrate de que, en la emoción de la liberación, no descuides la adoración. Claro que el faraón no respeta esa necesidad de adorar a Dios y el mundo no va a entender la verdadera adoración. Recuerda: cuando Dios se está moviendo, su deseo principal es glorificarse a sí mismo. No le robes su gloria.

[27] Pero el Señor endureció el corazón del faraón, y éste no quiso dejarlos ir, [28] sino que le gritó a Moisés: —¡Largo de aquí! ¡Y cuidado con volver a presentarte ante mí! El día que vuelvas a verme, puedes darte por muerto.

Quinto paso: Espera resistencia

Tú puedes hacer todo bien y todavía encontrarte frente a un muro. Esta vez el faraón ha alcanzado su límite. Él está cansado de tratar con Moisés y, de hecho, el juicio final (y lo más devastador) está cerca.

Muchos han luchado con el concepto de que Dios endurezca el corazón del faraón. ¿Por qué culpar al rey si Dios fue quien lo hizo resistir? Pero no es tan simple como puede parecer al principio:

- Los esclavos hebreos eran de gran valor para el faraón; no estaba dispuesto a dejarlos salir del país.
- No fue Dios quien aumentó la carga de los esclavos.
- El faraón los había abusado brutalmente durante muchos años.
- Cada vez que Dios endureció el corazón del faraón, el rey endureció su propio corazón. ¡El faraón no era inocente ni fue manipulado por Dios! Dios quería asegurarse de que tuviera la oportunidad de mostrar plenamente su poder, atemorizar a los egipcios y juzgarlos por su maltrato a Israel y, a la vez, edificar la fe de su pueblo.

²⁹ —¡Bien dicho! —le respondió Moisés—. ¡Jamás volveré a verte!

Sexto paso: Espera en Dios la respuesta adecuada

Cuando la puerta esté cerrada, no la empujes. Espera a Dios por el siguiente paso. Para Moisés, esto puede haber sido un alivio. Todas estas comparecencias ante el faraón no fueron muy agradables, aunque posiblemente le dio placer desatar otra plaga.

- ¿Estás tratando con alguien de corazón duro? ¿O tal vez el mismo diablo?
- ¿Estás cansado del rechazo y de los abusos repetidos?
- ¿Estás esperando a Dios para oír qué hacer a continuación, o estás tentado a tomar las cosas en tus propias manos? ¿Quieres hacer la obra del Señor a su manera?
- ¿Estás siendo presionado para cambiar lo que Dios ha dicho que debes hacer?
- ¿Le estás dando a la adoración su lugar adecuado?

Reflexiona sobre una tarea que Dios te ha encomendado, a ver si estos mismos pasos se aplican.

Parte dos

Entrar al desierto:
Los primeros días libres

9

¡Liberación!

Éxodo 12:29-41

En el capítulo 11 de Éxodo, Dios anuncia la última plaga: la matanza de todos los primogénitos de Egipto. Los capítulos 12 y 13 describen los preparativos para esa primera Pascua, las instrucciones para celebrarla en el futuro y la consagración de los primogénitos hebreos. En medio de esas instrucciones (casi escondido) el faraón finalmente deja ir al pueblo:

²⁹ A medianoche el Señor hirió de muerte a todos los primogénitos egipcios, desde el primogénito del faraón en el trono hasta el primogénito del preso en la cárcel, así como a las primeras crías de todo el ganado. ³⁰ Todos en Egipto se levantaron esa noche, lo mismo el faraón que sus funcionarios, y hubo grandes lamentos en el país. No había una sola casa egipcia donde no hubiera algún muerto.

³¹ Esa misma noche mandó llamar el faraón a Moisés y a Aarón, y les ordenó: «¡Largo de aquí! ¡Aléjense de mi pueblo ustedes y los israelitas! ¡Vayan a adorar al Señor, como lo han estado pidiendo! ³² Llévense también sus rebaños y sus ganados, como lo han pedido, ¡pero váyanse ya, que para mí será una bendición!»

Esta vez el faraón no esperó al día siguiente. No eligió pasar otra noche bajo el juicio de Dios, como lo hizo con las ranas. Esta vez, su hijo murió y, finalmente, llegó al final de sí mismo y de su rebelión. ¿Por qué tenemos que perderlo todo para despertar y, finalmente, someternos a Dios? ¿Es posible que Faraón realmente creyera que podría prevalecer sobre el Dios del universo? ¿De verdad crees que puedes luchar contra Dios y ganar?

Dios prefiere tratar con nosotros con gentileza. Hazte un favor: si Dios está llamando tu atención, escucha. No esperes hasta que pierdas a tu hijo, a tu familia o tu vida. Sí, es así de grave. Yo lo he visto suceder con demasiada frecuencia.

Moisés se mantuvo firme y, finalmente, obtuvo todo lo que Dios le dijo que conseguiría. ¡No te conformes con menos!

Hubiera sido genial tener un avivamiento en Egipto, empezando por el palacio del faraón, pero habían luchado contra Dios durante demasiado tiempo y estaban bajo su juicio. Faraón hará otro intento vano de desafiar al Dios Todopoderoso, pero muy pronto él y su ejército morirán en las aguas del Mar Rojo, e Israel pasará por el mar en paz. Hay momentos en que tenemos que dejar a la gente en manos de Dios y salir del lugar para evitar su juicio. Eso puede incluir una iglesia, pero asegúrate de que sea el Señor quien te manda salir. Puede parecer una salida fácil, pero, como descubrió Israel, estar en el desierto tampoco lo es.

¡Bendíceme!

Hubo una sorpresa en las palabras de despedida del faraón: "Bendíceme". ¿Había una parte de faraón que realmente creía que Moisés estaba en contacto con el Dios vivo y tenía el poder de bendecirlo? Después de sufrir todas las plagas, ¿estaba convencido de que Dios es real? Incluso en su pecado y rebelión, parece anhelar la bendición de Dios, pero no lo suficiente como para humillarse y someterse a Dios. Lo mismo ocurre con muchas personas que saben que Jesús es real: quieren continuar en su pecado, pero también desean la bendición de Dios. Nunca dice si Moisés lo bendijo o no.

¹³³ *El pueblo egipcio, por su parte, instaba a los israelitas a que abandonaran pronto el país. «De lo contrario —decían—, ¡podemos darnos por muertos!»³⁴ Entonces los israelitas tomaron las artesas de masa todavía sin leudar y, luego de envolverlas en sus ropas, se las echaron al hombro. ³⁵ Después, siguiendo las instrucciones que Moisés les había dado, pidieron a los egipcios que les dieran objetos de oro y de plata, y también ropa.³⁶ El Señor hizo que los egipcios vieran con buenos ojos a los israelitas, así que les dieron todo lo que les pedían. De este modo los israelitas despojaron por completo a los egipcios.*

Por favor, ¡váyanse!

¡Mira el temor de Dios! ¡Parece que el pueblo de Egipto captó el mensaje mucho antes que su rey! Con demasiada frecuencia, los cristianos se mezclan con el mundo, pero aquí la distinción entre el pueblo de Dios y quienes están bajo su juicio es muy clara. Los egipcios temen a los creyentes. ¡Ya no quieren sufrir! No siempre traemos bendiciones a quienes nos rodean. Si están en pecado, podemos ser un aguijón en su costado.

En este caso, mientras los egipcios les rogaron que se fueran, el Señor hizo que los egipcios miraran con agrado a los hebreos.

Afortunadamente, los hebreos obedecieron el mandato de Moisés. ¿Te imaginas esclavos pidiendo oro, plata y ropa a sus opresores? ¡Y los egipcios se los dan! ¡Habla sobre Dios transformando la situación! Esto era algo nuevo para Israel: pedir y recibir.

Dios puede hacer que la gente te mire con agrado. No significa que despojemos a todos los que nos rodean ni que codiciemos lo que tienen. Pero cuando el favor de Dios está sobre ti y te indica claramente que pidas cosas mucho más allá de lo que esperas, ¡sé obediente y pide! Pide poco y obtendrás poco. Si Dios te está guiando, pide mucho y ve cómo puede sorprenderte al traer las riquezas del mundo a su servicio. Más adelante veremos que usaron gran parte de la plata y el oro en la construcción del tabernáculo y que la gente lo ofreció con alegría y abundancia por la obra de Dios. Por desgracia, también usaron el oro para fabricar un ídolo, el becerro de oro. ¡No permitas que la plata que Dios te da se convierta en un ídolo!

Debido a la falta de tiempo, la gente llevó el pan sin levadura, lo que dio origen a la celebración de la Pascua.

[37] Esa noche el pueblo de Israel salió de Ramsés y emprendió viaje hacia Sucot. Eran unos seiscientos mil hombres además de las mujeres y los niños. [38] Con ellos salió una gentuza que no era israelita, junto con grandes rebaños y manadas.[39] Hornearon pan plano de la masa sin levadura que habían sacado de Egipto. La masa no tenía levadura porque los israelitas fueron expulsados de Egipto con tanto apuro que no tuvieron tiempo de preparar pan ni cualquier otro alimento.

[40] El pueblo de Israel había vivido cuatrocientos treinta años en Egipto. [41] De hecho, fue precisamente el día en que se cumplían los cuatrocientos treinta años que toda esa gran multitud del Señor salió de Egipto.

¿Cuándo vendrá tu liberación?

¡Cuatrocientos treinta años fueron mucho tiempo! A pesar de la opresión y de los intentos de Faraón de matar a los bebés varones, la población había aumentado. No sabemos quiénes eran la gente de la gentuza que no era israelita, de todas clases, que subió con ellos, pero puede haber sido gente egipcia que se convirtió y eligió caminar con el pueblo de Dios. Al parecer, fueron recibidos como parte de la comunidad.

Moisés ha demostrado fe y perseverancia ante una gran oposición. Después de mucha lucha, Moisés finalmente logró la primera parte de su misión. Ahora él tendrá la oportunidad de conocer a estos exesclavos, mientras los pastorea y los lleva a la tierra prometida.

¿Estás en contra de un faraón, preguntándote si alguna vez llegará tu liberación? ¡Dios puede cambiar las cosas para que ese opresor llegue y te pida tu bendición! ¿Estás preparado para moverte cuando Dios diga que es hora? ¿Estás listo para dejar todo atrás y agarrar un poco de pan sin levadura? ¿Hay personas que Dios ha hecho que te miren con agrado? ¿Les has pedido ayuda o estás dispuesto a hacerlo?

10

¿Estás listo para la batalla?

Éxodo 13:17-22

¹⁷ Cuando el faraón dejó salir a los israelitas, Dios no los llevó por el camino que atraviesa la tierra de los filisteos, que era el más corto, pues pensó: «Si se les presentara batalla, podrían cambiar de idea y regresar a Egipto.» ¹⁸ Por eso les hizo dar un rodeo por el camino del desierto, en dirección al Mar Rojo. Los israelitas salieron de Egipto como un ejército preparado para la batalla.

Parece una contradicción:

- Los hijos de Israel salieron de Egipto listos para la batalla. Yo no esperaría que los esclavos tuvieran muchas armas, pero podrían haber conseguido unas de los egipcios o tener algunas escondidas. O tal vez significa que estaban preparados mentalmente para la batalla.

- Ellos pensaban que estaban listos para la batalla, pero Dios sabía que no lo estaban. Podrían tener todas las armas del mundo, pero Dios sabe que podrían tener dudas sobre este viaje si enfrentan batallas. Por increíble que parezca, podrían haber decidido enfrentar las consecuencias y volver a Egipto.

Afortunadamente, Dios los estaba guiando. Si hubieran seguido WAZE o a los comerciantes que viajaban entre Egipto y Canaán, seguramente habrían encontrado una fuerte oposición. Sin embargo, la guía de Dios significaba un viaje mucho más largo.

Llegarían a Canaán en un par de semanas por el camino de la tierra de los filisteos. Seguir a Dios llevaría cuarenta años.

¿En qué camino andas tú?
Es aquí donde un líder piadoso como Moisés resulta tan importante. Muchos pastores piensan en el éxito y la comodidad, y quieren coger la ruta rápida a una iglesia grande y famosa, sin desarrollar los cimientos del discipulado en el desierto. Moisés escuchaba al Señor y tomó el camino más difícil.

¿Qué camino tomarías tú? ¿En qué camino estás andando? Arrogantemente, ¿optas por la vía más rápida, fácil, amplia y popular? ¿Te burlas de aquellos que atraviesan el desierto y dicen que siguen a Dios?

¿Estás listo para la batalla?
¿Crees que estás listo para pelear? Debes estarlo, porque seguramente habrá batallas. Pero puede que Dios te esté blindando de batallas reales en este momento, porque Él sabe que podrían destruir tu fe. Si te encuentras en una batalla seria en este momento, puede ser por una de estas dos razones:

1: No estás siguiendo al Señor

- Si estás haciendo tu propia voluntad, puede que estés enfrentando a los mismos enemigos que Dios quiere que evites.

- Es posible que tengas dudas sobre sirviendo a Dios. No esperabas que ser cristiano fuera tan duro y tu vida vieja en el mundo pareciera tan atractiva.

- ¡No te dejes engañar! Si estos israelitas regresaran a Egipto, es casi seguro que morirían o serían esclavizados de nuevo. ¡No pueden regresar!

- ¡Y tú tampoco puedes regresar! Una vez que Dios te ha liberado del mundo, volver a el niega todo lo que Jesús hizo para salvarte mediante su muerte en la cruz. ¡Solo te esperan la muerte y la destrucción!

2: ¡Dios sabe que estás listo para la batalla!

También es posible que tú hayas servido fielmente al Señor, hayas cumplido tu tiempo en el desierto y realmente estés listo para la batalla.

- Encontrarte en una batalla no significa que estés haciendo algo mal, o que Dios esté enojado contigo, o que Él te haya abandonado.

- Israel podría pasar por la tierra de los filisteos en ese momento o más tarde, pero ese enemigo no desaparecería. Las batallas formaban parte de la toma de posesión de la tierra prometida.

- Hay muchos enemigos en el mundo hoy en día que luchan contra el Señor y su iglesia.

¡Dios sabe que eres lo suficientemente fuerte! ¡Él está contigo en la batalla! ¡Sé valiente y levántate y pelea en el nombre de Jesús!

19 Moisés se llevó consigo los restos de José, según éste se lo había pedido a los israelitas bajo juramento. Éstas habían sido las palabras de José: «Pueden contar ustedes con que Dios vendrá en su ayuda. Cuando eso suceda, llévense de aquí mis restos.»

¿Cómo se puede honrar a tus antepasados?

Moisés no pasó por alto los pequeños detalles. En la prisa por salir de Egipto, sería fácil pensar que obtener los huesos de José no era tan importante. Pero fue José quien llevó a la nación a Egipto. Él profetizó que Dios vendría en su ayuda y los sacaría de

Egipto, y ahora José finalmente va a volver a la tierra de su nacimiento.

Sé sensible a lo que han pedido tus antepasados, quizás por una iglesia que fundaron o por su familia. Sería fácil pensar que están muertos y que no sabrán si tú seguirás sus deseos o no. ¿Sabría José si Moisés respetaría sus deseos y cumpliría el juramento? Tal vez, desde el cielo, o quizás no. Pero para ti es importante modelar el respeto por tus antepasados y por su trabajo en el Señor. ¿No quieres que se cumplan tus deseos?

[20] *Los israelitas partieron de Sucot y acamparon en Etam, donde comienza el desierto.* [21] *De día, el Señor iba al frente de ellos en una columna de nube para indicarles el camino; de noche, los alumbraba con una columna de fuego. De ese modo podían viajar de día y de noche.* [22] *Jamás la columna de nube dejaba de guiar al pueblo durante el día, ni la columna de fuego durante la noche.*

¡El primer campamento!
¡El primero de muchos! ¡En el siguiente capítulo vamos a descubrir que habrá una gran sorpresa en ese lugar! Pero primero Dios les asegura que fue Él quien los trajo a este lugar.

Una columna para guiarlos
¿No te gustaría esa columna de fuego y nube? ¡Qué recordatorio de la presencia, la protección y la guía de Dios!

- El Señor fue *delante de ellos*. Y tú, ¿sigues al Señor? ¿O planeas tu propio camino y luego le pides que lo bendiga?

- *Nunca dejó su lugar*. ¡No hay cuestión de abandono aquí! Dios les está asegurando su fidelidad. Muchos experimentan esa clara presencia durante sus primeros días caminando con el Señor, pero luego, a menudo, su presencia se vuelve menos obvia, por lo que pueden aprender a caminar con fe.

- Podrían viajar *de día o de noche*. Suena bien tener la columna de fuego, pero también puede resultar una molestia. Por ejemplo, puedes estar acostado cuando llegue la palabra de levantarte y seguir la columna de fuego. Sería muy obvio para todos si eligieras rebelarte y seguir tu propio camino.

- Había *una sola columna* que requería una unidad absoluta. ¿Qué le ha pasado a la iglesia hoy? Parece que todos reclaman su propia columna y corren como locos, dispersos, sin una dirección unificada.

Algo mejor que la columna

Pues, ¿qué piensas? ¿Todavía quieres la columna? ¿Sabes que tienes algo mucho mejor? Tú tienes el Espíritu de Dios que mora en ti y el fuego de ese Espíritu para guiarte y aconsejarte. Está contigo día y noche. Él nunca te dejará ni te abandonará. La cuestión para nosotros, como la era para los hebreos, es cómo respondemos al Espíritu:

- ¿Estás siguiendo su consejo?

- ¿Has aprendido a escuchar su voz?

- ¿Tienes alguna idea de dónde vas ahora? ¿O eres como un niño, zarandeado por las olas de cada enseñanza nueva, llevado de aquí para allá por cada profeta y engañado por falsos apóstoles?

Dios quiere guiarte con la misma claridad con la que dirigió a Israel. Él no quiere que vayas por tu cuenta en el desierto. Seguramente Dios no te ha olvidado. ¿Estás caminando con el pueblo de Dios, con un pastor que está en comunicación con el

Señor? ¿Eres consciente del fuego de Dios que mora en ti? Si no lo tienes, pídele por el bautismo de fuego. Israel estaba a punto de meterse en situaciones difíciles. Si todo no está en orden, van a perecer en el desierto. Dios quiere que tú también estés preparado para todo lo que pueda suceder en el desierto de este mundo.

11

Entre la espada y la pared
Éxodo 14

Puede que Moisés pensó que había terminado la parte más difícil de su trabajo cuando dejó atrás Egipto. Dios no le había dado muchos detalles sobre el viaje a la tierra prometida; simplemente la promesa de alcanzarla y poseerla. Pero Moisés iba a descubrir que Dios tenía muchas lecciones para ellos en el camino y que su propio pueblo podría ser tan desafiante como el faraón.

^{1}El Señor habló con Moisés y le dijo: ^{2} «Ordénales a los israelitas que regresen y acampen frente a Pi Ajirot, entre Migdol y el mar. Que acampen junto al mar, frente a Baal Zefón. ^{3} El faraón va a pensar: "Los israelitas andan perdidos en esa tierra. ¡El desierto los tiene acorralados!" ^{4} Yo, por mi parte, endureceré el corazón del faraón para que él los persiga. Voy a cubrirme de gloria, a costa del faraón y de todo su ejército. ¡Y los egipcios sabrán que yo soy el Señor!» Así lo hicieron los israelitas.

¿Estás en un desvío?

Si crees que, después de aceptar a Cristo y dejar "Egipto", tu vida va a ser pura bendición y prosperidad, te espera una sorpresa. Dios tiene mucho que enseñarte en este viaje al cielo. La vida es dura y pocas cosas de valor se obtienen fácilmente. Al igual que Israel, tú puedes encontrarte en un desvío:

- Puedes sentir que Dios te ha traicionado.

- Tus problemas pueden parecer tan grandes como los ejércitos de Faraón y tan profundos como el Mar Rojo.
- No ves ninguna salida.

Caminar con Dios no siempre tiene sentido

Dios había manifestado su poder al faraón mediante meses de plagas y milagros para convencerle de que dejara ir a su pueblo. Ahora Israel es libre y está en camino a la tierra prometida, pero Dios lo llevó por la ruta larga para que no encontrara la guerra, se desanimara y volviera a Egipto. Ya están descubriendo que caminar con Dios a menudo no tiene sentido para nosotros. No siempre es un camino fácil.

¿No habían sufrido lo suficiente en su esclavitud? Nunca tenían vacaciones y ahora están de viaje hacia una tierra completamente desconocida. Parece apropiado descansar unos días, acampando junto al mar. Todavía no confían mucho en Moisés, pero finalmente él cumplió su promesa de liberación y ellos obedecen sus instrucciones. Ahora están festejando en la playa. No sabemos si Moisés reflexionó sobre las consecuencias de obedecer este mandato y sobre la dificultad de manejar a miles de exesclavos desesperados y enojados en ese desierto, pero eso no le impide obedecer a Dios. Había visto todas las plagas y los milagros de primera mano y ya había aprendido que, incluso si no tiene sentido, hay que obedecer a Dios. Moisés tenía la ventaja de escuchar la voz audible de Dios y, después de su experiencia con la zarza ardiente, ya no iba a discutir con Él. Dios le dijo lo que iba a suceder, pero no se le permitió decirlo a la gente; muchas veces, el líder no puede compartir todo lo que Dios le comunica.

Dios los estaba guiando directamente hacia una situación imposible. Sin intervención divina, sería desastrosa y Moisés probablemente sería el primero en morir. ¿Crees que servir al

Señor, conocer su voluntad y escuchar su voz siempre resultan en una vida más bendecida y fácil? ¿Te das cuenta de que Dios puede enviarte un desastre?

¿Estás dispuesto a sufrir para que Dios se glorifique?
¿Consigue Dios más gloria con la curación de la gripe o con la de un cáncer terminal? Dios colocó a su pueblo amado y elegido bajo un estrés increíble, en una situación imposible, para que Él pudiera recibir más gloria. En el proceso, la fe de ellos se fortalecería. ¿Estás dispuesto a pasar por situaciones desesperadas para que Dios se glorifique? ¿O te parece que Dios está jugando contigo? ¿Te ha prometido una vida "que fluye leche y miel", pero en este momento te encuentras en un lugar espinoso, doloroso y seco? ¿Sigues luchando con algún pecado? ¿Te encuentras entre la espada y la pared, sin salida?

A veces nuestro pecado y rebelión nos llevan allí. Dios todavía puede ser misericordioso, pero tenemos que enfrentar las consecuencias. También es posible que hayas oído la voz de Dios y que estés caminando en obediencia. Por supuesto, Dios te dará una salida. Muchas veces, durante el éxodo, los esclavos se preguntaban si habían hecho lo correcto al salir de Egipto. Habrían regresado si pudieran. Tú puedes tener dudas sobre si vale la pena seguir a Jesús, ya que parece que solo te causa más problemas y no estás experimentando la paz y la prosperidad prometidas. Da un paso atrás e intenta ver el gran propósito de Dios en tu prueba:

- ¿Cómo quiere glorificarse?
- ¿Quiere mostrar su poder a alguien?
- ¿O juzgar a alguien?

Puede parecer que Dios está mandándote hacer algo que solo traerá más problemas a tu familia o tu iglesia. Si estás pensando en hacer las cosas a tu manera, olvídalo. Es cierto que podrías evitar algunos problemas, pero estarías en pecado y tu iglesia y tu familia sufrirían.

⁵ Y cuando el rey de Egipto se enteró de que el pueblo se había escapado, tanto él como sus funcionarios cambiaron de parecer respecto a los israelitas y dijeron: «¡Pero qué hemos hecho! ¿Cómo pudimos dejar que se fueran los israelitas y abandonaran su trabajo?» ⁶ Al momento ordenó el faraón que le prepararan su carro y, echando mano de su ejército, ⁷ se llevó consigo seiscientos de los mejores carros y todos los demás carros de Egipto, cada uno de ellos bajo el mando de un oficial. ⁸ El Señor endureció el corazón del faraón, rey de Egipto, para que saliera en persecución de los israelitas, los cuales marchaban con aire triunfal. ⁹ Todo el ejército del faraón —caballos, carros, jinetes y tropas de Egipto— salió tras los israelitas y les dio alcance cuando éstos acampaban junto al mar, cerca de Pi Ajirot y frente a Baal Zefón.

Ya hemos hablado de lo difícil que es para algunos racionalizar a Dios endureciendo el corazón del faraón, pero la decisión del rey de dejarlos ir parece más un lapso momentáneo que un verdadero cambio de corazón. El faraón, devastado por la muerte de su hijo, buscó alivio, pero su verdadero carácter se reveló rápidamente.

Alinéate con el plan de Dios

Tu jefe o tu esposa puede sorprenderte con un cambio repentino de opinión. Lo que parecía tan endurecido de repente se vuelve tierno y luego se endurece con la misma rapidez. ¡Mucho está sucediendo más allá de las apariencias! ¡Dios está trabajando para lograr sus propósitos! Claro que los egipcios no se dan cuenta de eso. Pueden sentirse confundidos y preguntarse: "¿Por qué hice eso?" No pueden ver la mano de Dios. ¿Y tú? ¿Crees en la soberanía de Dios? ¿Crees que Él está trabajando por el bien de todo lo que les sucede a quienes lo aman y lo siguen? Cuando veas un cambio repentino de corazón, ora por lo que Dios quiere lograr y alinéate con sus propósitos. No luches contra ellos, aunque pueden implicar un encuentro desagradable con el enemigo. Estos esclavos, no entrenados y mal equipados, no eran rival para el ejército del faraón. Sin Dios, tú no eres rival del diablo.

¹⁰ El faraón iba acercándose. Cuando los israelitas se fijaron y vieron a los egipcios pisándoles los talones, sintieron mucho miedo y clamaron al Señor. ¹¹ Entonces le reclamaron a Moisés: —¿Acaso no había sepulcros en Egipto, que nos sacaste de allá para morir en el desierto? ¿Qué has hecho con nosotros? ¿Para qué nos sacaste de Egipto? ¹² Ya en Egipto te decíamos: "¡Déjanos en paz! ¡Preferimos servir a los egipcios!" ¡Mejor nos hubiera sido servir a los egipcios que morir en el desierto!

¿Cómo respondes cuando el diablo se acerca?

Es la primera mañana del campamento. Algunos se levantaron temprano para disfrutar del sol y el agua. Finalmente estaban libres y caminando con Dios. Estaban felices e ignorantes de los planes del enemigo. De repente, todo cambió y un pánico se apoderó de ellos. ¿Y tú? Tal vez pensabas que habías acabado con las drogas y el alcohol, o que habías superado algún otro pecado, solo para enfrentarlo de nuevo, burlándote de ti y hasta casi vencerte. ¿Qué haces?

La reacción natural es el miedo. Estoy seguro de que lo has sentido, con el estómago en nudos. Ellos tenían el instinto correcto: clamaron al Señor. Pero no esperaron su respuesta y su queja a Moisés revela que no fue un grito de fe. Dios no está allí físicamente y ellos no están acostumbrados a escuchar su voz; así que todo su miedo y su ira se dirigen a Moisés.

Ten cuidado de no defenderte ni de dar demasiada importancia al grito desesperado de alguien aterrorizado. La respuesta de Israel es típica de la forma en que reaccionamos ante situaciones desesperadas:

- En lugar de culpar a Dios, culpan al representante de Dios (quien parece responsable de la molestia) y no aceptan responsabilidad por sus decisiones. Lo mismo puede suceder con tu hijo, tu esposa o tu iglesia.
- Pierden perspectiva y olvidan la visión de una vida mejor y de una tierra prometida. Solo pueden ver el desierto y la posibilidad muy real de destrucción.
- Su vida vieja, de esclavitud al pecado y a Satanás, parece atractiva en comparación con la incertidumbre y las pruebas de caminar con Dios. Es posible abandonar la fe y volver al mundo.

Lo peor que un líder puede hacer es ponerse a la defensiva y empezar a culpar a sus subordinados o capitular ante sus demandas. Aquí es donde se revela su verdadero carácter. Su respuesta puede hacer o deshacer toda la misión. Afortunadamente, Moisés hizo lo correcto:

13 —No tengan miedo —les respondió Moisés—. Mantengan sus posiciones, que hoy mismo serán testigos de la salvación que el Señor realizará en favor de ustedes. A esos egipcios que hoy ven, ¡jamás volverán a verlos! 14 El Señor mismo peleará por ustedes. Solo quédense tranquilos.

El Señor peleará por ti
Es cierto que habrá momentos en que tendrán que luchar, pero ahora sólo tienen que disfrutar del espectáculo. No se trata de ellos; se trata completamente de Dios. A menudo somos demasiado listos para luchar. Muchas veces Dios te llama a estar quieto, a descansar en Él y a confiar en Él, pero ellos tienen que

deshacerse de su temor para que Dios pelee por ellos. Es muy difícil para Dios trabajar con personas temerosas; el miedo destruye su fe. Tantas veces en su Palabra Dios nos dice "No temas", pero no es fácil obedecer ese mandato. Si algo está sucediendo en tu vida que te llena de miedo, la palabra de Dios para ti es: "No temas. Yo estoy contigo. Tengo todo bajo control."

Varias veces la enseñanza sobre la guerra espiritual en el capítulo 6 de Efesios nos dice: "Está firme." Cuando estás bajo ataque y lleno de miedo, una de las peores respuestas es vacilar y correr de una persona a otra, buscando consejo o ayuda; lleno de fe un día y listo a darte por vencido al siguiente. Desarrolla estabilidad en los buenos tiempos para mantenerte firme ante la adversidad.

Moisés todavía no conocía los detalles, pero había visto lo suficiente del poder de Dios como para tener la certeza de que Dios los salvaría. Si tú eres un hijo de Dios, tal vez no sepas cómo Dios lo haga, pero seguro que tu liberación vendrá. Si Israel tiene esa fe y puede dejar atrás su miedo, nunca volverá a ver a los egipcios. Sería genial si fuese así con todos tus enemigos: experimentas unas horas de estrés, luego Dios obra un gran milagro y nunca más vuelves a verlos. Eso puede suceder, aunque nuestra fe débil y vacilante, así como los intentos de resolver las cosas a nuestra manera, puedan obstaculizarlo. La verdad es que hay algunos enemigos que volverás a ver, pero Dios te dará la victoria en cada batalla. ¿Crees que el Señor es capaz de luchar tus batallas? ¿Por qué insistes en luchar con tus propias fuerzas? ¡Él puede hacerlo mucho mejor que tú! ¡Dale tus batallas hoy y verás qué gran guerrero Él es!

[15] Pero el Señor le dijo a Moisés: «¿Por qué clamas a mí? ¡Ordena a los israelitas que se pongan en marcha! [16] Y tú, levanta tu vara, extiende tu brazo sobre el mar y divide las aguas, para que los israelitas lo crucen sobre terreno seco. [17] Yo voy a endurecer el

corazón de los egipcios, para que los persigan. ¡Voy a cubrirme de gloria a costa del faraón y de su ejército y de sus carros y jinetes! ¹⁸ Y cuando me haya cubierto de gloria a costa de ellos, los egipcios sabrán que yo soy el Señor.»

El miedo paraliza. La gente quería volver atrás; Dios les mandó seguir adelante. ¿Podría esa ser la palabra de Dios para ti en este momento? ¿Estás entre la espada y la pared? ¿Estás pensando en volver al mundo? ¿O ya has vuelto? ¿Tienes que simplemente enfrentar al enemigo y seguir adelante por el camino que Dios te ha mostrado?

La parte de Moisés

Después de sus palabras llenas de fe para el pueblo, Moisés corrió a Dios con su propio grito de auxilio, pero Dios no le pareció muy compasivo. ¿Es posible que Dios esperara que Moisés mismo pensara en este plan de liberación? ¿O simplemente esperaba que Moisés tuviera más confianza en que Dios los salvaría?

Lo que Moisés *no* hace es tan importante como lo que hace: no "declara" que el ejército egipcio se dará la vuelta ni que Israel lo derrotará en batalla. Claro que a veces Dios puede ayudar a su pueblo a derrotar al enemigo en una batalla, pero aquí Dios tenía algo mucho más dramático para ellos. Yo tengo muchas inquietudes con todas las "declaraciones" que escucho, como si casi estuviera mandando a Dios lo que Él tiene que hacer. Si llegan a otro mar con los filisteos detrás de ellos, y Moisés "declara" con mucho denuedo y mucha fe que ese mar se abrirá tal como sucedió aquí, él sería humillado y su pueblo sería muerto. Tenemos que esperar en Dios en cada situación, discernir su voluntad y obedecerla.

¿Podría Dios moverse soberanamente para abrir el mar si Moisés no levantara su vara? Estoy seguro de que puede, pero casi siempre Dios elige trabajar a través de nosotros, edificar nuestra fe, poner a prueba nuestra obediencia y mostrar a la gente bajo nuestro cuidado que somos confiables. Si Moisés se burla del plan de Dios y decide no extender la mano, probablemente toda esta gente morirá.

[19] Entonces el ángel de Dios, que marchaba al frente del ejército israelita, se dio vuelta y fue a situarse detrás de éste. Lo mismo sucedió con la columna de nube, que dejó su puesto de vanguardia y se desplazó hacia la retaguardia, [20] quedando entre los egipcios y los israelitas. Durante toda la noche, la nube fue oscuridad para unos y luz para otros, por lo que en toda esa noche no pudieron acercarse los unos a los otros.

Dios pelea por Israel
Todo está listo. Ahora Dios se mueve soberanamente y coloca al ángel y la columna de nube entre Israel y sus enemigos. Ni siquiera podían verse unos a otros. El pueblo de Dios estaba en la luz, mientras que el enemigo estaba en las tinieblas. No siempre es una nube visible, pero Dios todavía puede poner a tus enemigos en tinieblas, mientras tú caminas en la luz. Dios puede protegerte y su ángel puede guiarte y guardarte del enemigo.

[21] Moisés extendió su brazo sobre el mar, y toda la noche el Señor envió sobre el mar un recio viento del este que lo hizo retroceder, convirtiéndolo en tierra seca. Las aguas del mar se dividieron, [22] y los israelitas lo cruzaron sobre tierra seca. El mar era para ellos una muralla de agua a la derecha y otra a la izquierda.

Mucho se ha escrito sobre cómo exactamente sucedió esto, pero no es necesaria una explicación científica. Dios dividió las aguas e Israel cruzó por tierra seca. Lo que parecía una situación imposible, de repente se convirtió en una cuestión de entrar al mar en seco y caminar hacia el otro lado. De este modo, el enemigo quedó atrás. ^{23} Los egipcios los persiguieron. Todos los caballos y carros del faraón, y todos sus jinetes, entraron en el mar tras ellos. ^{24} Cuando ya estaba por amanecer, el Señor miró al ejército egipcio desde la columna de fuego y de nube, y sembró la confusión entre ellos: ^{25} hizo que las ruedas de sus carros se atascaran, de modo que se les hacía muy difícil avanzar. Entonces exclamaron los egipcios: «¡Alejémonos de los israelitas, pues el Señor está peleando por ellos y contra nosotros!»

La intervención divina puede ser tan impresionante que aun el pecador más empedernido puede ver la mano de Dios contra sí mismo. Parecería que al ver la oscuridad descender sobre ellos y la columna colocarse entre ellos e Israel, Egipto se daría cuenta de que está vencido y se arrepentiría. Si los egipcios hubieran vuelto atrás en ese momento, podrían haber sobrevivido, pero Dios quería juzgarlos definitivamente. A menudo, si caemos en el pecado, nuestro orgullo no nos permite abandonarlo, sin importar cuán obvios sean los signos. Desafortunadamente, cuando nos damos cuenta de lo que está sucediendo, puede ser demasiado tarde.

Dios puede "atascar las ruedas" de quienes vienen contra ti y sembrar la confusión entre tus enemigos. ¡Varias veces los enemigos de Israel se destruyeron a sí mismos!

^{26} Entonces el Señor le dijo a Moisés: «Extiende tu brazo sobre el mar, para que las aguas se vuelvan contra los egipcios y contra sus carros y jinetes.» ^{27} Moisés extendió su brazo sobre el mar y, al despuntar el alba, el agua volvió a su estado normal. Los egipcios, en su huida, se toparon con el mar, y así el Señor los hundió en el fondo del mar. ^{28} Al recobrar las aguas su estado normal, se tragaron a todos los carros y jinetes del faraón, y a *todo el ejército que había entrado al mar para perseguir a los israelitas. Ninguno de ellos quedó con vida.*

Juicio

¿Fue Dios cruel? ¿O fue más cruel mantener a la gente esclavizada durante cientos de años? ¿No fue esto solo justicia? Es cierto que hubo egipcios que no tuvieron nada que ver con los esclavos y que perdieron la vida por el corazón endurecido del faraón. Cuando llega el juicio, los inocentes también sufren. Nuestra cultura orgullosa está convencida de que no necesita a Dios. Están empeñados en vivir como quieran y en resistir el plan de Dios. Pero así como el faraón fue juzgado, así vendrá el juicio sobre ellos. Dios solo está esperando la oportunidad de glorificarse aún más.

²⁹ Los israelitas, sin embargo, cruzaron el mar sobre tierra seca, pues para ellos el mar formó una muralla de agua a la derecha y otra a la izquierda. ³⁰ En ese día el Señor salvó a Israel del poder de Egipto. Los israelitas vieron los cadáveres de los egipcios tendidos a la orilla del mar. ³¹ Y al ver los israelitas el gran poder que el Señor había desplegado en contra de los egipcios, temieron al Señor y creyeron en él y en su siervo Moisés.

Israel soportó horas de ansiedad. Se quejaron y manifestaron su falta de fe, pero al final todo estuvo bien. Nunca volvieron a ver a los egipcios. Tenían un milagro inolvidable para fortalecer su fe, lo cual sigue siendo una fuente de aliento para el pueblo de Dios hoy. Ellos aprendieron a temer a Dios y a confiar en Él, y su confianza en Moisés también se fortaleció.

La importancia del líder

¿Y Moisés? Él fue la clave de este milagro. Sin sus palabras de fe, la gente habría entrado en pánico y perecido. Necesitaban su fuerza mientras él caminaba con ellos a través de esta prueba. Si Moisés se hubiera desmayado, todo estaría perdido. Su parte no fue muy difícil; simplemente tenía que escuchar la voz de Dios, comunicar al pueblo lo que tenía que hacer y levantar su vara y sus manos un par de veces. No fue difícil físicamente, pero la carga de miles de personas resultó muy pesada. Moisés se mantuvo firme e hizo exactamente lo que Dios le mandó que hiciera. ¿Estaba ansioso a veces? Creo que sí. Pero Moisés también tuvo una experiencia inolvidable que fortaleció su fe. Y, como siempre, Dios fue absolutamente fiel. Pastor o líder, tu iglesia depende de ti. Marido o padre, tu familia depende de ti. ¡No te desesperes cuando aparezca el diablo! ¡Permanece firme y confiado en que Dios tiene una salida! Escucha la voz de Dios como si tu vida dependiese de ello, porque así es, y también las vidas que Dios te ha confiado. Camina con ellos por el mar y permanece con ellos hasta que venzan al enemigo. Si Dios te manda que te quedes quieto, no seas tan macho como para insistir en pelear la batalla tú mismo.

¿Quién es tu faraón? ¿Cuál es tu Mar Rojo? ¿Qué te parece imposible hoy? ¿Está tu fe decayendo? ¿O puedes confiar en que tu vida está en manos de Dios? ¿Estás reteniendo una liberación milagrosa porque no quieres levantar la mano o la vara? ¿Es este el momento de entrar en medio del mar con fe?

12

¡Adoración!
Éxodo 15:1-20

Cuando Dios hace un milagro en tu vida, ¿cómo respondes? ¿Tomas tiempo para darle las gracias y alabarlo? ¿U olvidas a Dios cuando las cosas vuelven a la normalidad? Yo vi esto una y otra vez como capellán de la prisión. Claro que había muchos presos que adoraban al Señor con todas sus fuerzas porque lo habían sostenido durante la prueba más difícil de sus vidas. Pero había otros que Dios, milagrosamente, libró de la cárcel; prometieron servir a Dios por el resto de sus vidas si sólo Él los sacaba. Sin embargo, se olvidaron de Él desde el momento en que salieron por las puertas. Eso no sucede solo en la cárcel; también ocurre a diario en la calle. Y no es nuevo; cuando Jesús sanó a los diez leprosos, solo uno regresó para darle gracias. Decepcionado, Jesús le preguntó: *¿No hubo ninguno que regresara a dar gloria a Dios, excepto este extranjero?* (Lucas 17:18) Romanos 1:21 dice que no agradecer y glorificar a Dios es el fundamento de nuestro problema de pecado:

> *Es cierto, ellos conocieron a Dios pero no quisieron adorarlo como Dios ni darle gracias. En cambio, comenzaron a inventar ideas necias sobre Dios. Como resultado, la mente les quedó en oscuridad y confusión.* (NTV)

Nuestros corazones y mentes se ven afectados si no adoramos a Dios.

Dios anhela verdaderos adoradores (*"Mas la hora viene, y ahora es, cuando los verdaderos adoradores adorarán al Padre en espíritu y en verdad; porque también el Padre tales adoradores busca que le adoren,"* Juan 4:23). Cuando haces algo por tu familia, ¿no te gusta cuando te agradecen y te dicen que eres un gran padre? Si lo dan por sentado y nunca lo mencionan a ti ni a nadie más, la próxima vez tiendes a no hacer nada por ellos. Dios no es diferente. Él anhela nuestra adoración. Se lo merece por todo lo que ha hecho por nosotros.

Los hebreos no estaban acostumbrados a cultos de adoración. No conocían muchas alabanzas. Pero Moisés tomó la iniciativa y los condujo en un glorioso culto tras cruzar el Mar Rojo. Dios los ayudó a cantar una canción nueva, tal vez haciendo eco de lo que Moisés cantó. Y nosotros, ¿ayudamos a la gente de nuestras iglesias a adorar a Dios? Nosotros, que hemos conocido muchas alabanzas durante mucho tiempo, a veces no pensamos en la importancia de ver la letra, pero para alguien nuevo le ayuda mucho verla. Es aún más importante en estos días; ya no cantamos muchos de los coritos sencillos de hace años; ahora son canciones más sofisticadas. La mayoría de las iglesias muestran la letra de las canciones, pero si la tuya es una de las pocas que no lo hacen, haz el esfuerzo para que todos puedan participar en la adoración.

Pastor, tú debes tomar la iniciativa para llevar a tu congregación ante la presencia de Dios. Es bueno contar con un líder de adoración, pero no te libera de tu responsabilidad de fomentar la verdadera adoración en tu iglesia. Es una parte clave de tu llamado al ministerio. Mantente involucrado en la adoración. De vez en cuando, únete a la banda de adoración en sus ensayos. Habla y ora con los líderes de alabanza para determinar qué canciones cantarán durante el culto. Si no has guiado a tu congregación en la adoración durante algún tiempo, sorpréndela y hazlo algún domingo. Participa plenamente en el culto. Por favor, no utilices ese tiempo para hablar con la gente, terminar de preparar tu mensaje o no estar a la vista. ¡Eso comunica un mensaje equivocado! Sé el primero en entrar en la adoración y establece el tono del culto. Estoy muy preocupado por lo que observo en muchos cultos de "adoración" que parecen más bien conciertos, donde se demuestran los talentos de la banda.

Muchos llaman a este pasaje la Canción del Mar. También se conoce como la canción de Miriam porque ella se menciona en el versículo 20. John Wesley sugirió que Moisés la compuso y dirigió a los hombres, mientras que su hermana Miriam la llevó a las mujeres. Exactamente cómo, no lo sabemos. Algunas fuentes judías hablan de hombres y mujeres que hacen colas y se hacen eco de lo que el líder cantó. ¡En ese entonces no proyectaban la letra en una pantalla! Moisés no la escribió por adelantado porque no sabía lo que Dios iba a hacer. Moisés no expresaba muchas emociones, pero aquí vemos lo que llenó su corazón y la gratitud apasionada por su liberación.

[1]*Entonces Moisés y el pueblo de Israel entonaron el siguiente cántico al Señor:*

> «*Cantaré al Señor,*
> *porque ha triunfado gloriosamente;*
> *arrojó al mar al caballo y al jinete.*
> [2] *El Señor es mi fuerza y mi canción;*
> *él me ha dado la victoria.*
> *Él es mi Dios, y lo alabaré;*
> *es el Dios de mi padre, ¡y lo exaltaré!*

Moisés comienza con algo muy íntimo. Ocho veces aparecen "yo" o "mi" en estos dos versículos. Puede ser obvio, pero para verdaderamente adorar al Señor, Él tiene que ser *tu* Dios. Si no lo conoces, es solo una canción bonita. Mira a tu alrededor en la iglesia (¡pero no para juzgar a la gente!) y observarás quién realmente conoce a Dios y está muy entusiasmado con lo que ha hecho en su vida, y quién solo está ahí para el espectáculo.

Algunos desprecian una adoración basada en nuestra experiencia personal, como si fuese egocéntrica, pero la adoración más profunda nace de lo que Dios ha hecho por nosotros. Es cuando realmente experimentamos esa liberación y el perdón de los pecados que vamos a proclamar del corazón: "Tú me has dado la victoria."

¿Cómo es tu adoración? ¿Es Dios tu fuerza? ¿O todavía confías en tu propia fuerza limitada? ¿Es Dios tu canción? ¿Has experimentado su victoria? En algún momento tú tienes que aceptar a Cristo y recibir su salvación. No fue porque nació un hebreo que Moisés conoció a Dios; está bien que Moisés pudiera decir que Él es el mismo Dios de su padre, pero la fe de tu padre no te salvará.

> ³ *El Señor es un guerrero;*
> *¡Yahveh es su nombre!*
> ⁴ *Arrojó al mar*
> *a los carros y al ejército del faraón.*
> *Los mejores oficiales del faraón*
> *se ahogaron en el mar Rojo.*
> ⁵ *Las aguas profundas brotaron con fuerza y los cubrieron;*
> *como piedras se hundieron hasta el fondo.*
>
> ⁶ *»Tu mano derecha, oh Señor,*
> *es gloriosa en poder.*
> *Tu mano derecha, oh Señor,*
> *aplasta al enemigo.*
> ⁷ *Con la grandeza de tu majestad,*
> *derribas a los que se levantan contra ti.*
> *Desatas tu ardiente furia*

y los consume como a paja.
⁸ Al soplido de tu aliento,
¡las aguas se apilaron!
El impetuoso oleaje se quedó firme como un muro;
en el corazón del mar las aguas se endurecieron.

⁹ »El enemigo se jactaba diciendo:
"Los perseguiré
y los alcanzaré.
Los despojaré
y los consumiré.
Sacaré mi espada;
mi mano poderosa los destruirá".
¹⁰ Pero tú soplaste con tu aliento,
y el mar los cubrió.
Se hundieron como plomo
en las poderosas aguas.

¹¹ »Oh Señor, entre los dioses, ¿quién es como tú:
glorioso en santidad,
imponente en esplendor,
autor de grandes maravillas?
¹² Levantaste tu mano derecha,
y la tierra se tragó a nuestros enemigos.

¿Reconoces a este Dios como tu Dios?

- ¿O es tu Dios una deidad débil que tienes que convencer para que actúe?
- ¿Sigue siendo un bebé en el pesebre o colgado en una cruz?
- ¿Solo piensas en las enseñanzas de Jesús sobre el amor?
- ¿Piensas en el Padre como un viejo amable?
- ¿Has olvidado que Dios es un gran guerrero?

Mira nuevamente cómo se describe a Dios aquí:

- *Arrojó* al mar los carros y el ejército del faraón.
- Su mano derecha, gloriosa en poder, *aplastó* al enemigo.
- *Derribó* a los que se levantaron en contra.
- Desató su *ardiente furia* y *consumió* a sus enemigos como paja.
- Olvídate de una explicación científica: ¡fue por el soplido de su aliento que las aguas se apilaron!

¿Te encoges delante del enemigo? ¡No debes! Deja que Dios se levante como tu defensa y tu guerrero. No temas su ira ardiente, a menos que tú te opongas a Él. ¡Pídele que la desate! Pero primero confirma que estás batallando contra el verdadero enemigo (el enemigo de Dios). Luego pídele con fe que su poder se manifieste para aplastarlo.

¡De verdad no hay Dios tan grande como nuestro Dios! Hay tres frases aquí que lo describen:

- Glorioso en santidad.
- Imponente en esplendor.
- Haciendo maravillas.

¿Describen a tu Dios? ¿Cuándo fue la última vez que hizo maravillas para ti? ¿Cuánto tiempo ha pasado desde que viste su gloria y esplendor? ¿Eres consciente de su santidad, lo que implica que no puede soportar el pecado?

> [13] *»Con tu amor inagotable*
> *guías al pueblo que redimiste.*
> *Con tu poder los guías*
> *a tu hogar sagrado.*

Gracias a Dios, ¡no es solo un fuego consumidor y una furia ardiente! Esas características son buenas y deberían formar parte de tu concepto de Dios, pero están equilibradas por su amor inagotable. Como padre, nos quiere en su hogar. Él te guiará con su amor y te llevará allí con su poder. Hará lo necesario para llevarte al otro lado de tu mar rojo, darte la victoria sobre tu faraón y llevarte ante su presencia para toda la eternidad. ¡Te redimió con la sangre de su propio Hijo! ¡No va a abandonarte ni dejarte perecer!

> [14] *Lo oyen los pueblos y tiemblan;*
> *la angustia se apodera de los que viven en Filistea.*
> [15] *Los líderes de Edom están aterrados;*
> *los nobles de Moab tiemblan.*
> *Todos los que viven en Canaán se desvanecen;*
> [16] *terror y espanto caen sobre ellos.*
> *El poder de tu brazo*
> *los deja sin vida, como una piedra,*
> *hasta que tu pueblo haya pasado, oh Señor,*
> *hasta que haya pasado el pueblo que compraste.*

Acaban de escapar de la ira del enemigo, pero Moisés ya está pensando en su testimonio en otros países. Por supuesto, en este caso es porque espera que respeten al Dios de Israel y los dejen pasar en paz. Pero Dios se deleita en manifestar su poder para que la gente perdida y sin conocimiento de Dios se maraville de cuán grande es Dios. Qué lástima que Dios sea a menudo objeto de bromas y que los cristianos sean vistos como bufones. No vemos a sus enemigos aterrorizados ni temblorosos.

¿Crees que a Dios le gustaría cambiar eso? ¿Crees que tú puedes ser un vaso que Él utilice para manifestar su poder y su gloria? ¿Crees que Él puede trabajar en tu iglesia de tal manera que el terror y el espanto caigan sobre tu comunidad? ¿Recuerdas el temor que se apoderó de todos los que escucharon lo que les sucedió a Ananías y Safira? (Hechos 5) ¿Y la admiración profunda que llenó la iglesia primitiva?

¹⁷ Tú lo traerás y lo plantarás en tu propio monte, el lugar, oh Señor, reservado para tu morada, el santuario, oh Señor, que tus manos establecieron. ¹⁸ ¡El Señor reinará por siempre y para siempre!».

"Que venga tu reino..." Todo tiene que ver con que Dios reine: en tu vida, en tu familia, en tu iglesia y en el mundo (en la medida en que puedas influirlo). Es el anhelo de nuestros corazones que su reino se establezca en esta tierra. Cuando Cristo venga otra vez, nos llevará y nos plantará en su morada. Jesús dijo: *"En la casa de mi Padre muchas moradas hay. Voy a prepararte lugar"* (Juan 14:2). ¿Anhelas ese santuario? ¿Lo ingresas con la mayor frecuencia posible? Una de las claves más importantes para ingresar a ese santuario es la adoración que hemos visto en este capítulo.

¹⁹ Cuando los carros de guerra, sus conductores y los caballos del faraón entraron al mar, el Señor hizo que las aguas cayeran con fuerza sobre ellos. ¡Pero el pueblo de Israel había cruzado por en medio del mar, pisando tierra seca!

²⁰ Entonces la profetisa Miriam, hermana de Aarón, tomó una pandereta, se puso al frente, y todas las mujeres la siguieron, danzando y tocando sus panderetas. ²¹ Y Miriam entonaba este cántico:

«*Canten al Señor,*
porque ha triunfado gloriosamente;
arrojó al mar al caballo y al jinete».

Miriam es la primera profetisa en la Biblia. Aquí dirigió a todas las mujeres en la danza y en la adoración profética. No sabemos mucho sobre su ministerio profético. En Números 12:2 Miriam reclamó que Dios habló por medio de ella. Ella se puso celosa de su hermano Moisés y quería el mismo reconocimiento que una portavoz del Señor, pero centró su queja en su esposa cusita. Como resultado, su piel se volvió leprosa (Números 12:10).

¿Has escuchado tantas veces la historia del Mar Rojo (o has visto la película) que ya no te maravilla el poder de Dios manifestado aquí? ¿Cuándo fue la última vez que adoraste a Dios con todas tus fuerzas por lo que Él ha hecho en tu vida? ¿Tienes una relación viva con Dios? Sigue el ejemplo de Moisés y alienta a quienes influyes (en tu familia o en tu iglesia) para que sean verdaderos adoradores.

Parte tres

Pruebas y enseñanzas en el desierto

13

¡El socorro está por delante!
Éxodo 15:22-27

Muchos me han preguntado cuánto tiempo debe esperar una persona antes de salir de dificultades en un matrimonio, en el trabajo o en la iglesia. Mi impresión es que la mayoría tira la toalla demasiado rápido. Tendemos a ser como los israelitas en el éxodo: ante la primera dificultad, empezamos a llorar, nos desesperamos y nos quejamos de que la vida es dura. Parece que Dios nos ha desamparado. No podemos ver que Elim nos espera por delante, un lugar de manantiales refrescantes y la sombra de setenta palmeras. Por ejemplo, he conocido parejas que se han separado. Él finalmente decide divorciarse justo cuando su esposa me había dicho que estaba pensando en reconciliarse. Él no estaba dispuesto a darle tiempo suficiente; había sufrido demasiado e iba a hacer las cosas a su manera.

En este pasaje, Dios quiere darte esperanza y perseverancia para seguir adelante.

Después del milagro
[22] *E hizo Moisés que partiese Israel del Mar Rojo, y salieron al desierto de Shur; y anduvieron tres días por el desierto sin hallar agua.*

Si se desconoce el contexto, puede comprender el pánico tras tres días sin agua. Pero solo unos días atrás habían sido liberados de cientos de años de esclavitud en Egipto, con algunas manifestaciones increíbles del poder de Dios. Luego, a propósito, el Señor los colocó entre el Mar Rojo y los ejércitos perseguidores de Faraón. En un milagro que debe fortalecer su fe durante muchos años, Dios abrió el mar, cruzaron la tierra seca y los ejércitos del faraón fueron destruidos. Acaban de terminar un culto glorioso de adoración y ahora están de vuelta en camino. Dice que Moisés *los hizo* partir, pero en realidad es la columna de nube y fuego, la presencia visible de Dios, la que los guía, y Él los lleva directamente al desierto. Todos saben la importancia del agua en el desierto. Caminaron en medio de un mar, pero ahora no hay ni una gota de agua. Puedes aguantar un día, pero después de tres días la situación es crítica. ¿Los había abandonado Dios? ¿Realmente sabe Moisés lo que está haciendo?

Los milagros son geniales, pero tenemos memoria muy corta. Me parece que los milagros no hacen mucho para fortalecer la verdadera fe. Podemos experimentar un gran milagro y, pocos días después, caer en la desesperación y darse por vencido. Incluso podemos llegar a ser tan adictos a ellos que no soportamos las luchas del desierto.

¿Te encuentras en un tramo seco después de un gran mover de Dios en tu vida? ¿Puedes todavía confiar en Él? ¿Ha hecho lo suficiente por ti para que creas que no te dejará? ¿Cómo estarías tú después de tres días sin agua? Es fácil sentirse traicionado por Dios, incluso enojarse con Él. Las lindas historias de victoria y prosperidad, y de un Dios que resuelve todos tus problemas, parecen mentiras.

Pastorear en el desierto

¿Y Moisés? Él tenía tanta sed como los demás, pero llevaba una carga mucho más pesada. Era responsable de miles de personas.

¡El socorro está por delante!

Todos lo miraron a él por ayuda. Es Moisés quien sería apedreado si la gente se desespera. A pesar de sus dudas, había aceptado la tarea de guiar a su pueblo a una tierra que fluye leche y miel, pero hasta ahora ha sido una montaña rusa. Dios mostró su poder al faraón, pero los israelitas mismos se levantaron contra Moisés. Finalmente salieron de Egipto, pero luego se encontraron atrapados en el Mar Rojo. Y ahora, después de una liberación increíble y de un gran culto de adoración, todos podrían morir de sed.

Si tú eres pastor o líder, probablemente hayas subido la misma montaña rusa. A veces puede ser tu culpa. Siempre es provechoso examinarte a ti mismo y pedirle al Espíritu Santo que escudriñe tu corazón. Pero lo más probable es que no haya nada malo en ti: tu fe no es débil y no estás en pecado. Esta caminata tiene muchos altibajos. Una gran parte de la madurez consiste en perseverar en la fe cuando atraviesas los valles y en ser humilde ante las victorias. Es posible que hayas predicado sobre todas las grandes cosas que Dios tiene para nosotros en esa tierra prometida, pero parece que tu gente está en un lugar seco. Algunos están listos para irse a otra iglesia más "exitosa" con mejor música; no está sucediendo como dicen en la televisión que debería suceder. Es una situación difícil para un pastor: está bien predicar sobre las cosas buenas que Dios tiene para nosotros, pero también tienes que preparar al pueblo para los tramos secos.

La esperanza que se demora
23 Y llegaron a Mara, y no pudieron beber las aguas de Mara, porque eran amargas; por eso le pusieron el nombre de Mara.

Tenían tanta sed. Los imagino acercándose al oasis y escuchando el agua; ¡Dios no los ha olvidado! ¡Hay esperanza! De repente, las quejas se convierten en alabanzas — hasta que los primeros peregrinos beben un poco del agua. ¡Es amarga! Su esperanza está defraudada.

Agua amarga

¿Has bebido agua amarga recientemente? ¿Hay algo que anhelas y necesitas? ¿Lo has esperado mucho tiempo? Justo cuando parece que es tuyo, descubres que estás en Mara, en lugar de la Tierra Prometida. Puede ser una mujer que pensaste que era la respuesta de Dios a años de orar por una esposa, solo para descubrir que no es tan agradable como parecía al principio. O un trabajo que te prometió libertad financiera que se ha convertido en una carga insoportable. ¿Cómo respondes cuando Dios te decepciona? ¿Cuándo un pastor te defrauda? ¿Cuándo la vida parece más de lo que puedes soportar?

24 *Entonces el pueblo murmuró contra Moisés, y dijo: ¿Qué hemos de beber?*

Es el mismo refrán que ellos se repetirán con frecuencia durante este viaje. Como ya hemos visto varias veces, la gente recurre naturalmente a quienes cree que pueden ayudarla: su líder, su pastor, su esposo o su padre. Se quejan. En este momento no hay insurrección, pero están muy frustrados. Moisés no pudo conjurar agua para miles de personas. ¿Recuerdas cuando Jesús mandó a sus discípulos que alimentaran a la multitud? Ellos sabían que era imposible. Pero tanto los discípulos como los hijos de Israel olvidaron quién es su Señor.

¿Estás en un lugar seco en este momento? ¿Estás murmurando? ¿Te sientes frustrado con alguien con autoridad que no te ayuda? ¿Parece que Dios tiene oídos sordos? ¿Estás en la situación de Moisés? La gente te busca ayuda, ¡y no tienes idea de qué hacer!

¡Agua dulce!

25 *Y Moisés clamó a Jehová, y Jehová le mostró un árbol; y lo echó en las aguas, y las aguas se endulzaron.*

Una vez más Moisés hizo lo correcto; hizo lo único que pudo hacer. Clamó a Dios. La solución fue simple: un árbol arrojado al agua la hizo apta para beber. No cualquier trozo de madera, sino el que el Señor le mostró. ¿Era una especie de árbol especial que, de alguna manera, contrarrestaba el amargor del agua? Se han ofrecido muchas posibilidades. Creo que no tiene nada que ver con la madera; fue un milagro sencillo que Dios obró en respuesta a la obediencia de Moisés a lo que puede parecer un comando tonto.

En el árbol hay un tipo de la cruz. Ciertamente, Jesús pagó el precio por la amargura de esta vida. Puede que Él no cure instantáneamente todos los problemas, pero el poder del diablo, del pecado y de la muerte fue quebrado en la cruz. Él experimentó la muerte más amarga posible, para ti. Su presencia satisface la sed de tu alma.

Probablemente mucha gente frustrada y sedienta observó a Moisés arrojar el árbol al agua. ¿Qué ocurriría si no hubiese pasado nada? ¿Qué haría Moisés entonces? ¿Estaría la gente tan enojada que lo mataría? ¿Qué habría pasado si Moisés se hubiera vuelto muy lógico y hubiera comenzado a discutir con Dios?

¿Te está llamando Dios a hacer algo que te parezca una locura? ¿Puedes creer que Dios sabe lo que hace? ¿Estás dispuesto a dar un paso de fe, con toda tu iglesia observándote, para obedecer algo que no tiene sentido para ti?

La provisión de Dios en momentos amargos

A veces, Dios puede endulzar la amargura de tu vida y hacerla soportable. Él puede proporcionar agua fresca de una roca. Él es libre de moverse como desee en cada situación. Sería ridículo que Moisés buscara un palo la próxima vez que se encontraran con agua amarga y lo lanzara al agua. Lo que Dios le ordena a otro pastor que haga, lo que trajo gran bendición a su iglesia, puede no tener los mismos efectos en tu situación. Siempre es necesario escuchar a Dios. El palo que arrojaste al agua el año pasado no funcionará esta vez.

La vida está llena de problemas, pero Dios tiene una solución para todos. ¿Habría sido agradable que carros con agua helada los acompañaran durante todo el viaje? ¡Claro que sí! Algunas personas "declararían" que el agua está allí, que es dulce y la reclamarían en el nombre de Jesús. Ellos simplemente no pueden soportar la idea de que tengamos que pasar por dificultades, pero Dios puede ponerte en un camino sin agua por un rato. ¡Sobrevivirás! ¡Dios no te dejará morir!

Allí les dio estatutos y ordenanzas, y allí los probó; [26] y dijo: Si oyeres atentamente la voz de Jehová tu Dios, e hicieres lo recto delante de sus ojos, y dieres oído a sus mandamientos, y guardares todos sus estatutos, ninguna enfermedad de las que envié a los egipcios te enviaré a ti; porque yo soy Jehová tu sanador.

Pruebas

Sí, fue una prueba. ¿Te acuerdas de la escuela? ¿Estabas emocionado cuando el profesor anunció una prueba? ¡No! (A menos que tú fueses un cerebrito, ansioso por mostrar tu inteligencia a todos.) ¿Estás pasando por una prueba en este momento? La teología popular de las bendiciones sin fin no deja mucho margen para la prueba. Pero Dios quería saber cuán real era la adoración de Israel y darles la oportunidad de ver cuánto ha crecido su fe después de su experiencia cruzando el Mar Rojo (¡no mucho!).

¿Podría Dios estar probándote ahora mismo? Israel estaba afortunado; esta prueba duró solo tres días. Eso era todo lo que pudieron soportar. He visto a otros con pruebas que duran años; probablemente Dios tiene grandes cosas preparadas para ellos y está haciendo una obra profunda en ellos.

Yo soy el Señor tu sanador
En realidad, fue un importante paso adelante. Dios les dio nuevas ordenanzas y una promesa increíble: una promesa que muchos ven hoy como un cheque en blanco para la sanidad. Examinemos lo que dice:

- Al igual que la mayoría de las promesas de Dios, viene con una condición muy importante: tienen que escuchar atentamente al Señor, hacer lo recto delante de sus ojos, prestar atención a sus mandamientos y guardar **todos** sus estatutos. ¡Espérate! ¡Eso es imposible! ¡Jesús es el único que guardó cada mandamiento! Pues, si aún quieres intentar cumplir con estas condiciones, implica pasar bastante tiempo con Dios para escuchar su voz. ¿Cómo te va con eso? Qué fácil es superar las condiciones y reclamar la promesa, ¿verdad?

- La promesa se refiere específicamente a las enfermedades que Dios envió contra los egipcios; no es una promesa de curación de todas las enfermedades. No sabemos exactamente cuáles eran esas enfermedades.

- Dios puede enviar enfermedades, lo cual implica que pueden deberse a nuestra infidelidad o pecado, o a algún tipo de corrección. Si tú estás enfermo, vale la pena preguntarle a Dios si se la envió por alguna razón. Al parecer, no siempre es del diablo.

- A pesar de ello, todavía afirmamos gozosamente: ¡Dios es un Dios sanador! Él quiere sanar. Él tiene todo el poder para sanar y siempre es bueno pedirle sanidad. Solo ten cuidado de no "declarar" una curación cuando realmente no sabes lo que Dios está haciendo en la vida de esa persona. Solo te pones a ti mismo (y a Dios) en ridículo si no sucede. Y si no hay curación, examínate a ver si cumpliste estas condiciones.

²⁷ Y llegaron a Elim, donde había doce fuentes de aguas, y setenta palmeras; y acamparon allí junto a las aguas.

¡Un oasis!

Ah, Elim. Dios es bueno. Este es, finalmente, el campamento que esperaban junto al Mar Rojo. Es tan bueno encontrar un oasis en medio del desierto. Les encantaría quedarse allí, pero, lamentablemente, todavía tenían un largo viaje y muchas batallas por delante.

Gracias a Dios por los oasis en tu vida. No los des por sentados y no te sientas demasiado cómodo con ellos. Son una señal de la misericordiosa provisión de Dios y un estímulo al saber que existen lugares así. Habrá más de ellos en el camino. Mientras tanto, guarda la memoria de lo bueno que fue. Veo mucha gente hoy que cree que Elim es su derecho como cristianos. Edifican casas allí para vivir una vida buena. Pero este mundo no es nuestro hogar; somos peregrinos y extranjeros aquí. Ten cuidado de no sentirte demasiado cómodo en Elim, tal vez hasta el punto de no escuchar a Dios o de no estar dispuesto a seguir adelante cuando te llame de nuevo al desierto.

Dios los llevó tanto a Mara como a Elim: un lugar de amargura y otro de bendición. Elim es aún mejor cuando apenas saliste de Mara. Dios puede tenerte en Mara un poco más, pero puede mostrarte un árbol que lo haga soportable. Claro que no es Elim, pero al menos sobrevivirás. Esta vida está llena de los "Elims" y los "Maras". Renovación y amargura. Dios no te debe Elim. Nunca te garantiza que te quedarás en Elim. De hecho, Jesús nos dijo que habría mucha amargura en este mundo.

El socorro está por delante

Si tan solo la gente hubiera aguantado un poco más, Dios tenía algo tan dulce preparado para ellos. Aguanta, mi hermano. Yo no puedo decir cuándo llegarás a Elim, pero llegarás justo a tiempo. Justo en el tiempo de Dios. Hay algunos momentos hermosos, algunos regalos que Dios tiene para nosotros en medio de este desierto que llamamos vida. Disfrútalos al máximo mientras estés allí. Son pequeños alivios, pasos en el camino al cielo, que mantienen viva la fe y refrescan tu alma. Un Elim podría estar justo a la vuelta de la esquina para ti. No te rindas. Dios te dará la fuerza para seguir adelante.

14

El desierto de pecado
Éxodo 16:1-12

¹*Partió luego de Elim toda la congregación de los hijos de Israel, y vino al desierto de Sin, que está entre Elim y Sinaí, a los quince días del segundo mes después que salieron de las tierras de Egipto.*

El desierto de Sin. ¡Qué nombre tan apropiado! En inglés, la palabra "sin" significa "pecado". En realidad, el nombre no tiene nada que ver con eso, pero sí es cierto que era un lugar de pecado. Probablemente fue nombrado en honor de la deidad semítica de la luna, Sin, a quien adoraban en esa región. El desierto tenía la apariencia de la luna.

¡Muchas cosas habían sucedido durante el mes en que Israel fue liberado de la esclavitud en Egipto! Sin duda, suficiente para darles una confianza sólida en Dios. Acabaron de disfrutar de la bendición de Elim, pero ese oasis ahora parece estar muy lejos. Están de vuelta al desierto. Muchos cristianos tienen la misma experiencia después de un poderoso retiro o culto: llegan a casa o al trabajo y ya están de vuelta en el desierto.

En este versículo se mencionan cuatro lugares:

1) Egipto: El lugar de la esclavitud. Dios los libró de Egipto.

2) Elim: El lugar de descanso dado por la gracia de Dios.

3) Sin: El lugar desolado donde se encuentran en este momento. Un lugar de escasez y pruebas — y la provisión milagrosa de Dios. Muchas veces el desierto se interpone entre el reposo y un encuentro impresionante con Dios.

4) Sinaí: La montaña por delante, donde Dios mostrará su gloria y les dará su ley. También será un lugar de rebelión. A pesar del encuentro dramático con Dios, seguirán pecando.

Curiosamente, solo pasaron unos días en Elim y un breve tiempo en el monte Sinaí. ¡Pero eran esclavos durante cientos de años y estuvieron en el desierto durante cuarenta años! ¡Dios está preparándolos para una eternidad en el paraíso!

¿Dónde te encuentras ahora? ¿En uno de estos lugares? ¿Cómo manejas el desierto? ¡Presta mucha atención a las lecciones que Israel aprendió!

¡Cuidado con murmurar!

² Y toda la congregación de los hijos de Israel murmuró contra Moisés y Aarón en el desierto.

Refunfuñar, quejarse, murmurar, gemir: todos son nombres del mismo pecado. Si eres un líder, prepárate para ellos. Cada líder los enfrenta. Ya sea en tu familia o en tu iglesia, puede ser un cáncer que se propaga por todo el cuerpo. Es común y mortal.

¿Cómo te sientes cuando tu esposa o tus hijos se quejan de todo? Es lo opuesto a un corazón agradecido, y Dios lo odia. Directa o indirectamente, es un pecado contra Dios. Él nos llama a estar contentos y confiar en Él en situaciones difíciles. Resiste la tentación de murmurar. Entrena a tus hijos para que no se quejen. No lo toleres en tu casa. Advierte a tu iglesia al respecto. Ten cuidado de no caer en el mismo pecado. Y sé proactivo: cuando la gente a tu alrededor se queje, no guardes silencio. Sin condenarlos, desafíalos y ofrece una alternativa constructiva.

³«¡Si tan sólo el Señor nos hubiera matado en Egipto! —protestaban—. Allá nos sentábamos junto a las ollas llenas de carne y comíamos todo el pan que se nos antojaba; pero ahora tú nos has traído a este desierto para matarnos de hambre». (NTV)

¡**Moisés y Dios conspiran para matarlos!**
El temor distorsiona la realidad y es la fuente de muchas quejas. ¡Egipto suena muy bueno! ¡Después de solo un mes, ellos romantizan la esclavitud! Tal vez comían mucho en Egipto, pero convenientemente olvidaron los horrores de la esclavitud. Probablemente salieron de Egipto con alimentos suficientes para un mes. Ahora la comida se acabó y les falta la fe para creer que Dios no los dejará morir de hambre. Desesperados, prefieren la muerte. Y se engañan haciéndoles creer que Dios quiere matarlos, solo unos días después de su amable provisión de agua.

También cuestionan los motivos de Moisés. En lugar de un pastor que los cuida, él se convierte en un asesino de masas, engañándolos para que abandonen Egipto solo para matarlos en el desierto. Esa tiene que ser una de las cosas más difíciles para un líder. Moisés lo había dejado todo. Israel era un dolor de cabeza para él. ¡Ser acusado de intento de asesinato sería muy doloroso! Ya sean tus hijos, tu esposa o tu iglesia, es peligroso juzgar sus motivos. ¡Tú no sabes lo que hay en su corazón! Está bien tener miedo, pero, como enseña cada seminario de matrimonio, expresa esos sentimientos en "yo", en lugar de juzgar a la otra persona. Si te acusan como acusaron a Moisés, no te pongas a la defensiva. Mira el miedo detrás de ella, dale la oportunidad de expresar lo que sienten y escucha la voz del Señor.

El peligro de la prosperidad
Los israelitas estaban encantados con Elim. Estaban alabando a Dios después de cruzar el Mar Rojo, listos para aceptar la

enseñanza de que la vida con Dios es pura bendición y victoria. Tristemente, esa enseñanza te deja vulnerable cuando Dios no te prospera como te prometieron. ¡Imagínate si Moisés les hubiera prometido abundante comida, buen clima y la victoria sobre todos sus enemigos! ¡Esta hambre habría sido una verdadera sorpresa! Pero eso es exactamente lo que hacemos cuando predicamos que la vida cristiana es pura bendición, gozo, victoria y abundancia. Cuando eso no sucede, pueden culpar a Dios, al predicador o a sí mismos. Incluso pueden pensar que sería mejor morir. Lo más probable es que recuerden lo buena que era su vida en el mundo, hasta el punto de abandonar la fe.

Si tienes hambre y estás luchando en este momento, ten cuidado de no romantizar el pasado. No te enojes con tu pastor. Desafía los pensamientos de fatalidad y desesperación. Dale gracias a Dios por todo lo que Él ha hecho. Estudia las Escrituras y sé animado por su fidelidad. No te metas en una "confesión positiva" falsa. Sé real con el dolor en tu vida. Y mira a Dios y confía en Él para su provisión.

4 Entonces el Señor le dijo a Moisés: «Voy a hacer que les llueva pan del cielo. El pueblo deberá salir todos los días a recoger su ración diaria. Voy a ponerlos a prueba, para ver si cumplen o no mis instrucciones. 5 El día sexto recogerán una doble porción, y todo esto lo dejarán preparado.»

La segunda prueba

La primera prueba fue el agua amarga de Mara. No les fue muy bien en esa prueba. Ahora serán probados para ver si siguen las instrucciones. ¿Cómo te iría con eso? Cuando compras los muebles listos para armar, ¿lees las instrucciones? ¿Las sigues? ¿O crees que sabes mejor cómo hacerlo? ¿Estudias el manual de tu vehículo y sigues las pautas para el cambio de aceite y el mantenimiento? No seguir las instrucciones, ya sea para cambios de aceite o para las leyes de tránsito, a menudo revela un corazón rebelde. Tú sabes mejor que la otra persona o simplemente no te gusta que te digan cómo hacerlo. Es orgullo. Aprender a someterse a las instrucciones es un fundamento de la vida cristiana.

Seguir las instrucciones para recopilar el maná puede parecer trivial. Pero si no sigues las instrucciones para las pequeñas cosas, es probable que no lo hagas para las grandes. Es la idea que subyace al enfoque de tolerancia cero ante la violación de la ley de la ciudad de Nueva York, lo que la convirtió en una de las ciudades más seguras del país. Si las personas saben que deben obedecer leyes menores, desarrollarán un hábito de obediencia y es menos probable que infrinjan las demás leyes. La misma idea está detrás de entrenar a un perro. Si tiene que sentarse y esperar su comida, probablemente venga cuando lo llames, y eso puede salvarle la vida en una calle concurrida.

Dios proveerá para ti

Dios todavía no había dado la ley del sábado, pero el principio ya se estableció desde la creación. En el séptimo día Dios no les daría maná; tendrían que comer lo que prepararon el día anterior. Si no siguen las instrucciones, padecerán hambre. La naturaleza humana tiende a irritarse con la ley, pero junto con las instrucciones vino la provisión milagrosa de Dios. Moisés no pidió nada y Dios pasó por alto sus murmuraciones y, amablemente, hizo llover pan del cielo. Es un patrón que continúa hasta el día de hoy: "*Danos hoy nuestro pan diario.*" Confiamos en que Dios proveerá día a día. Eso no significa que no puedas almacenar algo para un día lluvioso. Tenemos que ser prudentes en el uso de lo que Él nos da, pero Jesús también nos advierte claramente sobre las preocupaciones materiales (Mateo 6:25-34):

>*Por eso les digo: No se preocupen por su vida, qué comerán o beberán; ni por su cuerpo, cómo se vestirán. ¿No tiene la vida más valor que la comida, y el cuerpo más que la ropa? Fíjense en las aves del cielo: no siembran ni cosechan ni almacenan en graneros; sin embargo, el Padre celestial las alimenta. ¿No valen ustedes mucho más que ellas? ¿Quién de ustedes, por mucho que se preocupe, puede añadir una sola hora al curso de su vida?*

>*¿Y por qué se preocupan por la ropa? Observen cómo crecen los lirios del campo. No trabajan ni hilan; sin embargo, les digo que ni siquiera Salomón, con todo su esplendor, se vestía como uno de ellos. Si así viste Dios a la hierba que hoy está en el campo y mañana es arrojada al horno, ¿no hará mucho más por ustedes, gente de poca fe? Así que no se preocupen diciendo: "¿Qué comeremos?" o "¿Qué beberemos?" o "¿Con qué nos vestiremos?" Porque los paganos andan tras todas estas cosas, y el Padre celestial sabe que ustedes las necesitan. Más bien, busquen primeramente el reino de Dios y su justicia, y todas estas cosas les serán añadidas. Por lo tanto, no se angustien por el mañana, el cual tendrá sus propios afanes. Cada día ya tiene sus problemas.*

¿Por qué es tan difícil seguir lo que dice Jesús, después de tantos años de ver su fidelidad? ¿Por qué somos tan reacios a buscar primero su reino? ¿Por qué insistimos en buscar las riquezas del mundo? ¡Hay mucha libertad al dejar ir las preocupaciones terrenales! ¡Imagínate cuántas quejas serían eliminadas! ¡Vive cada día al máximo! ¡Confía en Dios para lo que necesitas hoy!

Tu maná diario
Ya no salimos a recoger maná, pero debemos buscar a Jesús y alimentar nuestras almas en la Palabra cada mañana. Muchas personas luchan con el tiempo devocional y lo rechazan como un legalismo. Sin embargo, en más de cincuenta años de seguir a Jesús, he observado que eso es el factor más importante para la salud espiritual. A veces no tienes ganas, pero al igual que bañarte, vestirte y desayunar cada mañana, haz el tiempo devocional una parte indispensable de tu rutina diaria. Confía en que Dios va a hacer llover pan del cielo por ti.

⁶ Moisés y Aarón les dijeron a todos los israelitas: —Esta tarde sabrán que fue el Señor quien los sacó de Egipto, ⁷ y mañana por la mañana verán la gloria del Señor. Ya él sabe que ustedes andan murmurando contra él. Nosotros no somos nadie, para que ustedes murmuren contra nosotros.

⁸ Y añadió Moisés: —Esta tarde el Señor les dará a comer carne, y mañana los saciará de pan, pues ya los oyó murmurar contra él. Porque ¿quiénes somos nosotros? ¡Ustedes no están murmurando contra nosotros sino contra el Señor!

¿Contra quién te quejas?
Cuando te quejas contra alguien que Dios ha puesto sobre ti en autoridad, te quejas contra Dios. Moisés no pudo darles carne ni pan, pero, en respuesta al murmullo, Dios mostrará su poder y su gloria. Él les dio todo el pan que podían comer. Hubiera sido monótono comer el mismo maná todos los días, pero era completamente confiable. Un cantante cristiano de la década de los 80, Keith Green, escribió una canción humorística al respecto:

Así que quieres volver a Egipto, donde hace calor y es seguro.

¿Lamentas haber comprado el billete de ida cuando pensabas que estabas seguro?
Querías vivir en la tierra de la promesa, pero ahora se vuelve cada vez más difícil.
¿Lamentas estar aquí, en el desierto, en lugar de en tu patio trasero?

Comer puerros y cebollas junto al Nilo.
Ooh, qué mal aliento, pero salimos a cenar con estilo.
Ooh, mi vida se está desmoronando.
Dame las pirámides.

Pues no hay nada más que hacer que viajar y seguro que viajamos mucho.
Porque hay que mantener los pies en movimiento cuando la arena se calienta tanto.
Y por la mañana los hotcakes son de maná. Picamos maná durante todo el día.
Y seguramente anoche hubo un ganador para cenar; se llama soufflé de maná.

Bueno, una vez nos quejamos de algo nuevo para picar.
La tierra se abrió y comió algunos de nosotros para el almuerzo.
Ooh, qué fuego y humo.
¿No puede Dios ni siquiera tomar una broma? ... ¿Eh? .... (¡No!)
Así que quieres volver a Egipto, donde los viejos amigos te esperan.
Puedes tener una gran fiesta y decirle a toda la pandilla que lo que decían era todo cierto.
Y este Moisés actúa como un pez gordo. ¿quién cree que es?
Es verdad que Dios obra muchos milagros, pero Moisés cree que todos son suyos.

Bueno, yo estoy pasando por muchos problemas, incluso ahora.
¿Por qué se enfadó tanto por el becerro, el becerro de oro?
Moisés, él parece bastante ocioso; solo descansa.
Sólo se sienta y escribe la Biblia.

Oh, Moisés, baja tu pluma.
¿Que?... ¡Oh, no! ¿Otra vez el maná?
Oh, maná waffles....
Hamburguesas de maná...
Panecillos maná...
Filete de maná...
Manacoti...
¡Pan Bamana!

¿Eres culpable de quejarte de Dios por quejarte de alguien que Él ha puesto en autoridad? ¿Estás contento con lo que Él te ha dado o sientes que mereces algo mejor? ¿Te han impactado la avaricia y el materialismo que han infectado una gran parte de la iglesia?

⁹ Luego se dirigió Moisés a Aarón: —Dile a toda la comunidad israelita que se acerque al Señor, pues los ha oído murmurar contra él.

¹⁰ Mientras Aarón hablaba con toda la comunidad israelita, volvieron la mirada hacia el desierto, y vieron que la gloria del Señor se hacía presente en una nube.

¹¹ El Señor habló con Moisés y le dijo: ¹² «Han llegado a mis oídos las murmuraciones de los israelitas. Diles que antes de que caiga la noche comerán carne, y que mañana por la mañana se hartarán de pan. Así sabrán que yo soy el Señor su Dios.» (NVI)

Justo allí, en el desierto de Sin, con todos sus murmullos, ¡vieron la nube de gloria! ¡Dios quiere mostrar su gloria! ¡Él proveerá tus necesidades diarias! ¡Cuánto mejor que murmurar es disfrutar de la gloria de su presencia y recibir su provisión graciosa diaria con corazones agradecidos, llenos de fe y alegría! Al igual que Dios los estaba probando, ellos estaban probando a Dios. ¡Pero Jesús dijo que el Señor no debería ser puesto a prueba!

- ¿Estás probando a Dios?
- ¿De qué te quejas en tu corazón? ¿La esposa que Dios te dio? ¿Tu trabajo? ¿Tu pastor? ¿Tu congregación?
- ¿Cómo puedes cambiar tu actitud para ver la gloria de Dios?
- ¿Estás aprovechando el maná a tu disposición todas las mañanas? ¿Qué estás perdiendo porque no te has tomado el tiempo ni el esfuerzo para salir y encontrar lo que Dios ha preparado para ti?

No somos mejores que Israel. El desierto de Sin no era un lugar agradable, pero a menudo allí se ve la gloria de Dios. Cuando tienes hambre, ¡incluso el maná puede ser una delicia!

15

¿Cómo está tu obediencia?

Éxodo 16:13-36

Dios dio maná a los israelitas como alimento, pero también como prueba para ver cómo podrían seguir las instrucciones. El maná vino con cinco instrucciones importantes. ¿Cómo iban a hacer en esta prueba? ¿Cómo harías tú? Ya veremos.

13 Esa tarde, llegó una cantidad enorme de codornices que cubrieron el campamento, y a la mañana siguiente los alrededores del campamento estaban húmedos de rocío. 14 Cuando el rocío se evaporó, la superficie del desierto quedó cubierta por copos de una sustancia hojaldrada y fina como escarcha. 15 Los israelitas quedaron perplejos al ver eso y se preguntaban unos a otros: «¿Qué es esto?», porque no tenían idea de lo que era.

Entonces Moisés les dijo: «Este es el pan que el Señor les da para comer. 16 Estas son las instrucciones del Señor: cada grupo familiar juntará todo lo que necesite. Recojan dos kilos por cada persona en su carpa».

17 Así que los israelitas hicieron lo que se les dijo. Algunos recogieron mucho; otros, sólo un poco. 18 Pero cuando lo midieron, cada uno tenía lo justo y necesario. A los que recogieron mucho no les sobraba, y a los que recogieron poco no les faltaba. Cada familia tuvo justo lo que necesitaba. (NTV)

La primera instrucción: Junta todo lo que necesites

¡Qué tentación para los capitalistas! Los jóvenes y fuertes podrían reunir mucho más que los ancianos o los discapacitados. ¡La supervivencia del más apto! Algunos podrían ser codiciosos y glotones, tratando de conseguir todo lo que querían en lugar de lo que *necesitaban*. Otros podrían crear una empresa: comprarlo a quienes no comieron tanto, empaquetarlo y prepararlo para venderlo a quienes tenían los recursos.

Aprendieron un principio importante sobre la vida comunitaria: puedes contar con Dios para que provea lo que necesitas. Se requiere autodisciplina para dejar suficiente para los demás y no agarrar más de lo que necesito. ¡Nadie debería pasar hambre! ¡Nadie debe acaparar ni consumir en exceso en detrimento de los demás! Si alguien fuera perezoso y no tuviera ganas de salir a recoger el maná, ¡tendría hambre! No había asistencia social, aunque seguramente si uno no podía juntarlo por sí mismo, alguien lo ayudaría. Es un principio que el Espíritu Santo inculcó en la iglesia primitiva:

> *La gracia de Dios se derramaba abundantemente sobre todos ellos, pues no había ningún necesitado en la comunidad. Quienes poseían casas o terrenos los vendían, llevaban el dinero de las ventas y lo entregaban a los apóstoles para que se distribuyera a cada uno según su necesidad* (Hechos 4:33-35).

Debemos buscar la igualdad, especialmente en la iglesia. ¡Es pecado para algunos acaparar el maná y engordarse, mientras que otros casi no tienen suficiente para comer! Hay organizaciones muy buenas para ayudar a los cristianos ricos a compartir con quienes tienen menos. Si enseñas prosperidad, ten cuidado de no estimular la avaricia y ten claro que Dios nos prospera para que ayudemos a los menos afortunados. También hay un principio importante de contentarse con lo que Dios nos da, como dice Hebreos 13:5:

> *Manténganse libres del amor al dinero, y conténtense con lo que tienen, porque Dios ha dicho: «Nunca te dejaré; jamás te abandonaré.»*

De ser posible, establece estos principios en la sociedad. En muchos países, la clase media está creciendo, pero al mismo tiempo el abismo entre los ricos y los pobres también lo hace. La iglesia debe estar a la vanguardia para hacer frente a ello y buscar una mayor igualdad. Durante muchos años, había organizaciones benéficas de la iglesia para ese propósito. Cuando la iglesia falló, el gobierno intervino, pero a menudo sin mucho éxito. ¡Recuperemos el papel de liderazgo que Dios quiere para su iglesia, para ayudar a los necesitados y promover una mayor igualdad!

Esta fue tanto una prueba para Moisés como para la comunidad. ¿Lo arreglaría para que su familia o sus amigos recibieran más maná? ¿Organizaría una empresa para recoger el maná y venderlo, en lugar de dejar que cada persona consiga lo que necesita? ¿Aceptaría sobornos de quienes tenían los medios? También podría verse tentado a pasar por alto los abusos de los demás. En Hechos, capítulo cinco, tenemos la historia de Ananías y Safira, que intentaron acomodar el sistema a su propio beneficio. Pedro fue fiel al enfrentarlos y ambos murieron.

La corrupción está muy generalizada en el gobierno, ¡e incluso en la iglesia! Guárdate de los favoritismos o de usar el sistema para tu propio beneficio. Moisés recibió la misma cantidad de maná que los demás. Está mal que un pastor sufra mientras su congregación prospera. Pero con mayor frecuencia, el pastor vive la buena vida a costa de su congregación. ¡No permitas ningún atisbo de mal comportamiento en tu gestión de asuntos materiales!

[19] Entonces Moisés les dijo:

—Nadie debe guardar nada para el día siguiente.

[20] Hubo algunos que no le hicieron caso a Moisés y guardaron algo para el día siguiente, pero lo guardado se llenó de gusanos y comenzó a apestar. Entonces Moisés se enojó contra ellos.

Segunda instrucción: No guardes nada para el día siguiente

Sobre todo, era una cuestión de fe: guardar el maná para el día siguiente mostraba incredulidad ante la idea de que Dios proveería lo suficiente por la mañana. Dios quiere que confiemos en Él para nuestras necesidades diarias. ¡Ten cuidado de no preocuparte tanto por el futuro que nunca vives para hoy!

Muchos no quieren que alguien les diga lo que deben hacer: "¿Quién es Moisés para decirme lo que pueda hacer con mi maná? ¿No lo junté? ¿No tengo derecho a hacer lo que quiera con ello?" Si tiene sentido para nosotros o no, si Dios nos ha dicho cómo hacer algo, tenemos que obedecer y hacerlo. Cuando todos caminan en obediencia, se alcanza la unidad. Si algunos almacenaban el maná, otros harían lo mismo y la meta de obtener solo lo que se necesita quedaría en la nada.

Sin embargo, siempre hay algunos que no prestan atención a las instrucciones y esa actitud fomenta la rebelión. El fruto de la rebelión siempre apesta, como ocurrió en este caso. Los gusanos se convirtieron en un problema de salud para toda la comunidad. Moisés estaba legítimamente enojado y Dios también. Al final del libro de los Jueces, se dice que cada uno hacía como mejor le pareciera. El resultado fue caótico. No es popular, pero enseña sobre la sumisión a la autoridad. Comienza en tu propio hogar.

²¹ *Después de este incidente, cada familia recogía el alimento cada mañana, conforme a su necesidad. Cuando el sol calentaba, los copos que no se habían recogido se derretían y desaparecían.* ²² *El sexto día recogían el doble de lo habitual, es decir, cuatro kilos por persona en lugar de dos. Entonces todos los líderes de la comunidad se dirigieron a Moisés en busca de una explicación.* ²³ *Él les dijo: «Esto es lo que el Señor ha ordenado: "Mañana será un día de descanso absoluto, un día sagrado de descanso, reservado para el Señor. Así que horneen o hiervan hoy todo lo que necesiten y guarden para mañana lo que les sobre"».*

²⁴ *Entonces ellos dejaron un poco aparte para el día siguiente, tal como Moisés había ordenado. Al otro día la comida sobrante estaba buena y saludable, sin gusanos ni mal olor.* ²⁵ *Así que Moisés dijo: «Coman este alimento hoy, porque es el día de descanso, dedicado al Señor. Hoy no habrá alimento en el campo para recoger.* (NTV)

Moisés los obligó a obedecer las leyes de Dios. Cuando se dieron cuenta de que no podían almacenar el maná, todos comenzaron a seguir las instrucciones. Como resultado, la comunidad desarrolló un ritmo. Se acostumbraron a levantarse cada mañana y descubrir que Dios había sido fiel:

El gran amor del Señor nunca se acaba,
y su compasión jamás se agota.
Cada mañana se renuevan sus bondades;
¡muy grande es su fidelidad!
(Lamentaciones 3:22-23)

Tercera instrucción: Recoge el doble el sexto día

Una vez que habían aprendido el ritmo básico, estaban listos para algo un poco más complicado. Seis días harían todo como de costumbre, pero el séptimo se apartaría para rejuvenecer física y espiritualmente. A Dios le gusta interrumpir el ritmo de la vida diaria para recordarnos quién es. Aquí se trataba de la preservación milagrosa del maná hasta el día siguiente. La falta de maná el sábado les recordó a los israelitas que era una provisión sobrenatural, bajo el control de Dios.

Aunque con razón nos resistamos a una observancia legalista del sábado, si lo ignoramos por completo, vamos a perder una bendición valiosa. Un día de cada siete hay que interrumpir la rutina, quitar el enfoque de ti mismo y dedicar tiempo a adorar a Dios, escuchar a Él y disfrutar de la comunión con su pueblo. Él sabe que lo necesitas y quiere refrescarte.

Al parecer, la mayoría de ellos ya estaban aprendiendo que vale la pena seguir las instrucciones, pero siempre hay algunos que quieren superar los límites:

²⁷ Algunos israelitas salieron a recogerlo el día séptimo, pero no encontraron nada, ²⁸ así que el Señor le dijo a Moisés: «¿Hasta cuándo seguirán desobedeciendo mis leyes y mandamientos? ²⁹ Tomen en cuenta que yo, el Señor, les he dado el sábado. Por eso en el día sexto les doy pan para dos días. El día séptimo nadie debe salir. Todos deben quedarse donde estén.»

³⁰ Fue así como los israelitas descansaron el día séptimo. ³¹ Y llamaron al pan «maná». Era blanco como la semilla de cilantro, y dulce como las tortas con miel.

No nos dice si estas mismas personas juntaron doble en el sexto día, esperando obtener aún más en el séptimo. Una vez más, fue evidente su incredulidad ante lo que Dios claramente había dicho, y Él no estaba contento.

Cuando tú vayas en busca de algo que Dios no tiene para ti, vas a volver con las manos vacías o te encontrarás en un callejón oscuro comprando maná ilegal. De cualquier manera, estás lejos del Señor y perderás sus bendiciones.

Cuarta instrucción: Quédate donde estés el sábado. No salgas.

¡Esto es difícil para muchos de nosotros! No nos gusta estar confinados ni restringidos. No queremos que nadie nos diga si podemos ir o no. Ellos ya tenían que seguir la nube como un pueblo unido. Ahora Dios les dice que el sábado no habrá viajes. ¡Ni siquiera tienen que salir y recoger el maná! Dios ya lo había arreglado. No hay excepciones. Todos tenían que hacer lo mismo.

¿Cómo respondería la iglesia de hoy a esta instrucción? ¿Crees que es difícil para nosotros seguir las instrucciones? ¡Yo creo que sí! No tienes que ser radical, pero busca maneras de restablecer un día de reposo, dedicado al Señor para la familia. Comienza con tu propia familia. Luego invita a otras familias a acompañarte. ¡Tal vez ellos vean la bendición en tu familia y tengan ganas de experimentar lo mismo! ¡Coge un día tranquilo para refrescarte! Y luego, intenta introducirlo en tu iglesia.

32 Luego Moisés dijo: «Esto es lo que el Señor ha ordenado: "Llenen un recipiente con dos kilos de maná y consérvenlo para sus descendientes. Así las generaciones futuras podrán ver el pan que les di a ustedes en el desierto cuando los liberé de Egipto"».

33 Entonces Moisés le dijo a Aarón: «Toma una vasija y llénala con dos kilos de maná. Después colócala en un lugar sagrado, delante del Señor, a fin de conservarlo para todas las generaciones futuras». 34 Así que Aarón hizo tal como el Señor le ordenó a Moisés. Posteriormente lo colocó dentro del arca del pacto, frente a las tablas de piedra grabadas con las condiciones del pacto. (NTV)

Quinta instrucción: Preserva algún maná como un memorial

Ésta era solo para Moisés — y fue la única instrucción guardada fielmente. Moisés podría preocuparse por que se estropeara el maná. Ya había visto demasiados gusanos, pero también había visto la preservación milagrosa del maná el sexto día. Él no preguntó nada sobre esta instrucción.

Moisés también había aprendido a delegar. Dios no mencionó a Aarón, pero Moisés le delegó la tarea y Aarón la completó fielmente. ¿Te ha dado Dios a alguien de confianza para que lleve a cabo tareas? ¿Crees que tienes que hacerlo todo o les das a otros la oportunidad de experimentar las bendiciones de la obediencia?

A Dios le gustan los memoriales. Hoy, muy pocas personas conocen la historia de la iglesia ni cómo Dios ha obrado a lo largo de los siglos. Los judíos tienen mucho que enseñarnos aquí, tanto en su celebración de la Pascua como en otros eventos significativos de su historia.

¿Cuáles son las experiencias más importantes en tu vida? ¿En tu familia? ¿En tu iglesia? ¿Hay alguna evidencia física de la fidelidad de Dios que puedas mostrar en un lugar destacado de tu casa o de tu iglesia? ¿Qué tradiciones puedes empezar para recordarle a la gente lo que Dios ha hecho? La Cena del Señor es un memorial; asegúrate de que tenga el lugar que le corresponde en tu iglesia.

35 Y los israelitas comieron maná durante cuarenta años, hasta que llegaron a la tierra donde se establecerían. Comieron maná hasta que llegaron a la frontera de la tierra de Canaán. 36 (El recipiente utilizado para medir el maná era un gómer, que era la décima parte de un efa; equivalía a dos kilos). (NTV)

Cuando llegaron a la tierra que fluye leche y miel, la provisión del maná terminó. Ya era hora de madurar. Dios puede darnos leche por un rato, pero llega el momento en que necesitamos alimentos sólidos. Hay que aprender a cuidarnos a nosotros mismos como adultos. Cuarenta años son mucho tiempo para comer la misma comida todos los días, pero seguramente estableció una confianza inquebrantable en la provisión de Dios.

Cinco sencillas instrucciones. Ninguna es realmente difícil. Pero tendemos a oponernos a quien nos dice qué hacer. ¿Qué instrucciones te ha dado Dios? ¿Qué has leído recientemente en la Palabra que sabes que Dios quiere que hagas? ¿Eres consistente al aplicar las reglas en tu casa o en tu iglesia? ¿O solo lo haces cuando te apetece? ¿Es demasiada molestia? ¿Cómo te va con esta prueba?

16

Sobrevivir en los lugares secos
Éxodo 17:1-7

¿Has notado que tiendes a cometer los mismos errores una y otra vez? He mantenido un diario durante cincuenta años; tantos años me brindan una buena perspectiva de lo que está pasando en mi vida. Por un lado, me alegro del crecimiento y de las grandes cosas que el Señor ha hecho; por otro lado, estoy profundamente preocupado por algunas luchas recurrentes. ¡Podemos ser cabezones y lentos para aprender!

- Padre, ¿pierdes la paciencia con tus hijos cuando cometen los mismos errores?
- Si eres un líder, ¿te sientes frustrado porque tu gente no aprende más rápido?
- ¡No los condenes! Y tampoco condenes a Israel. Estoy seguro de que Dios ha sido muy paciente contigo, como lo ha sido conmigo.

Este pasaje es muy similar al capítulo 15. Dios sabe que somos lentos para aprender; por eso las Escrituras son repetitivas. Se encuentran algunos temas a lo largo de la Biblia —a veces en el mismo verso. Pedro escribió:

> *Por eso siempre les recordaré estas cosas, por más que las sepan y estén afianzados en la verdad que ahora tienen. Además, considero que tengo la obligación de refrescarles la memoria*

mientras viva en esta habitación pasajera que es mi cuerpo (2 Pedro 1:12-13).

Israel apenas comenzó sus cuarenta años de peregrinación y ya se observan algunos patrones perturbadores. Se supondría que la provisión milagrosa de maná sería un recordatorio diario de la fidelidad de Dios y pondría fin a sus murmuraciones, pero no fue así.

Cuando Dios te lleve a un lugar seco

¹Toda la comunidad israelita partió del desierto de Sin por etapas, según lo había ordenado el Señor. Acamparon en Refidín, pero no había allí agua para que bebieran.

Para Israel, la vida no era predecible ni muy agradable. Nunca sabían cuánto tiempo permanecerían en un lugar ni adónde irían. La vaga esperanza de una tierra que fluye leche y miel parecía muy lejana en el calor y la monotonía del viaje por el desierto. Nosotros tenemos la esperanza del cielo, pero, si somos honestos, no pensamos mucho en ella por las preocupaciones de la vida cotidiana.

Este no es su primer problema con el agua. Justo antes de llevarlos al oasis de Elim, el Señor milagrosamente endulzó el agua amarga. Ahora parece que Dios no está pensando con claridad: los dirige a acampar en un lugar sin agua. ¿Cómo encaja eso con tu teología? ¿Crees que la bendición de Dios está garantizada si haces su voluntad y caminas con Él? La mayoría de los cristianos lo creen. ¿Puedes aceptar que Él puede llevarte a un lugar seco, sin satisfacer tus necesidades básicas, donde sientes como si estuvieras a punto de morir? Tal vez estás allí en este momento y te sientes confundido. Otros pueden pensar que estás en pecado o que te falta fe porque estás en ese lugar seco, y puede que sea así. Siempre es bueno examinarte a ti mismo para ver si diste un giro equivocado. Pero si estás seguro de que

Dios te llevó allí, Él quiere animarte hoy. Él tiene un propósito para ti en ese lugar y no permitirá que perezcas. Esas no son meras palabras. Es demasiado fácil decir "es la voluntad de Dios" o "Dios tiene un propósito en esta tragedia". Si Jesucristo es realmente tu Señor y crees en la soberanía de Dios, entonces puedes confiar en la promesa de Romanos 8:28: *Ahora bien, sabemos que Dios dispone todas las cosas para el bien de quienes lo aman, los que han sido llamados de acuerdo con su propósito.*

Nadie quiere estar en el lugar seco. Sin embargo, en nuestra búsqueda de la buena vida, podemos tardarnos en escuchar la voz de Dios. Podemos sentirnos tan cómodos que ya no somos sensibles a la dirección de Dios para empacar y seguir adelante, tal vez a una casa más pequeña, un clima menos hospitalario o un ministerio más difícil. Somos peregrinos en esta tierra y, a veces, puede parecer que nos movemos más de lo que quisiéramos. Eso es mi experiencia.

Maneras incorrectas de responder a lugares secos

[2] *Así que altercaron con Moisés.* —Danos agua para beber —le exigieron.

—¿*Por qué pelean conmigo?* —se defendió Moisés—. ¿*Por qué provocan al Señor?*

[3] *Pero los israelitas estaban sedientos, y murmuraron contra Moisés.* —¿*Para qué nos sacaste de Egipto?* —reclamaban—. ¿*Sólo para matarnos de sed a nosotros, a nuestros hijos y a nuestro ganado?*

Cuando no se satisfacen nuestras necesidades urgentes, nuestra perspectiva se distorsiona. El agua es una de las necesidades más básicas, junto con el alimento. Pero hay otras necesidades (amor, sexo, propósito en la vida) que también pueden dominar tu vida hasta que no puedas pensar en otra cosa, hasta que se sientan satisfechas. Es difícil tener una fe firme en esa situación. No caigas en estos errores de Israel:

1. **Altercar.** Ya sea con tu cónyuge, tu pastor o con quien consideres responsable de la dificultad. Tú puedes creer que ellos deben satisfacer tus necesidades. Es más fácil luchar contra ellos que contra Dios. No puedes ver que la verdadera batalla es contra el enemigo de tu alma. Cuando te sientes impotente, una cosa que puedes hacer es pelear, pero eso no resuelve nada y solo te hace sentir peor.

2. **Exigir.** Cuando estás desesperado, es fácil ser exigente: "¡Dame algo de comer! ¿No ves que me muero de hambre?" "¡Dame sexo!" "¡Necesito un aumento de salario!" A nadie le gusta la persona exigente y casi nunca termina en la satisfacción de sus necesidades. ¡Cuidado con las demandas!

3. **Poner a Dios a prueba.** Las quejas y las dudas son formas comunes de probar a Dios. Seguramente Israel lo hizo. Dios puede probarte, ¡pero no pongas a Dios a prueba! El versículo 7 nos dice que dudaron de que Dios aún estaba entre ellos, ¡a pesar del maná, la columna de nube y la columna de fuego! Dios ha prometido que nunca te dejará ni te desamparará. No lo pongas a prueba, cuestionando si Él está contigo.

4. **Murmurar.** Ya hemos visto el peligro de quejarse.

5. **Distorsionar los hechos y atribuir motivos y culpa.** Para ellos, no fue Dios quien los sacó de Egipto, sino Moisés; y ahora está haciéndolos morir de sed. Ellos creen que él realmente los quiere muertos y lamentan esta aventura de fe. Satanás es el padre de la mentira y te engañará siempre que pueda. Sé vigilante ante esas mentiras y mantente firme en la verdad de la Palabra de Dios. Se duele mucho ser culpado, pero no dejes que te afecte. Recuerda de dónde viene.

6. **Matar.** Sí. Eso está en el versículo siguiente. Están a punto de apedrear a Moisés. La gente desesperada puede hacer locuras. Puede que Moisés esté exagerando, pero parece que verdaderamente teme por su vida.

⁴ *Clamó entonces Moisés al Señor, y le dijo: —¿Qué voy a hacer con este pueblo? ¡Sólo falta que me maten a pedradas!*

Cómo un líder puede fallar en los lugares secos

1. **Preguntar "¿Por qué?"** En el versículo 2, Moisés preguntó "¿por qué?" a las mismas personas que estaban luchando. Pero ellos no están pensando con claridad y no saben por qué. Preguntar eso a alguien que está sufriendo no sirve para nada. Como líder, trata de comprender su situación y lo que la motiva. Ámalos; no los interrogues. Preguntarle a tu esposa por qué hace algo que te lastima rara vez mejora la situación.

2. **Preguntar "¿Qué?"** Claro que Moisés hizo lo correcto al clamar al Señor en una situación tan desesperada; Dios era su única esperanza, pero era un grito de frustración. Moisés estaba harto. Estoy seguro de que la mayoría de nosotros diría algo semejante, pero es mucho mejor recordar cómo llegaron a ese lugar y mostrar la fe de que Dios tiene una salida. Cuando tu esposa está discutiendo contigo, en lugar de clamar a Dios: "¿Qué voy a hacer con esta mujer?", dile: "Gracias, Señor, por mi esposa. Gracias por habernos hecho una sola carne. Sé que el amor es paciente y me has llamado a amarla como Cristo ama a la iglesia. Ayúdame a poner mi vida por ella. Creo que tienes una salida a este problema. Muéstrame cómo yo realmente puedo amarla." ¿Ves la diferencia en esas oraciones?

3. **Temer a quienes Dios te ha confiado.** Cuando tengas miedo de tu esposa, tus hijos o tu congregación (es decir, cuando le temes al hombre), ten mucho cuidado. Vas a perder tu efectividad como líder. Ellos tienen demasiado control sobre ti.

Lo más probable es que estén motivados por el miedo mismo (como era el caso de los israelitas), y ese miedo solo empeorará la situación.

⁵ —Adelántate al pueblo —le aconsejó el Señor— y llévate contigo a algunos ancianos de Israel, pero lleva también la vara con que golpeaste el Nilo. Ponte en marcha, ⁶ que yo estaré esperándote junto a la roca que está en Horeb. Aséstale un golpe a la roca, y de ella brotará agua para que beba el pueblo.

Así lo hizo Moisés, a la vista de los ancianos de Israel. ⁷ Además, a ese lugar lo llamó Masá, y también Meribá, porque los israelitas habían altercado con él y provocado al Señor al decir: «¿Está o no está el Señor entre nosotros?»

La respuesta de Dios

1. **El Señor aconseja.** Ellos son su pueblo. Los envió en esta misión. Él llamó a Moisés. Ha hecho milagros maravillosos. Dios tiene la respuesta al problema. Espera en Él. Escúchalo a Él. Pon en práctica sus consejos.

2. **Lidera.** Deshazte de tu miedo. Ellos no van a apedrearte. Dios te protegerá. Solo están desesperados. No te escondas. Sal delante de la gente. Toma tu autoridad.

3. **No te aísles**. Por miedo o por ira se puede distanciar de otros líderes. ¡Son ellos los que te ayudarán! Incluso si te han decepcionado, búscalos y comparte lo que Dios te ha llamado a hacer. Le da seguridad a la gente de que sus ancianos están apoyándote y la gente observa el apoyo mutuo. Tú los necesitas. Estarás mejor a largo plazo para incluirlos.

4. **Aférrate a lo que Dios te ha dado.** En este caso, fue la vara que tenía la unción de Dios; representaba autoridad ante el pueblo. Dios la ha usado en el pasado y han visto su poder. ¿Qué vara te

ha dado Dios? Puede ser una promesa o una palabra del Señor. Aférrate a ella.

5. **Vete.** No te quedes paralizado. Hay momentos para esperar, pero a menudo Dios se mueve cuando nosotros nos movemos. Ve a tu esposa, a la iglesia o a la comunidad. También se comunican la confianza y la fuerza de tu parte.

6. **Dios estará delante de ti.** ¡No estás solo! Israel no puede verlo, pero Moisés tiene la seguridad de que, cuando él se vaya, Dios estará allí esperándolo. ¿Te anima saber que Dios está esperando que tomes ese paso difícil de reconciliarte con tu esposa o de confrontar a tu iglesia?

7. **Dios proveerá —¡quizás donde menos te lo esperas!** No habría un Elim esta vez. Moisés pudo "declarar" todo el día que el agua aparecería y no habría pasado nada. Él puede intentar descubrir cómo Dios lo sacaría de esta dificultad, pero nunca pensaría en golpear una roca para hacer agua. Es fácil para nosotros jugar a ser Dios y buscar maneras de resolver nuestros problemas. Déjale ser Dios y prepárate para lo inesperado. 1 Corintios 10:4 nos dice que esta roca era Cristo. ¡Jesús estaba con ellos en el desierto!

8. **Toma un riesgo frente a tus críticos más duros.** Hubiera sido más seguro golpear la roca cuando no hubiera nadie alrededor, de no haber salido el agua. ¡Estos ancianos no eran fanáticos de Moisés! ¡Realmente lo habrían apedreado o ridiculizado si no hubiera pasado nada! Pero la fe nos llama a hacer cosas audaces y arriesgadas. ¿Realmente crees que Dios puede sanar o liberar? ¡No tengas miedo de orar por la gente frente a los demás!

9. **Obedece.** No había nada difícil de hacer aquí. Moisés solo tuvo que salir, tomar su vara y golpear la roca. ¡Súper fácil! Pero requiere una fe significativa y es arriesgado. Con cuidado, haz

todo lo que Dios te manda hacer. Lo más probable es que no supere tus habilidades, pero, espiritualmente, mentalmente y emocionalmente, puede parecer casi imposible. Haz exactamente lo que Dios te dice y no más. Lo que funcionó la última vez puede no funcionar esta vez. Ya veremos en el capítulo 20 los resultados trágicos de ignorar eso.

¡Guauu! Se evitó otro posible desastre gracias al sabio liderazgo de un solo hombre. Sin ello, todos habrían muerto. Una vez más, una persona que escuchó a Dios y le obedeció salvó a toda una nación. ¿Crees que Dios todavía puede hacer eso hoy? ¿Qué te llama Dios a hacer? ¿En qué situaciones desesperadas se encuentra el pueblo de Dios? ¿Estás dispuesto a ser un Moisés?

Masá significa «prueba o tentación» y *Meribá*, «contienda». No son lugares agradables. Es difícil no cubrir las necesidades básicas, pero Dios los llevó a este lugar. Tú puedes estar allí ahora mismo. Puede parecer que no hay salida. Tal vez estés altercando con alguien o probando a Dios por tus murmuraciones y tu falta de fe. Puedes estar tentado más allá de lo que puedes resistir por tu cuenta. Dios tiene consejos y una salida para ti. ¡Él proveerá! ¡Sobrevivirás! No fue un error abandonar Egipto y no fue un error seguir a Cristo. ¡Él tiene toda la agua viva que necesitas! Él quiere refrescar tu alma en este momento, ¡y ayudarte en este lugar seco!

17

La Primera Batalla

Éxodo 17:8-16

⁸ *Los amalecitas vinieron a Refidín y atacaron a los israelitas.*

• ¡Dios mío! Moisés apenas sobrevivió a un ataque de su propio pueblo y ahora se enfrenta a otro desde el exterior. ¿Cuándo se acabará? ¿Cuándo se vuelve la vida más fácil? Luchaba con el faraón. Cuando finalmente son liberados, hay peleas y quejas interminables de su propia gente. Y ahora un ataque de parientes, descendientes de uno de los hijos de Esaú. Eran nómadas y el agua era muy preciosa. La abundante provisión de agua de la roca probablemente provocó su ataque.

Lamentablemente, así es la vida. Tú puedes guiar a una iglesia, una empresa o una familia, y en todas partes habrá egoísmo, enfermedad y tragedia. El pecado ha afectado toda la vida. El diablo siempre anda alrededor como un león rugiente, buscando a quien devorar. Da gracias a Dios si encuentras unos momentos de paz. Aprovéchate de ellos. Por lo general, no son la norma, especialmente si estás fluyendo en los propósitos de Dios. Sí, es una batalla para servir al Señor. Puedes estar tentado a rendirte para alejarte de la batalla, pero eso tampoco sirve. Si te rindes, nunca experimentarás el *shalom* de Dios, ese estado de paz y bienestar total.

¿Estaba Israel listo para la guerra? Es cierto que dice que salieron de Egipto armados para la batalla (13:18), pero Dios los envió por una ruta indirecta porque sabía que no estaban listos. Siempre había esa tentación de volver a Egipto (13:17), pero ahora están bien metidos en el desierto. Así que Dios permitió esta primera batalla y la primera victoria. ¿Crees que Dios puede permitir batallas en tu vida, en tu familia, en tu ministerio y en tu trabajo? ¿Puedes ver más allá de tu miedo y desánimo, a ver la mano y el propósito de Dios?

9 Entonces Moisés le ordenó a Josué: «Escoge algunos de nuestros hombres y sal a combatir a los amalecitas. Mañana yo estaré en la cima de la colina con la vara de Dios en la mano.»

Presentando a Josué

Este es el debut del hombre que llevará a Israel a la tierra prometida. Moisés está aprendiendo que no tiene que hacerlo todo y delega la tarea en Josué. No sabemos mucho acerca de él. Moisés cambió su nombre de Oseas (salvación) a Josué (Dios salva). El ángel le mandó a María que le diera el mismo nombre al Mesías (Jesús es la traducción griega de Josué; Lucas 1:31). Josué todavía era bastante joven. Se convirtió en el ayudante indispensable de Moisés, aun más cercano que su hermano Aarón. Era un gran guerrero y probablemente ya se había distinguido de alguna forma, por lo que Moisés le encomendó esta tarea. Dada la inexperiencia de Josué y la importancia de esta primera batalla, sería bueno que Moisés seleccionara a los soldados, pero él, sabiamente, no controla en demasía; confía en Josué para elegir a los hombres que él quisiera y no cuestiona su elección. Ni siquiera estará presente durante la batalla; Josué la combatirá por su cuenta, mientras que Moisés mira desde la colina.

Obviamente, hay momentos en que tenemos que estar en medio de la batalla, pero muchas veces adoptamos una actitud equivocada: "Si yo no lo hago, ¡fracasarán y perderé la iglesia!"

Es difícil confiar en otros para que hagan un buen trabajo, especialmente cuando son jóvenes e inexpertos. Sé muy sabio al seleccionar a quienes trabajan contigo: es mucho más fácil darle una posición a alguien que quitarla más tarde. Luego, confía en que Dios los escogió para que te ayuden, que Él está con ellos y que Él los ayudará a cumplir su tarea. ¡Ten cuidado de no meterte demasiado en su trabajo! Dales espacio para tomar sus propias decisiones, pelear algunas batallas y recibir la gloria por la victoria. Reconoce tu propio llamado y tus limitaciones.

Moisés ya tenía ochenta años. Dios no lo llamó para ser guerrero; era un pastor, pero eso no significa que se haya alejado por completo de la situación. Algunos líderes le asignan una tarea a un hombre y luego desaparecen, pero el joven debe saber que cuenta con cobertura y que tú estás a su lado, observando su progreso. Tú eres para ellos. En cualquier momento de la batalla, Josué podía mirar hacia la colina y ver a Moisés, de pie, con las manos alzadas. ¡Nueva fuerza y confianza infundirían a Josué! Contra toda lógica, hay hombres que secretamente esperan que su joven y viril Josué falle, para que el viejo se vea bien. Si le dices a tu Josué que estarás en la colina, ¡está allí! No hay nada peor que estar en la batalla y buscar al hombre que te envió y te prometió estar contigo y no le ves por ningún lado.

Moisés fijó el horario: mañana. Si Josué está demasiado celoso y decide atacar de noche por sorpresa, probablemente habría sido una masacre; necesita la cobertura y el apoyo de Moisés. Un joven a cargo de una tarea importante puede envanecerse y sentir que ya no tiene que someterse al viejo. Hay muchas batallas perdidas y mucho daño hecho por hombres que creen que saben mejor que su Moisés cómo luchar. Incluso pueden burlarse de él: "Genial, Moisés. ¡Tú vas a estar a salvo en la colina mientras me envías a la batalla!" "¿Qué pasa con esa vara? ¿Todavía crees que estamos en el Mar Rojo? Necesitamos espadas, no esa vara ridícula." Ten cuidado con esas actitudes rebeldes; te pueden meter en muchos problemas.

La vara

¿Y por qué la vara? No fue magia, pero fue un instrumento escogido por Dios:

- Igual que el arca era un símbolo de la presencia y el poder de Dios en la batalla, la vara también lo representaba.
- Demostró el poder de Dios contra Faraón cuando se convirtió en serpiente.
- Dios dirigió a Moisés que la extendiera hacia el mar y se abrió.
- Acabamos de ver la roca derramar agua al ser golpeada por la misma vara.

Pero esa vara también podía mal utilizarse. Con ella Moisés golpeó una roca (con rabia) cuando Dios le mandó hablar a la roca (Números 20:11). Dios lo juzgó y no pudo entrar en la tierra prometida.

No lo dice, pero en esta batalla Dios probablemente instruyó a Moisés para que mantuviera la vara extendida cuando estuviera en la colina. La fe y la obediencia de Moisés desataron el poder de Dios para ganar la batalla. Es parecido a Jesús dirigiéndose al leproso que se lavara en una piscina. No había nada milagroso en el agua, pero la obediencia inspirada por la fe era necesaria para recibir la curación.

[10]{} Josué siguió las órdenes de Moisés y les presentó batalla a los amalecitas. Por su parte, Moisés, Aarón y Jur subieron a la cima de la colina. [11]{} Mientras Moisés mantenía los brazos en alto, la batalla se inclinaba en favor de los israelitas; pero cuando los bajaba, se inclinaba en favor de los amalecitas.

La importancia de un equipo

Esto es duro y humillante para Josué: su victoria no dependió de sus grandes habilidades. Si las manos de Moisés estaban levantadas (presumiblemente con la vara en ellas), Josué prevaleció. Si estaban abajo, no. Josué hizo su parte, pero lo hizo en unión con Moisés, quien tuvo que hacer su parte; de lo contrario, su joven ayudante sería derrotado. Tú puedes tener jóvenes celosos debajo de ti o ser un celoso Josué. Dios quiere enseñarnos que nos necesitamos unos a otros. El joven guerrero necesita el apoyo y la supervisión espiritual de su Moisés; debe someterse a su liderazgo y seguir sus órdenes. El que tiene el papel de Moisés debe darse cuenta de que sus oraciones y su guerra espiritual son esenciales para la supervivencia de su Josué. ¡Qué trágico cuando hay competencia, envidia o rebelión! ¿Cuántas batallas perdemos porque no seguimos este modelo básico?

Según la tradición, Jur era el marido de Míriam (la hermana de Moisés) y, posiblemente, el abuelo del famoso artesano del tabernáculo, Bezalel.

12 Cuando a Moisés se le cansaron los brazos, tomaron una piedra y se la pusieron debajo para que se sentara en ella; luego Aarón y Jur le sostuvieron los brazos, uno el izquierdo y otro el derecho, y así Moisés pudo mantenerlos firmes hasta la puesta del sol.

Alguien para sostener tus brazos

¡Gracias a Dios por Aarón y Jur! Sin ellos, Israel habría perdido esa batalla. ¡Lástima que muchos líderes no tengan a nadie que mantenga las manos en alto! ¿Tienes a alguien que te apoye? ¿Estás dispuesto a admitir que estás cansado y que no puedes hacerlo todo solo? ¿Permite tu orgullo que otros hombres te ayuden a mantener firmes las manos?

¿Miró Moisés a Josué luchando en el valle y sintió un poco de envidia? ¿O admiración? ¿O se regocijó por su éxito? Son curiosos los muchos sentimientos que los hombres jóvenes y vigorosos pueden suscitar en un hombre mayor. ¿Fue difícil para Moisés reconocer que debía sentarse en una roca mientras Josué mataba al ejército de Amalec con su espada? ¿Había alguna parte de él que deseaba estar en la batalla? Tal vez el único hombre que Moisés mató fue el egipcio tantos años atrás. ¿Pensó Moisés en eso?

¿Eres tú un Aarón o un Jur? ¿Cómo puedes ayudar a sostener las manos de tu pastor hacia arriba? ¿Estás dispuesto a humillarte para esa tarea humilde? ¿O estás pensando: "Si fuera yo, no tendría que sentarme; yo no necesito que nadie me ayude"? ¿Podría ser que eso fuera lo más importante que Jur hizo en toda su vida? ¿Estarías contento si el servicio más valioso que podrías prestar fuera sostener las manos de otro hombre? ¿Estás dispuesto a hacerlo?

[13] *Fue así como Josué derrotó al ejército amalecita a filo de espada.*

Pues, sí, con mucha ayuda del Señor y la fidelidad de Moisés. No sabemos la mecánica exacta de la victoria. Sí, sabemos que Dios tuvo un gran papel en ella y, así, a menudo es la forma en que élige trabajar. Claro, muchas veces Dios destruye milagrosamente al enemigo, pero a Él le encanta involucrarnos. Él quiere que aprendas a pelear. Él quiere enseñarnos la importancia de un equipo, al igual que el Padre, el Hijo y el Espíritu Santo funcionan como un equipo. Sin un ejército, Moisés se quedaría allí todo el día con los brazos en alto, y los amalecitas probablemente lo habrían matado. Sin la piadosa cobertura, la intercesión y la fe de su líder, los mejores guerreros habrían sido derrotados. La fe de Josué aquí es notable, pero puede ser una lección difícil para un hombre humillarse y trabajar en equipo. Años más tarde, tras la victoria gloriosa en Jericó, Josué fue derrotado en Hai, porque parece que llegó a pensar que ya no necesitaba a Dios (Josué 7).

¹⁴ Entonces el Señor le dijo a Moisés: «Pon esto por escrito en un rollo de cuero, para que se recuerde, y que lo oiga bien Josué: Yo borraré por completo, bajo el cielo, todo rastro de los amalecitas.»

Ponlo por escrito

Esta es la primera indicación en la Biblia de que Moisés podía escribir. Dios le mandó a escribir las experiencias de Israel para que podamos recordarlas hoy. Las muchas profecías que vemos cumplidas en las Escrituras confirman su autoridad. La promesa de Dios, aquí, de borrar todo rastro de los amalecitas se cumplió en una historia dramática y trágica de la vida del rey Saúl (1 Samuel 15).

¿Por qué quería Dios que Josué lo oyera bien? Tal vez para recordarle que no era solo su destreza en batalla la que logró la victoria, sino también la mano de Dios, y para alentarlo en futuras batallas. Si tú no tienes un diario, empieza uno y escribe sobre las victorias que Dios te da. Reflexiona sobre su obra en tu vida y tus propias batallas. Tenemos memorias cortas, y un diario es muy útil para darnos perspectiva y recordarnos lo que Dios ha hecho.

¹⁵ Y Moisés edificó un altar, y llamó su nombre Jehová-nisi (Jehová es mi estandarte); ¹⁶ y dijo: Por cuanto la mano de Amalec se levantó contra el trono de Jehová, Jehová tendrá guerra con Amalec de generación en generación.

Moisés reconoce que un ataque contra el pueblo de Dios es un ataque contra Dios mismo. Es una hermosa manera de retratar la batalla: los amalecitas levantaron sus manos contra el trono de

Dios, y Moisés levantó las suyas con el símbolo del poder de Dios para mostrar que nadie va a quitarle a Dios su trono. Además del libro, Moisés edificó un altar, un lugar de adoración y de acción de gracias a Dios por su victoria. No construimos altares hoy, pero las fotos o las entradas en Facebook pueden ser recordatorios visibles de lo que Dios ha hecho.

La palabra hebrea para "estandarte" se relaciona con "vara" y se utiliza para el palo de la serpiente de bronce en Números 21:8, pero esa conexión se pierde en la traducción aquí.

Es duro soportar la ira de Dios por un momento, pero imagina tenerlo en guerra contigo y con tu familia de generación en generación. ¿Puede ser que Dios esté en guerra constante contra naciones que hoy le han despreciado? ¿Hay naciones que todavía experimentan la bendición de Dios debido a la fidelidad de generaciones pasadas? ¿Hay algún punto en el que ese favor se agote a medida que nos alejamos de Él?

Es fácil desesperarse cuando un enemigo poderoso aparece en el horizonte. Podría ser algo más para empujar a Moisés a renunciar a esta aventura, pero termina siendo una gran experiencia de aprendizaje para todos los involucrados. Su fe se fortaleció. Un hombre joven se levantó y aprendió a luchar y a ganar batallas a la manera de Dios, una habilidad indispensable para entrar en la tierra prometida. Las batallas no son divertidas. Tú puedes estar en una ahora mismo o ver al enemigo avanzar hacia ti. ¿Estás preparado? ¿Qué aprendes de la experiencia de Israel aquí que te ayudará a prevalecer?

18

Moisés, hombre de familia
Éxodo 18: 1-12

¹*Jetro, el suegro de Moisés y sacerdote de Madián, se enteró de todo lo que Dios había hecho por Moisés y por su pueblo, los israelitas; y oyó particularmente cómo el Señor los había sacado de Egipto.*

¿Hay momentos en los que sientes que no tienes con quién hablar de tus problemas? ¿Que no hay nadie que te ministre mientras tú siempre das a los demás? Uno de los peligros del liderazgo es la soledad. En medio de todos los problemas del Éxodo, este capítulo íntimo nos recuerda que Moisés es un hombre, un hombre de familia. A veces, la vida personal del líder se pierde bajo las presiones del ministerio, pero aquí Moisés recibe consejos muy oportunos y tiene un breve descanso tras su arduo trabajo.

Sabemos muy poco sobre la familia de Moisés, por lo que debemos tener cuidado con las especulaciones. Sí, sabemos que pasó cuarenta años en Madián. Los madianitas eran descendientes de Madián, hijo de Abraham, nacido en su vejez de su esposa Cetura, después de la muerte de Sara (Génesis 25:1-2). Ellos adoraban a una multitud de dioses, así que no sabemos qué significa ser un "sacerdote" en Madián; Dios aún no había establecido un sacerdocio. Este capítulo demuestra que Jetro tenía cierto conocimiento de Dios. Él podría haber sido infeliz al perder los servicios de Moisés o al ver sufrir a su hija, pero seguía interesado en la vida de Moisés. Tomó un esfuerzo considerable obtener noticias de lo que ocurría en Egipto (¡esto fue mucho antes de Internet, de los teléfonos celulares o de la televisión!). Probablemente le preguntó a las caravanas.

²*Anteriormente, Moisés había despedido a su esposa Séfora y a sus dos hijos, y Jetro los había hospedado.* ³*(El primer hijo de Moisés se llamaba Gersón, porque cuando el niño nació, Moisés dijo: «He sido un extranjero en tierra extraña».* ⁴*A su segundo hijo lo llamó Eliezer, porque dijo: «El Dios de mis antepasados me ayudó y me rescató de la espada del faraón»).* ⁵*Así que Jetro, el suegro de Moisés, fue a visitarlo al desierto y llevó consigo a la esposa y a los dos hijos de Moisés. Llegaron cuando Moisés y el pueblo acampaban cerca del monte de Dios.* ⁶*Jetro le había enviado un mensaje a Moisés para avisarle: «Yo, tu suegro, Jetro, vengo a verte, junto con tu esposa y tus dos hijos».*

¿Qué pasa con Moisés "despidiendo" a su esposa?

Mucha especulación ha girado en torno a Séfora y a Moisés "despidiéndola" o "enviándola lejos". No sabemos cuándo ni por qué sucedió. Dios llamó a *Moisés* a Egipto, pero cuando salió de Madián, llevó consigo a su esposa e hijos. Esto podría indicar una vida familiar saludable, pero quizá hubiera sido mejor dejarlos atrás. ¿La despidió después del incidente del "esposo de sangre" (Éxodo 4:25)? ¿O cuando las cosas se pusieron feas en Egipto? A pesar de los problemas, todavía estaban juntos como una familia, ya que vinieron a visitarlo.

Algunos utilizan este versículo para justificar el divorcio. Señalan la objeción de sus hermanos, Míriam y Aarón, a la esposa "cusita" de Moisés en Números 12:1: *Míriam y Aarón hablaron contra Moisés a causa de la mujer cusita que había tomado; porque él había tomado mujer cusita* (RVR). ¿Era ella la misma mujer? Algunos piensan que se divorció y volvió a casarse; otros creen que Séfora murió. Pero los madianitas eran un pueblo de piel oscura, a menudo llamado *Kushim*, la palabra hebrea que designaba a los africanos de piel oscura. Algunas traducciones han generado más confusión al usar "etíope" o "egipcia" en lugar de "cusita". Pero la palabra hebrea en el texto es cusita y la erudición judía tradicional afirma que era Séfora. ¿Por qué esperaron tanto tiempo a Míriam y Aarón para objetar a ella? Podría haber estado a fuego lento bajo la superficie durante muchos años, esperando el momento adecuado para usarlo contra Moisés. Ciertamente, no es inusual que las familias guarden rencor o delitos y luego suelten las críticas en el momento oportuno. Lo más probable es que agruparan a todas las personas de piel oscura bajo un mismo nombre (probablemente negativo).

Al igual que en muchos debates bíblicos, no podemos afirmar con certeza cuál es la solución. Está mejor no ser demasiado dogmático y reconocer que Dios, aparentemente, prefiere dejar algunas cosas ocultas.

¡No construyas doctrinas a partir de un par de versos oscuros! De ninguna manera este verso debe usarse para justificar el divorcio. Es fácil quedar atrapado en detalles insignificantes y controvertidos y perder el mensaje principal de un pasaje. El enfoque de este capítulo claramente no es su matrimonio.

¿Qué podemos decir sobre el matrimonio de Moisés?

Moisés tenía un matrimonio intercultural. Nunca sintió la necesidad de defenderlo y Dios nunca lo juzgó, aunque complicó la vida, como todavía lo hace un matrimonio intercultural. Moisés era multicultural: nacimiento judío, crianza egipcia y cuarenta años en Madián con una mujer madianita. La perspectiva de ese patrimonio probablemente contribuyó a su humildad y a su liderazgo, pero puede provocar reacciones negativas por parte de los miembros de la familia y, tal vez, de los israelitas.

Hay varias observaciones que podemos hacer acerca de su matrimonio:

1. Lo que estaba involucrado en "despidiéndola" sería doloroso para todos. Su única interacción escrita como pareja (en Éxodo 4) puede indicar un matrimonio complicado, pero la separación siempre resulta difícil.

2. Moisés, obviamente, tenía mucho que hacer y podría haber sido la mejor opción para enviar a su familia a la casa de su suegro.

3. Casi parece que Jetro había presionado a Séfora para que lo acompañara en este viaje, tal vez con la esperanza de ayudar al matrimonio. No hay indicios de que ella quisiera venir ni de que Moisés le pidiera a Jetro que la trajera.

4. La Biblia nunca vuelve a mencionar a Séfora. Posiblemente, cualquier esfuerzo por restaurar la familia fracasó y ella volvió a casa con Jetro.

5. Tal vez, aún más sorprendente para alguien tan importante como Moisés, fue que sus hijos también desaparecieran de las Escrituras.

⁷ Entonces Moisés salió a recibir a su suegro. Se inclinó ante él y le dio un beso. Luego de preguntarse el uno al otro cómo les iba, entraron en la carpa de Moisés. ⁸ Moisés le contó a su suegro todo lo que el Señor les había hecho al faraón y a los egipcios a favor de Israel. También le habló de todas las privaciones que habían sufrido a lo largo del camino y de cómo el Señor había librado a su pueblo de las dificultades.

Una visita familiar puede ser agridulce; se puede estar feliz de ver de nuevo a su familia o no. Pueden traer sus propios problemas o traer alegría. Uno pensaría que Moisés agarraría a su *mujer* y la llevaría a su tienda, pero el saludo cariñoso y la reunión en la carpa son con Jetro. Séfora está notablemente ausente. Ella ni siquiera parece estar presente cuando Moisés relata el viaje. ¡Qué emoción para Moisés compartir con su suegro las muchas cosas maravillosas que Dios había hecho! Puede deberse a una cultura que no tomó en cuenta a las mujeres, pero podría haber sido doloroso para Moisés no compartir esas experiencias con su esposa.

⁹ Jetro se alegró mucho al oír de todo el bien que el Señor había hecho por Israel al rescatarlo de las manos de los egipcios.

Si Jetro estaba involucrado con múltiples dioses, el testimonio de Moisés lo convenció de que Yahvé era el supremo. Su corazón parece abierto y esto podría haber sido el comienzo de una nueva peregrinación de fe para él. Dios sabe que Moisés está cansado. Esta podría haber sido la última vez que Moisés vio a su familia.

¿Hay algo en la historia de Moisés y su familia que te recuerde a la tuya? ¿Tal vez hijos alejados? ¿O un matrimonio complicado? ¿Necesitas un descanso de la presión del ministerio o del trabajo? ¿Qué puedes aprender de Moisés que te ayude en tu vida familiar?

19

Alguien que me cuida
Éxodo 18: 13-27

¹³ Al día siguiente, Moisés se sentó para oír los pleitos que los israelitas tenían unos con otros. Y el pueblo esperó a ser atendido delante de Moisés desde la mañana hasta la tarde. ¹⁴ Cuando el suegro de Moisés vio todo lo que él hacía por el pueblo, le preguntó: —¿Qué logras en realidad sentado aquí? ¿Por qué te esfuerzas en hacer todo el trabajo tú solo, mientras que el pueblo está de pie a tu alrededor desde la mañana hasta la tarde?

El líder indispensable

Moisés podría haber pensado que esto impresionaría a Jetro y a su familia:

- ¡Él es importante!
- ¡Está ocupado de la mañana a la noche!
- ¡La gente lo está buscando!
- ¡Está sentado en el asiento del juicio!

¡Pero Jetro no está impresionado! Él es pragmático y, aunque la aglomeración de la multitud podría haber alimentado el ego de Moisés, no resultó eficaz y Jetro pudo ver cuán cansado estaba Moisés.

Demasiados pastores y líderes no han aprendido la sencilla lección de este capítulo. Con demasiada frecuencia, estamos agotados; hacemos demasiado en la iglesia y nos sentimos satisfechos porque la gente nos necesita tanto: "¡Nadie más puede hacer lo que yo hago!" Sin embargo, a menudo es orgullo: "Nadie puede hacerlo *tan bien* como yo". Y esa actitud nos impide compartir el trabajo con los demás. Si eres un líder, Dios te ha delegado su autoridad. Él te ha dado un trabajo que hacer y espera que delegues autoridad y tareas a otros. A veces, un líder puede asignar un trabajo a alguien, pero no le otorga a esa persona la autoridad necesaria para cumplirlo y, casi seguramente, fracasará. Por otro lado, a veces le damos a alguien la autoridad para realizar una labor, pero no le aclaramos sus responsabilidades. La sabia delegación es indispensable para que una organización o una iglesia crezca.

15 Moisés contestó: —Porque el pueblo acude a mí en busca de resoluciones de parte de Dios. 16 Cuando les surge un desacuerdo, ellos acuden a mí, y yo soy quien resuelve los casos entre los que están en conflicto. Mantengo al pueblo informado de los decretos de Dios y les transmito sus instrucciones.

No hay nada malo en lo que Moisés está haciendo. ¡Es bueno que la gente venga a buscar la voluntad de Dios! Es bueno que acudan a un líder piadoso para resolver sus controversias. Y es bueno que las decisiones de Moisés se basen en los decretos e instrucciones de Dios. Lo malo es su creencia implícita de que él es el único capaz de hacerlo, o su falta de conocimiento sobre cómo delegar la tarea a otros—o puede que Dios no lo haya autorizado a delegarla.

¿A dónde va tu familia para buscar la voluntad de Dios? Si eres pastor, ¿adónde va tu iglesia? ¿Fluye tu consejo de las instrucciones de Dios en su Palabra o de la sabiduría del mundo? ¿Estás dispuesto a entrar en disputas y a confiar en que Dios puede usarte como pacificador? No caigas en el error de creer que tienes que intervenir en todos los problemas, como si solo tú tuvieras el conocimiento necesario.

¹⁷ —¡No está bien lo que haces! —exclamó el suegro de Moisés—. **¹⁸** Así acabarás agotado y también se agotará el pueblo. Esta tarea es una carga demasiado pesada para una sola persona.

¿Tienes a alguien que te cuide?

¿Estarías a la defensiva si alguien te dijera: "No está bien lo que haces"? Muchos de nosotros lo haríamos. Moisés estaba haciendo lo mejor que podía. Nadie le había enseñado. La mayor parte de su vida pastoreaba ovejas en el desierto. En casa y en el trabajo tú puedes dar lo mejor de ti. Eres sincero y realmente quieres hacer las cosas bien. Pero puede haber una mejor manera. Humíllate. Un espíritu enseñable es muy importante. ¿Has pedido sugerencias para mejorar?

Padres o familiares no salvos a menudo pueden tener una buena percepción y dar buenos consejos. ¡No los rechaces simplemente porque no están en la iglesia! Ellos te conocen y pueden tener una mayor preocupación genuina por tu bienestar que otros. En realidad, pueden encontrar una mejor forma de hacer las cosas. ¡No guardes rencor a quien te dé consejos honestos! ¡Recíbelos!

Muy frecuentemente nadie cuida al pastor. Si ves a un pastor sufriendo por hacer demasiado, expresa una preocupación genuina por su bienestar y ofrece una alternativa. ¡Prepárate para hacer lo que puedas para aliviar su carga!

¹⁹ *Ahora escúchame y déjame darte un consejo, y que Dios esté contigo. Tú debes seguir siendo el representante del pueblo ante Dios, presentándole los conflictos.* **²⁰** *Enséñales los decretos de Dios; transmíteles sus instrucciones; muéstrales cómo comportarse en la vida.* **²¹** *Sin embargo, elige, de entre todo el pueblo, a algunos hombres con capacidad y honestidad, temerosos de Dios y que odien el soborno. Nómbralos jefes de grupos de mil, de cien, de cincuenta y de diez personas.* **²²** *Ellos tendrán que estar siempre disponibles para resolver los conflictos* sencillos que surgen entre el pueblo, pero los casos más graves te los traerán a ti. Deja que los jefes juzguen los asuntos de menor importancia. Ellos te ayudarán a llevar la carga, para que la tarea te resulte más fácil.²³ Si sigues este consejo, y si Dios así te lo ordena, serás capaz de soportar las presiones, y la gente regresará a su casa satisfecha y en paz.

Consejos sabios para un liderazgo eficaz

1. ¿Tienes a alguien que te dé buenos consejos? Necesitas a alguien como Jetro que pueda hablar en tu vida. Muchas personas están llenas de consejos, pero evalúa bien los que escuchas.

2. ¡Asegúrate de que Dios esté contigo! ¡Su presencia y su unción son esenciales!

3. Incluso con los beneficios maravillosos del Nuevo Pacto (sin duda, mucho más allá de la fe primitiva de Israel), la gente todavía necesita a alguien que la represente ante el Señor. Tú eres su intercesor. Aunque el Espíritu Santo mora en ellos y pueden acercarse directamente a Cristo, tú los representas ante Dios.

4. Cuando la gente te presenta sus diferencias y problemas, no te sientas intimidado. ¡Tú no necesitas todas las respuestas! Llévalos a Dios.

5. Tu tarea principal es doble:
    a. En primer lugar, enseñarles la palabra de Dios para que estén preparados para tomar sus propias decisiones.
    b. En segundo lugar, mostrarles cómo vivir y comportarse. La gente aprende mucho más del ejemplo que de la predicación. Si tu vida no

coincide con lo que enseñas, estás fallando en tu liderazgo. Hace muchos años, mi pastor me dijo que quien buscaba consejería debía participar en las actividades de la iglesia. ¿Es injusto? ¿Está manipulando a la gente? ¡No! Una gran parte de las disputas que Moisés estaba mediando —y los problemas de los miembros de la iglesia— se resolverían simplemente con recibir una enseñanza bíblica sana y con observar modelos piadosos. Por ejemplo, hoy hay mucha ignorancia entre los jóvenes sobre lo que enseña la Biblia sobre el matrimonio. La enseñanza sana, junto con el modelado y la tutoría de parejas maduras, reduciría en gran medida la necesidad de la consejería matrimonial.

6. ¡El reino de Dios no es una democracia! La gente no elige a estos líderes; Moisés los escogió y los nombró. Esa es una de sus tareas más importantes. Después de observarlos cuidadosamente, Jesús pasó una noche entera en oración antes de escoger a sus discípulos. Tus selecciones sabias pueden hacer o deshacer la iglesia.

7. Asegúrate de que sean capaces. Algunas personas muy agradables no son capaces. Y asegúrate de que estén temerosos de Dios. Mucha gente capaz carece de una relación íntima con Jesús como su Señor. Por último, no deberían estar motivados por ganancias deshonestas.

8. Usa un gran discernimiento sobre dónde los coloques. Alguien que debe ser responsable de miles se sentirá muy frustrado si lo asignas a un grupo de diez. Por otro lado, la persona a cargo de cincuenta personas debe

estar preparada para asumir la responsabilidad adicional.

9. Ellos fueron llamados a *servir* como jefes. Jesús enseñó que los líderes son siervos; no deben enseñorearse sobre los demás (Lucas 22:24-26).

10. Ellos tenían que estar siempre disponibles. Ser un líder siervo impacta toda la vida; es un trabajo 24/7, no algo que se hace durante un par de horas a la semana. Puede ser costoso.

11. ¡Comparte la carga con otros! Realmente puede ser una mejor manera. ¡No te preocupes por perder tu posición! Al evaluar lo que estás haciendo, primero encomiéndalo al Señor. Luego ora y busca ayudantes. ¿Hay demasiado que hacer en la casa? ¿Quién puede ayudarte? ¿Tu esposa? ¿Tus hijos? ¿Hay mucho que hacer en la iglesia? Empieza a desarrollar y capacitar a personas para que te ayuden. Aquí había hombres capaces, listos para trabajar. Solo estaban esperando la oportunidad y la invitación. Probablemente sea la misma situación en tu iglesia también.

12. ¡Ser líder es duro! Si intentas hacer demasiado o no lo haces conforme al patrón revelado en la Biblia ni sigues las directrices que se dan en ella, ¡te agotarás!

El resultado de hacer las cosas a la manera de Dios es gente satisfecha y en paz. Si tu gente no está satisfecha, no la condenes – busca el origen de su disconformidad. Cuando la gente cree que alguien lo escucha, lo cuida, lo representa ante Dios y recibe buena enseñanza y un buen ejemplo, ¡debe estar satisfecha!

²⁴ *Moisés escuchó el consejo de su suegro y siguió sus recomendaciones.*

Escuchar y actuar
Moisés era conocido como el hombre más humilde de la tierra. Tal vez esta sea una de las razones por las cuales. ¡Escuchó el consejo y lo siguió! Pocas personas realmente escuchan; la posición y el poder arruinan demasiados pastores. Algunos escuchan, pero no siguen los consejos ni trabajan para mejorar las cosas.

¿Cómo están tus oídos? ¿Recibes consejos y sugerencias de otros? ¿Actúas sobre sabios consejos?

²⁵ *Eligió hombres capaces de entre todo Israel y los nombró jefes del pueblo. Los puso a cargo de grupos de mil, de cien, de cincuenta y de diez personas.* ²⁶ *Estos hombres estaban siempre disponibles para resolver los conflictos sencillos de la gente. Los casos más graves los remitían a Moisés, pero ellos mismos se encargaban de los asuntos de menor importancia.*

Una estructura orgánica que funciona
Esta estructura simple es un gran modelo para cualquier organización. Es difícil pastorear, discipular o mantener una relación real con más de diez personas; Jesús tenía doce. El próximo nivel trata sobre cinco líderes de grupos pequeños. El jefe de cientos sólo tenía dos jefes de cincuenta bajo él, mientras que el líder de miles tenía más de diez jefes de cientos. Moisés se invirtió en los líderes de miles, quienes le comunicaban lo que debía saber. Solo cuando algo no pudo resolverse por uno de los demás jefes, se lo llevaron a Moisés; no tenía que saberlo todo lo que sucedía en la comunidad.

Si tú eres un "jefe" y tienes autoridad, úsala con confianza. No molestes a la persona sobre ti con cada detalle; pide sabiduría para discernir cuándo sea necesario compartir algo. Si estás sobre un líder de un grupo más pequeño (un jefe de cincuenta), déjalo aprender y respeta sus decisiones. Ofrece consejo tierno cuando sea necesario, pero, para el beneficio de todos, es mejor que aprenda a lidiar con las cosas por su cuenta. Realmente no quieres que sea demasiado dependiente de ti.

²⁷ Poco tiempo después, Moisés se despidió de su suegro, quien regresó a su propia tierra.

¿Se despidió de Jetro como despidió a Séfora? ¿Esperaba Jetro que la familia viajara con Moisés? ¿Era Moisés amable, pero firme? "Realmente no puedo llevar a mi familia conmigo. Es mejor que se vayan a casa." Por supuesto, Moisés ya tenía 80 años y tal vez no necesitaba a una mujer como cuando era más joven. Probablemente Séfora y los muchachos se fueron y se quedaron con Jetro.

Es difícil equilibrar la familia con el ministerio. Cualquier problema que Moisés tuviese en su familia no le impidió obedecer al llamado de Dios. Con responsabilidades como las que él tenía, no es fácil cuidar a la familia. Con demasiada frecuencia, es la familia la que sufre. Céntrate en tu familia e incluye a las personas que te rodean y realmente se preocupan por ti, que influyen en tu vida. A veces nos alejamos de la misma gente que realmente se preocupa por nosotros. Se espera que la esposa tenga ese conocimiento, pero no siempre es así. Ella puede estar demasiado cerca de ti. Mantén los ojos abiertos para ver a las personas que Dios ponga en tu camino. Escúchalos y, como Dios te guíe, pon en práctica sus consejos.

Parte 4

*Monte Sinai:
Encontrar a Dios*

20

La propuesta: Dios los invita a un pacto

Éxodo 19:1-9

¿Anhelas una experiencia espiritual más profunda? ¿Un verdadero encuentro con Dios? ¿Hay momentos en que tienes dudas sobre si todo esto es real? Si Moisés necesita algo más, pronto experimentará algo muy poderoso. Es cierto que después de la zarza ardiente él estaba en comunicación constante con Dios. Había visto demostrado su poder en las plagas y en la apertura del Mar Rojo. Comió maná todos los días, al igual que cada israelita, como recordatorio constante de la fidelidad y la provisión de Dios. Pero todo eso no es nada comparado con este encuentro cara a cara con Dios.

He visto demasiados intentos de producir grandes experiencias espirituales y manifestaciones del poder de Dios en la iglesia. Es interesante que nada de lo que vemos en Éxodo sucedió en el tabernáculo (todavía no construido) ni en el templo (muchos años después). ¿Podría ser que nos esforcemos demasiado para obligar a Dios a aparecer en nuestros templos?

[1] Exactamente dos meses después de haber salido de Egipto, los israelitas llegaron al desierto de Sinaí. [2] Después de levantar campamento en Refidim, llegaron al desierto de Sinaí y acamparon al pie del monte Sinaí.

Campamento del desierto del Monte Sinaí

¡Otro campamento! (Bueno, tenían uno casi todas las noches.) Esta no es una situación ideal. Acaban de entrar en un gran desierto; no era exactamente la tierra que Dios les había prometido, la que fluye leche y miel. Ya habían cumplido tres meses viajando, más que suficiente para llegar a Canaán si hubiesen tomado la ruta directa. Pero Dios no estaba interesado en ahorrar tiempo; todavía tenía mucho que hacer para prepararlos para la Tierra Prometida. A menudo, en el desierto (esas situaciones difíciles de nuestras vidas), tenemos los encuentros más profundos con Dios, y nadie ha experimentado algo tan intenso como lo que ocurrió aquí en el Monte Sinaí.

¿Estás entrando en un desierto? ¿Tienes temor de ello? ¿Te sientes frustrado y cansado de andar por ahí y listo para comenzar la buena vida que te han prometido en el Señor? ¿O has estado ya en el camino del desierto más tiempo del necesario? Confía en Dios. Es posible que haya un encuentro que cambie tu vida en ese desierto, libre de las muchas distracciones de la vida buena del mundo.

El Monte Sinaí (también conocido como Monte Horeb) tiene una altura de 2,285 metros (7,497 pies) y está situado cerca del extremo sur de la península del Sinaí, en lo que hoy es Egipto. No sabemos exactamente en qué montaña acampó Israel. El Monte Sinaí que conocemos presenta picos irregulares y rocosos, sin vegetación. La ruta más fácil hacia la cima dura aproximadamente dos horas y media. Los peregrinos también suben los "pasos de penitencia" (3,750 gradas) hasta la cima. Cualquier que fuera el pico y cualquier ruta (¡no había escaleras en ese entonces!), Moisés estaba a punto de subirlo. Y bajarlo. Y subirlo otra vez. En los próximos días subiría y bajaría ocho veces. ¡Él tenía que estar en buena forma para un hombre de ochenta años! Por supuesto, la idea de encontrarse con Dios sería un gran motivador.

³Entonces Moisés subió al monte para presentarse a Dios. El Señor lo llamó desde el monte y le dijo: «Comunica estas instrucciones a la familia de Jacob; anúncialas a los descendientes de Israel: ⁴ "Ustedes vieron lo que hice con los egipcios. Saben cómo los llevé a ustedes sobre alas de águila y los traje hacia mí. ⁵ Ahora bien, si me obedecen y cumplen mi pacto, ustedes serán mi tesoro especial entre todas las naciones de la tierra; porque toda la tierra me pertenece.⁶ Ustedes serán mi reino de sacerdotes, mi nación santa". Este es el mensaje que debes transmitir a los hijos de Israel».

Invitación al Pacto

No hay mandatos. No hay nada que temer. Dios está haciendo una propuesta de amor a Israel, no muy distinta de una oferta de matrimonio. Finalmente, Él tuvo toda su atención; ahora puede proponer el pacto que siempre anhelaba con un pueblo. Ojalá que ellos estuviesen impresionados por su "noviazgo" bastante inusual y aceptaran su oferta.

Tres cosas que Dios ya ha hecho deberían facilitar su decisión:

- Él juzgó a Egipto y los liberó de la esclavitud.
- Él los llevó en alas de águila. ¡Qué hermosa imagen de cómo Dios se preocupa por nosotros!
- Él los trajo a sí mismo, cortejándolos como un amante.

Como en cualquier pacto, incluido el matrimonial, existe una condición. Para el pueblo de Israel, es muy sencilla, pero su experiencia mostrará qué difícil es:

- Obedecer completamente a Dios.
- Guardar su pacto.

Si Israel lo hace, aquí está la oferta de parte de Dios:

- **Ellos serán su tesoro.** Toda la tierra es de Dios. No es que Él realmente necesite nada, sino que Él ha escogido esta nación en particular de todas las naciones de la tierra (en gran medida, basado en la fidelidad de Abraham y en las promesas hechas a él). ¿Te sientes especial? ¿A quién no le gusta ser la posesión de Dios?

- **Será una nación santa.** Únicos en toda la tierra; si se mantienen libres de la corrupción del mundo, estarían apartados y dedicados a adorar y servir a Dios. Eso implica cierta pérdida de libertad y sumisión a los límites que Dios establece.

- **Será un reino de sacerdotes.** El concepto del sacerdocio de todos los creyentes del nuevo pacto no es tan nuevo. Es cierto que Leví tenía funciones oficiales, al igual que las que los pastores desempeñan hoy, pero la intención de Dios era que todo su pueblo ministrara ante Él y sirviera como intercesores y mediadores ante el mundo.

Suena como una gran oferta para este grupo irregular de exesclavos, pero sería un noviazgo rocoso y un matrimonio áspero que terminaría, esencialmente, en divorcio. ¿Se equivocó Dios al elegirlos? Estoy seguro de que no. ¿Cometiste un error al casarte con tu esposa porque el matrimonio ha sido difícil? Estudia la interacción de Dios con su "novia" y descubre algunos propósitos para tu matrimonio y cómo hacer frente a una relación menos que perfecta.

La relación de Moisés con el pueblo, que probablemente duró menos de seis meses, también ha sido inestable. Por su gracia, Dios le permitió realizar grandes milagros para ganar la confianza del pueblo. Hasta ahora, Moisés ha sido fiel a su palabra, pero ellos todavía no están del todo seguros de él. Ahora él tiene algo impresionante que ofrecerles, aunque si ellos hubiesen sido como nosotros, habrían preferido una oferta de riqueza y una vida larga y feliz.

¿Cuándo fue la última vez que subiste "a la montaña" para encontrarte con Dios? Si tú predicas o enseñas su palabra, ¿buscas a Dios y esperas en Él hasta que estés seguro de tener una palabra fresca del corazón de Dios? Dios le dio a Moisés un mensaje preciso; no pudo agregar ni quitar nada de esa palabra.

7 Entonces Moisés regresó del monte y llamó a los ancianos del pueblo y les comunicó todo lo que el Señor le había ordenando. 8 Y todo el pueblo respondió a una voz: «Haremos todo lo que el Señor ha ordenado». Entonces Moisés llevó al Señor la respuesta del pueblo.

¿Crees que lo tienes difícil al predicar la Palabra de Dios? Moisés bajó de la montaña con su Palabra y luego subió con la respuesta de la gente. Inicialmente habló a los ancianos, quienes probablemente llevaron la oferta al pueblo. La respuesta fue unánime y rápida: "sí". Tal vez fue demasiado rápido, sin pensar en todas sus implicaciones, pero tampoco hay muchas parejas que entiendan las implicaciones del pacto matrimonial.

9 Luego el Señor le dijo a Moisés: «Yo me presentaré ante ti en una densa nube, para que el pueblo pueda oírme cuando hable contigo; así ellos siempre confiarán en ti». Moisés le dijo al Señor lo que el pueblo había dicho.

Dios afirma a Moisés como líder
Dios realmente se preocupa por sus siervos y los apoya. Aunque el encuentro con Dios en la densa nube sería hermoso para Moisés, el verdadero propósito era impresionar a la gente, para que siempre confiaran en su líder. Algunos son reticentes a confiar demasiado en un pastor u otros líderes, y hasta cierto punto es bueno, sobre todo cuando hacen cosas que no son de

Dios o traen una palabra que no es del Señor. Pero Dios sabe que esta relación de confianza es fundamental para el buen funcionamiento de la nación y de una iglesia. Si tú eres un pastor, asegúrate de no hacer nada que traicione la confianza de tu pueblo. Dios afirmará tu llamado si estás sirviéndole fielmente. Si eres parte de una iglesia, es importante que tu pastor sea alguien en quien puedas confiar. Si esa confianza ha sido traicionada, ora por la reconciliación y el perdón, pero también es posible que tengas que buscar a un nuevo pastor y luego confiar en que Dios realmente trabajará a través de él.

¿Acaso Dios no sabe lo que dice la gente? Seguramente lo sabía, pero por alguna razón Dios nos usa para entregar su palabra, interceder por su pueblo y comunicarle al Señor lo que hay en sus corazones. Esa posición, como portavoz de Dios (profeta) y representante de la gente (sacerdote), conlleva una gran responsabilidad. Junto con la autoridad que Dios les da (rey), son las tres funciones principales que Dios ha confiado a los seres humanos. Si tú funcionas en una de ellas, sé consciente de que Dios Todopoderoso te ha confiado una tarea sumamente importante.

La nación ha aceptado la propuesta de Dios. Ahora tienen que prepararse para el "día de la boda", que será la boda más espectacular que jamás se haya presenciado. ¿Y tú? ¿Has aceptado la oferta de Dios de vida eterna en Jesucristo? ¿Eres consciente de los grandes privilegios que forman parte de ella?

21

La boda: Sellando el Pacto

Éxodo 19: 10-25

Dios hizo su propuesta a este pueblo y la han aceptado. Ahora es el momento de hacer oficial este pacto, este "matrimonio". Hoy está de moda celebrar una boda en el pico de una montaña remota o en la playa, pero incluso la boda más espectacular de hoy no se compara con la "boda" que Dios preparó para su pueblo escogido:

[10] Después el Señor le dijo a Moisés: «Desciende y prepara al pueblo para mi llegada. Conságralos hoy y mañana, y haz que laven sus ropas. [11] Asegúrate de que estén preparados para el tercer día, porque ese día el Señor descenderá sobre el monte Sinaí a la vista de todo el pueblo. [12] Marca un límite alrededor del monte y dile al pueblo esta advertencia: "¡Tengan cuidado! No suban al monte, ni siquiera toquen los límites. Cualquiera que toque el monte, será ejecutado. [13] Ninguna mano puede tocar a la persona o al animal que traspase el límite, sino que esa persona morirá apedreada o atravesada con flechas. Ellos tendrán que morir". Sin embargo, cuando se oiga un toque prolongado del cuerno de carnero entonces el pueblo podrá subir al monte».

Moisés bajó de la montaña nuevamente, con otra tarea. Esta es una cuestión de vida o muerte: si Moisés no comunica todo lo que Dios le dijo o minimiza la gravedad de la desobediencia, es casi seguro que alguien morirá.

La consagración requerida

Necesitan dos días para prepararse, lavar la ropa y establecer límites alrededor de la montaña. El tercer día tiene una importancia especial para Dios; Jesús resucitó al tercer día. Al tercer día, se deja atrás la muerte para encontrar una nueva vida con Dios. Tienes que estar preparado para el tercer día.

Durante muchos años la iglesia se tomó muy en serio la preparación para un encuentro con Dios. En Europa y en América del Norte se bañaron el sábado por la noche. En los días previos a las duchas de agua caliente (en climas fríos), por lo general, era el único baño de la semana. Simbólicamente, se limpiaron para el Día del Señor. Se preparó ropa limpia (ropa de domingo); nunca irían a la iglesia con la misma que usaban durante toda la semana. Idealmente, estas cosas externas iban acompañadas de un autoexamen y de la confesión de pecado. Al llegar a la iglesia, la mayoría de las iglesias tenían una oración de confesión al comienzo del servicio, para preparar a todos para encontrarse con Dios y escuchar su Palabra. ¿Podría, a veces, convertirse en un mero ritual? ¡Por supuesto! Pero ellos sintieron la necesidad de consagración antes de entrar en la presencia de Dios. En América Latina, durante muchos años, los hermanos se arrodillaban al entrar al templo y oraban para consagrarse. Algunos aún se prepararon en ayunas. Lamentablemente, hoy en día la mayoría de las iglesias son tan informales que no hay temor de Dios. ¿Cuándo fue la última vez que escuchaste una predicación sobre la consagración o sobre cómo prepararse para encontrarse con Dios?

Límites

A nadie le gustan los límites. Hoy sería muy controvertido seguir los límites que la Biblia nos establece respecto de quién forma parte del cuerpo de Jesús. Pero los límites son necesarios. Ponemos límites a nuestros hijos para su bienestar:

- "No, tú no puedes girar dentro de la lavadora."
- "No, un niño de ocho añitos no puede conducir el carro."

De la misma manera, Dios pone límites a lo que podemos hacer. Este capítulo es una demostración muy gráfica de las consecuencias de romper los límites que Dios nos impone.

Siempre hay personas que quieren experimentar con el pecado. Es como la prohibición de comer la fruta en el Edén; la hizo aún más tentadora. En este caso puede ser tentador tocar rápidamente la montaña para ver qué sucedería; ¡tal vez recibirían el poder divino que Dios quería negarles! Pero cuando Dios dice "no toques", lo toma en serio. No ayuda a nadie a tomar su palabra a la ligera ni a diluir sus prohibiciones. En el Sinaí, incluso nadie podría poner una mano sobre el delincuente—o bien él también moriría (como alguien electrocutado), o bien sería apedreado o atravesado con flechas. Y si tu perro no tiene correa y es uno de esos perros que no siempre te escucha, él también moriría si tocara la montaña.

Pero Dios no es inaccesible; sólo tenemos que acercarnos en su tiempo y en sus términos. En este caso, el sonido de la trompeta sería la señal. Para nosotros, es por fe en Jesucristo, simbolizada en las aguas del bautismo. A través de Cristo podemos "tocar la montaña".

14 Así que Moisés descendió a donde estaba el pueblo. Consagró a la gente para la adoración, y ellos lavaron sus ropas. Les dijo: 15 «Prepárense para el tercer día y, hasta entonces, absténganse de tener relaciones sexuales».

Relaciones íntimas prohibidas

Además de la preparación individual, Moisés consagró a la congregación, posiblemente con sus oraciones y rociándola con agua (más tarde sería con sangre). No sabemos los detalles, pero todos tenían que estar presentes.

Moisés agrega otra prohibición que no se mencionó anteriormente; tal vez esperó hasta ahora porque sabía que sería controvertida: "¿Quién es Moisés para decirme que no puedo tener relaciones? ¿Qué tiene que ver mi relación con Dios con lo que hago en mi cama?" El mundo cree que abstenerse de tener relaciones sexuales hasta el matrimonio o las prohibiciones bíblicas sobre ciertas prácticas sexuales son anticuados y fuera de lugar. Pero en esta tierra, la unión sexual es una de las expresiones más cercanas de la unión que se encuentra en la Trinidad. Está intrínsecamente vinculada a la espiritualidad y, por lo tanto, quizás suponga el mayor riesgo de corrupción.

¿Cómo sabrían si alguien desobedeciera esta prohibición? Si una pareja en la cama no puede resistir sus deseos, ¿realmente pensarán: "No podemos hacer esto porque tenemos que estar consagrados a Dios"? Sin duda, sería una gran prueba de obediencia, no muy distinta de la lucha de novios por abstenerse de relaciones sexuales. Nadie más lo sabría; solo Dios sabe lo que sucede detrás de puertas cerradas y en tu mente.

[16] *En la mañana del tercer día, retumbaron truenos y destellaron relámpagos, y una nube densa descendió sobre el monte. Se oyó un fuerte y prolongado toque de cuerno de carnero, y todo el pueblo tembló.* [17] *Moisés llevó a la multitud fuera del campamento para encontrarse con Dios, y todos se pararon al pie de la montaña.* [18] *El monte Sinaí estaba totalmente cubierto de humo, porque el Señor había descendido sobre él en forma de fuego. Nubes de humo subían al cielo como el humo que sale de un horno de ladrillos, y todo el monte se sacudía violentamente.* [19] *A medida que el sonido del cuerno de carnero se*

hacía cada vez más fuerte, Moisés hablaba y Dios le respondía con voz de trueno.

Truenos y relámpagos

¡Muy impresionante! ¡Imagina un culto en tu iglesia con estas manifestaciones del poder de Dios! Algunos pueden intentar replicarlo, pero no hay nada como este tercer día. Intenta visualizar y sentir lo que estaba sucediendo; fue un día como ningún otro:

- Te despiertas con truenos y relámpagos y la nube más gruesa que hayas visto.
- Suena una trompeta y todos tiemblan, incluso los hombres más machos.
- A pesar del temor, de alguna manera Moisés reúne a la gente y ellos marchan hacia el pie de la montaña. Van a encontrarse con Dios.
- Fuego sale de la nube, arrojando aún más humo; puedes sentir su calor.
- La montaña y el suelo tiemblan.
- Cubren los oídos para evitar el sonido insoportablemente fuerte e interminable de la trompeta.

De repente Moisés habla; ya no hay ningún defecto en su hablar. No sabemos lo que habló, pero en respuesta, tal vez por primera vez, oímos la voz misma de Dios. ¡Dios responde a un hombre! ¡Qué confirmación increíble de Moisés como su siervo escogido! ¿Te imaginas a ti mismo como Moisés en esta escena? ¿Qué dirías tú para comenzar el "culto"?

¿Dónde están el temor y el asombro en nuestras iglesias? Obviamente, es un tiempo diferente, pero ¿crees que deberíamos tomarnos un poco más en serio encontrar a Dios y escuchar su voz?

²⁰ *El Señor descendió sobre la cumbre del monte Sinaí y llamó a Moisés a la cima. Así que Moisés subió al monte.* ²¹ *Entonces el Señor le dijo a Moisés: —Baja de nuevo y advierte al pueblo que no traspase los límites para ver al Señor, porque quien lo haga morirá.* ²² *Incluso los sacerdotes que se acercan al Señor con regularidad deben purificarse para que el Señor no arremeta contra ellos y los destruya.*

Todo el fuego y el humo solo estaban preparando el escenario. Moisés sube a través de la nube y se reúne con Dios. Imagina a la gente viéndolo subir; probablemente pensaron que nunca volverían a verlo. Ahora Moisés tiene que bajar una vez más para advertirles de nuevo que no traspasen los límites. Aun con todo el fuego y el humo, algunos serían tentados a violar el claro mandato (al igual que en pocos días construirían un becerro de oro). Solo Moisés pudo acercarse a Dios. A los sacerdotes se les permitiría, pero solo con una consagración especial.

Anteriormente (versículo 11) dijo que Dios descendería a la vista de todo el pueblo, pero eso no significa que en realidad vieron al Señor. Algunos (especialmente los musulmanes) ven una contradicción con el versículo "*Nadie puede ver a Dios y vivir*" (Éxodo 33:20), pero realmente no existe contradicción.

²³ *—Pero, Señor —protestó Moisés—, la gente no puede subir al monte Sinaí. Tú ya nos lo advertiste; me dijiste: "Marca un límite alrededor del monte para que quede apartado como santo".*

Mejor ser cuidadoso

Parece que Moisés no entendió lo que Dios le decía. ¿Podrían subir los sacerdotes o no? Había comprendido que nadie más podía. Antes de cometer algún error, él tiene que saber exactamente lo que Dios quiere.

²⁴ *Pero el Señor dijo: —Baja ahora y trae a Aarón cuando vuelvas. Mientras tanto, no permitas que los sacerdotes ni el pueblo traspasen el límite para acercarse al Señor; de lo contrario él arremeterá contra ellos y los destruirá.*

²⁵ *Entonces Moisés descendió a donde estaba el pueblo y les dijo lo que el Señor había dicho.*

Moisés tenía razón con su precaución: un solo hombre (el hermano de Moisés, Aarón) podría acompañarlo. Si tú no estás seguro de algo, es mejor que no lo hagas. Si Moisés hubiera entendido que todos los sacerdotes podían subir, habría una gran masacre ese día. Puede parecer demasiado legalista para algunos, pero ¡no arriesgues la ira de Dios al relajar sus mandamientos!

Moisés había atravesado algunos momentos difíciles con el faraón y el pueblo, pero eso valió la pena para encontrarse con Dios de esta manera. ¡Esta fue claramente la experiencia de toda una vida!

Pastor, tú tienes el gran privilegio de llevar a tu pueblo a la presencia de Dios. Tú puedes llevarlos a un retiro lejos de la ciudad para que realmente encuentren a Dios. ¡Y tómate tu propio tiempo para ir a la montaña y encontrarte con Dios! Tu experiencia, como la de Moisés, puede incluir algunos altibajos. Padre, tú tienes el mismo privilegio con tu familia.

Así fue la "boda" que Dios celebró para sellar el pacto con su pueblo. ¡Imagina las bodas del Cordero! Es un capítulo increíble, ¿no? Casi abrumador. Léelo varias veces. Deja que impacte tu visión de Dios y el ministerio.

22

Cómo derrotar a tus enemigos
Éxodo 23:20-33

²⁰ He aquí, yo enviaré un ángel delante de ti, para que te guarde en el camino y te traiga al lugar que yo he preparado. ²¹ Sé prudente delante de él y obedece su voz; no seas rebelde contra él, pues no perdonará vuestra rebelión, porque en él está mi nombre. ²² Pero si en verdad obedeces su voz y haces todo lo que yo digo, entonces seré enemigo de tus enemigos y adversario de tus adversarios. ²³ Pues mi ángel irá delante de ti y te llevará a la tierra del amorreo, del hitita, del ferezeo, del cananeo, del heveo y del jebuseo; y los destruiré por completo.

Moisés estaba en el monte Sinaí, disfrutando de una comunión íntima con el Señor del universo. Sería fácil olvidar a la gente que lo esperaba abajo, pero Dios escogió ese momento para recordarle que está guiando a un pueblo hacia una tierra que fluye leche y miel. La experiencia en la cima de la montaña debería afectar tu vida diaria; al mismo tiempo, es posible estar tan involucrado en ella que pierdas de vista tu destino. Dios quiere recordarte que tienes un llamado, un trabajo que hacer, un propósito y un destino. Dios lo refrescó en la cima de la montaña—nos recuerda que Dios se encarga de todo durante el viaje. Pero Moisés (y tú) también tienen un papel muy importante.

Las responsabilidades de Moisés

- **Escuchar a Dios.** Para obedecer al ángel, él primero tiene que escucharlo. ¡Qué bueno es saber que Dios te hablará y te dirá qué hacer! Esas son buenas noticias cuando viajas por un desierto y conquistas nuevos territorios, y buenas noticias si no estás seguro de qué hacer en casa, en el trabajo o en la iglesia. Solo hay un problema: Dios sabe que somos medio sordos. Estamos tan involucrados en otras cosas que es difícil escuchar la voz interior del Espíritu. No es tan grave si no tienes responsabilidades en la familia o en la iglesia, pero es un gran problema cuando tu familia o tu iglesia dependen de ti para recibir la palabra de Dios. ¿Cómo están tus oídos? ¿Practicas escuchar a Dios? ¿Recibes su mensaje claramente? ¿O tienes tanta prisa, con tantos pensamientos en la mente, que no escuchas bien? Moisés nunca habría sobrevivido en ese desierto sin el ángel (¡mejor que WAZE!), y tú no vas a sobrevivir en tu desierto si no estás escuchando a Dios y guiado por su Espíritu.

- **Obedecer.** Escuchar es esencial, pero resulta inútil si no haces lo que Dios dice—la obediencia selectiva no funciona. Dios dice que Moisés tiene que hacer *todo* lo que se le ordena. Muchos creen que les están yendo bien con un 75% de obediencia, pero la Biblia nunca permite menos del 100%. Tengo que confesar que yo no lo hago, y tú tampoco. Gracias a Dios, Él te perdona si hay un arrepentimiento genuino. Sin embargo, tenemos que dedicarnos a hacer todo lo que Dios nos dice. ¿Y por qué no? ¿No crees que Dios sabe cuál es el mejor camino hacia la Tierra Prometida? ¿Por qué tomar atajos que Él sabe te meterán en serios problemas? ¿Cómo te va con la obediencia? Ella impacta no sólo a ti, sino también a todos quienes Dios ha puesto bajo tu autoridad. Es una responsabilidad enorme.

- **No provocar a Dios.** La rebelión es letal; es como la brujería. Moisés ha sido muy sumiso, pero Dios sabe que la rebelión es una posibilidad incluso para él y le advierte de su gravedad. La Biblia judía dice *no provoques* a Dios. En este caso, la rebelión consistiría en provocar al mensajero de Dios. Es lógico que desees una buena relación con una persona que te brinde mucha ayuda. Cuando comienzas a hacer las cosas a tu manera y te resistes a las instrucciones que no quieres seguir, te rebelas y provocas al Señor. Y aquí, para Moisés, el Señor dice que ese pecado no será perdonado. ¡Es casi como la blasfemia contra el Espíritu Santo! Somos rebeldes por naturaleza. Presta atención a la rebelión que surge en tu corazón contra quienes tienen autoridad, ya sea en el gobierno, en el trabajo o en la iglesia. Trabaja para fomentar un espíritu sumiso hacia ellos. ¿Tienes un espíritu rebelde? ¿Estás provocando a las mismas personas que te pueden ayudar?

¡El liderazgo no es fácil! Hay que pagar un precio y llevar una carga, pero se compensa con la bendición de escuchar la voz de Dios y experimentar su mover (a medida que lo obedeces). ¡Tú tienes el poder de traer una gran bendición a tu familia y a tu iglesia! Pero no olvides la condición, que está presente en casi todas las promesas de Dios. Sí, Él es soberano. Él está decidido a llevar a su pueblo a Canaán. Pero todavía elige trabajar a través de nosotros y mucho depende de si lo escuchamos y lo obedecemos. La parte de Moisés realmente no era tan difícil, como ya hemos visto en varios ejemplos: extender su vara sobre el mar, golpear la roca, arrojar un árbol al agua. Eso no se compara con las maravillas de Dios.

Promesas de Dios a Moisés e Israel

- **Su ángel será enviado delante de ellos** para preparar el camino. Moisés solo tiene que seguirlo.

- **Ese ángel los guardará en el camino** (*mantendrá* y *protegerá* son otras traducciones). ¿Habrá peligro en el camino? ¡Por supuesto! Pero no hay que temer; el ángel los protegerá, tal como Dios los protegió de los ejércitos de Faraón.

- **Dios tiene un lugar preparado para ellos**; al igual que Jesús nos dijo que nos iba a preparar un lugar. El futuro está en manos de Dios. Él tiene cosas buenas preparadas para ti.

- **Él nos llevará a ese lugar.** Habría muchos momentos en los que parecía dudoso. La mayoría de ellos moriría en el desierto. Les llevó cuarenta largos años, pero había una certeza absoluta de que Dios los llevaría a la tierra prometida.

- **Dios será el enemigo de sus enemigos.** Él se levanta para pelear con quien se mete con su hijo. Solo asegúrate de que sea verdaderamente un enemigo; el hecho de que no te guste alguien no significa que Dios sea su enemigo.

- **Se opondrá a todos los que se opongan.** Cuando caminas en obediencia al Señor, el diablo y sus agentes se opondrán, pero Dios mismo se opondrá a ellos. Pero no cuentes con su apoyo si la persona solo se opone a tus planes egoístas.

- **Dios destruirá por completo a sus enemigos**. Él los está guiando directamente hacia un vasto enemigo. El hecho de que Dios te guíe y te acompañe no necesariamente implica que sea fácil, pero Dios los destruirá por completo. Suena bien, pero eso implicaría batallas feroces por parte de Israel. ¿Te gusta la idea de destruir por completo a tus enemigos? ¿Estás listo para luchar si es necesario?

¡Esto es impresionante! Los mismos principios generales se aplican a tu caminar. ¡Deja que te fortalezcan!

¿Quién era este ángel?

¿Qué significa que Dios no perdonará la rebelión contra el ángel porque *"su nombre está en él"*? Nunca he oído que el nombre de Dios (es decir, su propio poder y naturaleza) reside en un ángel. Puede que Jesús mismo estuviera guiando y protegiendo a su pueblo. Si quieres estudiarlo más a fondo, aquí hay otras Escrituras en las que la distinción entre Dios y su mensajero no es clara: Génesis 16:10, 19: 1,21; 31:11,13; Éxodo 3:2,4; Jueces 2:1-5; 6:11-12,14; 13:3-23; Zacarías 3:1-6; 12:8.

²⁴ *No adorarás sus dioses, ni los servirás, ni harás lo que ellos hacen; sino que los derribarás totalmente y harás pedazos sus pilares sagrados.* ²⁵ *Mas serviréis al Señor vuestro Dios, y Él bendecirá tu pan y tu agua; y yo quitaré las enfermedades de en medio de ti.* ²⁶ *No habrá en tu tierra ninguna mujer que aborte ni que sea estéril; haré que se cumpla el número de tus días.*

Derriba a todos los ídolo

La Tierra Prometida presentaría un nuevo peligro: otros dioses y prácticas paganas que compiten por su devoción (¡sin decir nada de las mujeres hermosas!). No pueden hacer absolutamente ningún compromiso ni concesión a ellos; no hay lugar para prácticas impías en el pueblo santo de Dios. La única respuesta es su destrucción total. Es la misma respuesta que necesitamos ante el pecado en nuestras vidas e iglesias: tenemos que destruirlo por completo.

A algunos les gustaría destruir físicamente otros templos y todo lo inmundo del mundo de hoy, pero no estamos estableciendo un reino físico como el de Israel. Somos la sal de una tierra inmunda y la luz que brilla en la oscuridad. Ofrecemos una alternativa al mundo: un reino espiritual. En cierto sentido, nuestro trabajo es más difícil porque vivimos en medio del mundo. Siempre hay algunos que quieren retirarse a los monasterios o establecer comunidades utópicas, pero Jesús nos ha enviado a la oscuridad del mundo con el mensaje del Reino de Dios.

Hay tremendas promesas dadas aquí, y solo una condición: servir y adorar al Señor. La adoración no es solo cantar alabanzas, sino también exaltar a Dios, darle gloria y honor, y hacer de Él el Señor de toda tu vida.

Las promesas de Dios a los que le sirven

- **Bendición en nuestra comida y agua.** Ya hemos visto que eso suponía un gran problema en el éxodo. La falta de agua potable es un problema en muchos lugares hoy en día y está empeorando. Dios quiere proveer la comida y el agua necesarias, no para ser glotones, sino para satisfacer nuestras necesidades diarias. Ésta puede ser una promesa difícil de entender para los refugiados hambrientos, que pueden amar a Jesús más que nosotros. Aunque podemos decir que, en general, Dios quiere bendecir nuestra comida y agua, no podemos apropiarnos de cada promesa física hecha a la nación de Israel, y ciertamente no podemos juzgar a alguien que tenga mucha hambre, como si fuera por su falta de fe.

- **Enfermedades quitadas.** Dios ya les prometió liberarse de las enfermedades que Él trajo sobre los egipcios (Éxodo 15:26). Aquí hay una promesa más general de curación, pero también se dirige específicamente a Israel.

- **No habrá abortos involuntarios ni infertilidad.** En general, los niños son un regalo de Dios y la esterilidad es una maldición. Dios puede abrir una matriz estéril, pero ten cuidado de no poner una carga aún más pesada sobre una pareja que lucha contra la infertilidad, como si no estuviesen adorando o sirviendo a Dios adecuadamente.

- **Una vida larga y plena.** Desde el principio Dios quería una familia y una vida sana, buena y larga para nosotros. Debemos orar y tener fe para eso; Dios claramente es soberano sobre todas esas áreas. Pero Jesús no tenía ni hijos ni una larga vida. Pablo tenía un aguijón y murió relativamente joven y sin hijos. Una vez más, estas promesas físicas no siempre se aplican al reino espiritual del Nuevo Pacto.

²⁷ Enviaré mi terror delante de ti, y llenaré de confusión a todo pueblo donde llegues; y haré que todos tus enemigos ante ti vuelvan la espalda. ²⁸ Y enviaré avispas delante de ti para que echen fuera al heveo, al cananeo y al hitita de delante de ti. ²⁹ No los echaré de delante de ti en un solo año, a fin de que la tierra no quede desolada y se multipliquen contra ti las bestias del campo. ³⁰ Poco a poco los echaré de delante de ti, hasta que te multipliques y tomes posesión de la tierra.

Victoria

Aquí hay otra gran promesa de victoria y un principio importante cuando enfrentamos a nuestros enemigos: Dios está decidido a acabar con ellos. Llegó al extremo de enviar a su propio Hijo a morir en una cruz para hacerlo.

Las estrategias que usa Dios

- **Enviar terror** (un temor intenso y paralizante) **hacia ellos.**

- **Llenarlos de confusión y pánico.**

- **Hacerles volver la espalda ante los hebreos y huir.**

- **Enviar un ejército de avispas contra ellos.** El significado de la palabra hebrea no está claro, pero es un agente que expulsará a los ejércitos enemigos.

¡Nuestro Dios es un poderoso guerrero! ¡Estas son manifestaciones impresionantes de su poder! Claro que Él todavía puede hacer esto hoy, ¡y tú puedes orar para que Dios lo haga!

La razón para la demora

Puede ser difícil para nosotros entender por qué tenemos que esperar su derrota; nos encantaría ver, milagrosamente, cada rastro del enemigo eliminado ahora mismo. Pero en su sabiduría, Dios lo hace poco a poco. Él sabe cuánto puedes manejar. Es parecido a la casa liberada de demonios que Jesús describe en Mateo 12:43-45. Cuando se elimina a un enemigo, debe reemplazarse por algo del Espíritu. Debemos ocupar y tomar posesión de la tierra; a medida que aumentamos en fuerza y fe, estaremos listos para tomar posesión de más de lo que Dios ha preparado para nosotros. Cuando Dios dirigió a Israel a luchar contra un enemigo y ganar más territorio, le aseguró la victoria. No podían luchar contra todos los enemigos a la vez ni contar con personal suficiente ni con la capacidad de cuidar la tierra y mantenerla libre de invasores (humanos o animales) hasta que hubieran crecido más. No te desanimes si todavía tienes enemigos que te perturban. Muchas veces la liberación no es instantánea, sino un caminar paso a paso en obediencia y victoria.

³¹ Y fijaré tus límites desde el mar Rojo hasta el mar de los filisteos, y desde el desierto hasta el río Éufrates; porque en tus manos entregaré a los habitantes de esa tierra, y tú los echarás de delante de ti. ³² No harás pacto con ellos ni con sus dioses. ³³ Ellos no habitarán en tu tierra, no sea que te hagan pecar contra mí; porque si sirves a sus dioses, ciertamente esto será tropezadero para ti.

Requisitos adicionales

Dios ahora define los límites de su tierra y repite su compromiso de entregar a todos sus habitantes a las manos de los hebreos, pero hay algunas cosas que ellos tienen que hacer:

- **Tienen que expulsarlos.** Dios les concederá la victoria sobre sus enemigos, pero necesitan voluntad y determinación para expulsarlos. Muchos se cansan y nunca lo hacen. Israel no lo hizo (Jueces 1 y 2 detallan las devastadoras consecuencias). Lamentablemente, también es muy común entre los cristianos.

- **No podían hacer ningún pacto (cualquier tipo de acuerdo) con ellos ni con sus dioses.** Pablo nos advierte sobre los peligros de un yugo desigual (2 Corintios 6:14-18). El pacto más común que algunos creyentes hacen con los incrédulos es el matrimonio. Ten cuidado con los acuerdos que hagas con el diablo o con cualquiera de sus siervos, ya sea en tu mente o en tu vida cotidiana.

- **No podían permitirles que vivieran en su tierra.** Una vez más, Jueces detalla su fracaso aquí. Parecía extremo (y cruel) destruir a todos. Muchas veces no destruimos por completo el pecado en nuestras vidas y este se convierte en una trampa. El mundo puede decir que eres un fanático si, en serio, eliminas su música, entretenimiento y otras influencias. Pero ¿por qué jugar con algo que puede hacerte pecar contra Dios, especialmente con todo lo que Él les prometió? ¿Por qué permitir algo que puede convertirse en una trampa en tu vida?

¿Qué hay de ti? ¿Estás cansado de la batalla? ¿Hay animales salvajes entrando en los lugares desolados de los que no has tomado posesión? ¿Hay tropezaderos causados por alianzas impías o por pecado que has permitido en tu vida? ¿Hay algo que tengas que echar fuera de tu vida? ¿Cómo están aquellos que Dios ha confiado a tu cuidado, sobre todo en tu papel de esposo, padre o pastor? ¿Les estás ayudando a experimentar la plenitud de todo lo que Dios tiene para ellos?

23
¿Estás listo para un encuentro con Dios?

Éxodo 24

¹*También le dijo el Señor a Moisés: «Sube al monte a verme, junto con Aarón, Nadab y Abiú, y setenta de los ancianos de Israel. Ellos podrán arrodillarse a cierta distancia,* **²** *pero sólo tú, Moisés, podrás acercarte a mí. El resto del pueblo no deberá acercarse ni subir contigo.»*

³ *Moisés fue y refirió al pueblo todas las palabras y disposiciones del Señor, y ellos respondieron a una voz: «Haremos todo lo que el Señor ha dicho.»* **⁴** *Moisés puso entonces por escrito lo que el Señor había dicho.*

Obediencia total

Moisés descendió del Monte Sinaí, llevando la ley de Dios a su pueblo. ¡Imagina esta multitud escuchando esas palabras! No está claro si Moisés pidió una respuesta o si fue espontánea, pero con gusto la recibió: Esta es una buena palabra *y queremos obedecerla*. Igual que en otras ocasiones, son unánimes (y tal vez demasiado rápidos) para prometer hacer todo lo que Dios ha mandado. ¡Vale la pena reflexionar sobre todas las implicaciones de lo que afirmamos!

Es importante darle a la iglesia la oportunidad de considerar sinceramente si está dispuesta a obedecer a Dios. Es bueno tener una respuesta afirmativa unánime, como la de Israel aquí, pero hablar es fácil. Es fácil pasar al frente o levantar la mano en la iglesia, pero puede cambiar al día siguiente, en casa o en el trabajo.

Escribe lo que Dios dice

No sabemos si Dios le mandó hacerlo, pero con la palabra fresca en su memoria, Moisés escribió todo lo que Dios había dicho. Gracias a Dios por los líderes (hoy y en el pasado), que cuidadosamente preservan la Palabra de Dios. Con esto concluido, Dios llama a Moisés para que vuelva a un nuevo encuentro. Esta vez los setenta ancianos, junto con Aarón y sus hijos, lo acompañan.

Si tú eres pastor y has tenido un encuentro poderoso con Dios, tienes la oportunidad y el privilegio de llevar a otros contigo (tal vez a un retiro) para que también estén con Dios. Aquí solo Moisés realmente pudo acercarse a Dios; los demás siguen en adoración.

A la mañana siguiente, madrugó y levantó un altar al pie del monte, y en representación de las doce tribus de Israel consagró doce piedras. ⁵ Luego envió a unos jóvenes israelitas para que ofrecieran al Señor novillos como holocaustos y sacrificios de comunión. ⁶ La mitad de la sangre la echó Moisés en unos tazones, y la otra mitad la roció sobre el altar. ⁷ Después tomó el libro del pacto y lo leyó ante el pueblo, y ellos respondieron:— Haremos todo lo que el Señor ha dicho, y le obedeceremos.

⁸ Moisés tomó la sangre, roció al pueblo con ella y dijo: —Ésta es la sangre del pacto que, con base en estas palabras, el Señor ha hecho con ustedes.

Es difícil saber la cronología exacta aquí. Parece que Moisés compartió la ley verbalmente, logró el acuerdo del pueblo de someterse a ella, preparó a los ancianos para que subieran con él y luego escribió lo que había compartido. A la mañana siguiente hubo una ceremonia más formal en la que él leyó lo que había escrito.

Preparación para el culto
Aunque Dios aún no había dado instrucciones sobre el culto, Moisés lo tomó muy en serio. Me recuerda de lo que un pastor podría hacer hoy:

- Levantarse temprano para prepararse para el servicio y buscar al Señor.

- Ir a la iglesia (aquí, al pie de la montaña) y preparar el lugar espiritualmente para un encuentro con Dios. Si van a compartir la Santa Cena, se puede preparar la mesa.

- Presentar alguna representación (como las doce piedras) de los distintos grupos de la congregación. Por ejemplo, podría ser una bandera para cada célula o una para las damas, los jóvenes, etcétera.

- Contar con la ayuda de un grupo de hombres jóvenes (o de un equipo de oración o de adoración) que llegue temprano y prepare el ambiente mediante oración y adoración. Moisés hizo un esfuerzo consciente por involucrar tanto a los ancianos como a los jóvenes.

- Ahora llega la gente. La sangre de los sacrificios me recuerda guiar a la congregación a la presencia de Dios mediante la confesión y el aseguramiento del pecado perdonado por la sangre derramada de Jesucristo.

- Compartir la Palabra de Dios.

- Conseguir una respuesta de la gente. Es bueno recordarles que forman parte de un nuevo pacto y animarlos a renovar su compromiso con Cristo.

- El enfoque en el pacto conduce naturalmente a la celebración de la Cena del Señor. En lugar de rociar la sangre sobre la gente (externamente), todos tienen la oportunidad de participar (internamente) de la copa, que simboliza la sangre del Nuevo Pacto.

9 Moisés y Aarón, Nadab y Abiú, y los setenta ancianos de Israel subieron 10 y vieron al Dios de Israel. Bajo sus pies había una especie de pavimento de zafiro, tan claro como el cielo mismo. 11 Y a pesar de que estos jefes de los israelitas vieron a Dios, siguieron con vida, pues Dios no alzó su mano contra ellos.

Comer y beber en presencia de Dios

Con la congregación despedida tras aceptar el pacto, Moisés y los ancianos escalan la montaña. ¡Imagina la belleza inefable de este brillante pavimento azul! La expectativa es que un hombre no puede sobrevivir en esa gloriosa presencia de Dios, pero Dios lo llamó allá y no alzó la mano contra ellos.

¿Qué comieron y bebieron? ¿Lo trajeron con ellos? ¿O fue Dios mismo quien lo proporcionó? No sabemos. Una vez más, me recuerda a la Cena del Señor. ¡Es impresionante que la comida y la bebida formen parte de una ocasión tan solemne y gloriosa! Pero concuerda con otras visiones que tenemos del corazón de Dios. ¡Le gustan las comidas!

¿Puedes ver a Dios y vivir?

Primero, es importante notar que la única descripción se refiere a lo que estaba "debajo de sus pies". Posiblemente no vieron nada más, de forma similar a la visión de Dios en Isaías 6, que solo describe el trono, las orlas de su manto y los serafines. La luz cegadora lo haría imposible ver a Dios. Ezequiel tiene una visión similar de una figura en un trono (Ezequiel 1:26-28). Aquí, en Éxodo 24, la palabra hebrea, traducida como "vieron" en el versículo 11 (ver en una visión), difiere de la del versículo 10 (ver con sus ojos). Otro relato de esta experiencia (Deuteronomio 4:15) dice: "*El día que el Señor les habló en Horeb, en medio del fuego, ustedes no vieron ninguna figura.*"

Textos bíblicos que aluden a ver a Dios
Jacob llamó a ese lugar Penuel porque dijo: «He visto a Dios cara a cara, y todavía sigo con vida». (Génesis 32:30)

*»Cuando un profeta del Señor
se levanta entre ustedes,
yo le hablo en visiones
y me revelo a él en sueños.
Pero esto no ocurre así
con mi siervo Moisés,
porque en toda mi casa
él es mi hombre de confianza. Con él hablo cara a cara,
claramente y sin enigmas.
Él contempla la imagen de Señor* (Números 12:6-8).

—¡Estamos condenados a morir! —le dijo a su esposa—. ¡Hemos visto a Dios! (Jueces 13:22)

*Mientras yo observaba esto,
se colocaron unos tronos,
y tomó asiento un venerable Anciano.
Su ropa era blanca como la nieve,
y su cabello, blanco como la lana.
Su trono con sus ruedas
centelleaban como el fuego* (Daniel 7:9).

Algunos de estos probablemente fueron visiones. Incluso Moisés, hablando a Dios cara a cara, solo vio su forma y en realidad nadie la describe.

Textos bíblicos que niegan la posibilidad de ver a Dios
Este versículo parece prohibir específicamente ver el rostro de Dios: «Pero debo aclararte que no podrás ver mi rostro, porque nadie puede verme y seguir con vida» (Éxodo 33:20).

A Dios nadie lo ha visto nunca; el Hijo unigénito, que es Dios y que vive en unión íntima con el Padre, nos lo ha dado a conocer (Juan 1:18).

Al único inmortal,
que vive en luz inaccesible,
a quien nadie ha visto ni puede ver,
a él sea el honor y el poder eternamente. Amén
(1 Timoteo 6:16).

Entonces, ¿cuál es la conclusión? Es posible estar en la abrumadora presencia de Dios e incluso percibir indicios de su apariencia, pero parece probable que nadie lo haya visto jamás en toda su gloria.

Moisés no sube solo
12 El Señor le dijo a Moisés: «Sube a encontrarte conmigo en el monte, y quédate allí. Voy a darte las tablas con la ley y los mandamientos que he escrito para guiarlos en la vida.»

13 Moisés subió al monte de Dios, acompañado por su asistente Josué, 14 pero a los ancianos les dijo: «Esperen aquí hasta que volvamos. Aarón y Jur se quedarán aquí con ustedes. Si alguno tiene un problema, que acuda a ellos.»

Fue glorioso ver el pavimento ante el Señor, pero Moisés se acercó aún más y permaneció allí para recibir las tablas de piedra con la ley. Y Moisés no va solo; Josué va con él. Josué no fue incluido entre aquellos que Dios llamó a subir, pero parece que adonde fue Moisés, Josué fue también. ¡Y Dios no lo castiga! ¿Tienes un Josué que traes contigo a la presencia de Dios?

Jur no fue mencionado antes (a menos que él fuera uno de los 70 ancianos). Moisés lo dejó a él y a Aarón a su cargo, mientras subió con Josué. No sé si el grupo, cuando subieron, era consciente de que tenía que quedarse allí durante todos los cuarenta días que Moisés estuvo en la cima de la montaña. Es difícil saber exactamente cómo funcionó eso, ya que Aarón tuvo su desafortunado incidente con el becerro de oro mientras Moisés estaba en la montaña.

¿Estás dispuesto a pagar el precio para encontrarte con Dios?

^{15} En cuanto Moisés subió, una nube cubrió el monte, ^{16} y la gloria del Señor se posó sobre el Sinaí. Seis días la nube cubrió el monte. Al séptimo día, desde el interior de la nube el Señor llamó a Moisés. ^{17} A los ojos de los israelitas, la gloria del Señor en la cumbre del monte parecía un fuego consumidor. ^{18} Moisés se internó en la nube y subió al monte y allí permaneció cuarenta días y cuarenta noches.

Moisés dejó su congregación abajo para ver estas increíbles manifestaciones de la gloria de Dios. Ellos probablemente tenían dudas sobre si volverían a ver a Moisés, sobre todo cuando los días se alargaban.

Moisés y Josué tenían que esperar seis días para entrar en la nube. Seguramente hay algún significado en esos seis días y en que Dios lo llame a él al séptimo día para entrar en comunión con Él. ¿Tal vez los seis días de Dios trabajando en la creación? ¿O seis días de preparación para el día de reposo?

Muchas personas quieren ser líderes. Tú podrías pensar en Moisés entrando en esa nube y desearías que fueses tú, pero no te apresures a pedir lo que Moisés tenía. No lo dice aquí, pero fue un ayuno de cuarenta días. Sin comida ni bebida. No hay Internet ni televisión. Sin sexo. Tal vez Moisés tenía una idea de lo que vendría y sabía que sería mejor enviar a Séfora y los chicos de vuelta a casa con su suegro.

¿De verdad quieres encontrar a Dios?
¡Gloria al Señor! Entonces, ¿estás listo para un ayuno de cuarenta días? ¿Estás dispuesto a esperar seis días solo por la palabra que te dé permiso para subir más alto? ¿O después de un par de días dirías que no está sucediendo nada y bajarías? ¿Estás impaciente si Dios no aparece en la primera media hora de un culto? ¿Sientes que no puedes soportar más de un par de horas esperando a Dios para entrar en comunión personal con Él? ¿Qué tan serio eres con el tema de ser líder y de conocer a Dios? Él aparece en su tiempo, no en el nuestro. Él nos llama a la nube de gloria cuando *Él* quiera. ¿Estás listo para ser purificado por su fuego consumidor?

24

Un becerro de oro surge del fuego
Éxodo 32

Este es un capítulo muy impresionante. Muchos han visto la película *Los Diez Mandamientos* y conocen la historia del becerro de oro, pero en medio del drama hay mensajes profundos para nosotros.

Moisés ha estado en el monte cuarenta días, recibiendo la Ley directamente de Dios mismo. Subió en un resplandor de gloria, tras una demostración de la majestad de Dios y la validación de su liderazgo. Los exesclavos de Israel han experimentado mucho para fortalecer su fe:

- Plagas que destruyeron la tierra de Egipto.
- Pasando por el Mar Rojo en tierra seca.
- La presencia física de Dios en la columna de fuego y en la nube.
- Agua de una roca.
- La provisión diaria de maná para comer.

Eso parece suficiente para establecer su fe y consolidar su compromiso con Dios. Pero no. Después de solo cuarenta días, ellos están listos para recurrir a otros dioses.

Es fácil condenarlos, pero están recién liberados de cientos de años de esclavitud y solo han conocido a Moisés hace unos meses. Es muy diferente para nosotros: contamos con el apoyo de una comunidad de fe y recibimos un gran estímulo espiritual.

Ellos son como niños en este momento. Cuarenta días sin mamá o papá son como toda una vida para un niño. No pueden soportarlo más.

¹*Al ver los israelitas que Moisés tardaba en bajar del monte, fueron a reunirse con Aarón y le dijeron: —Tienes que hacernos dioses que marchen al frente de nosotros, porque a ese Moisés que nos sacó de Egipto, ¡no sabemos qué pudo haberle pasado!*

En su temor hacen tres cosas:

1. Buscan a la persona más cercana al líder desaparecido. Si te sientes abandonado por un pastor, es probable que vayas a un pastor asistente o a un anciano. Tu tendencia natural es buscar algún líder.

2. Piden dioses que los lleven a la tierra prometida. Todavía no tenían el concepto de monoteísmo. Probablemente fueron influidos por la religión egipcia y creían que había una multitud de dioses a elegir; si uno no servía, se podía probar con otro. Suena ridículo, pero la gente lo hace mucho hoy en día.

3. Expresan su consternación ante la pérdida de su líder.

¿Te ha decepcionado un líder? ¿Tal vez no cumplió sus promesas? ¿No estaba presente cuando lo necesitabas? Nos recuerda que nuestra fe puede centrarse en un hombre. Él ocupa una posición de tanta importancia para ti que tu relación con Dios sufre mucho si él falla en algo. Hicieron lo correcto cuando fueron a Aarón, pero, como veremos en un momento, Aarón tenía sus propios problemas. Ten cuidado de no poner toda tu confianza en un hombre.

Abandono por Dios

En un nivel más profundo, a pesar de todo lo que Dios había hecho, no estaban al tanto de su presencia sin Moisés. Todavía no lo conocen. Su fe no se ha desarrollado. Hay temor de lo que les sucedería sin Dios. Sí, puede parecer que todos esos milagros bastarían para confirmar que Dios estaba con ellos, pero no es así. Como ya hemos visto en Éxodo y como lo confirma nuestra experiencia, tenemos memorias muy breves de los milagros. Si tú basas tu fe en ellos, necesitarás un suministro constante. Somos propensos a las dudas e incredulidad.

Normalmente nos sentimos abandonados por Dios cuando Él no contesta nuestra oración como esperamos:

- Cuando un ser querido muere.
- Cuando no hay curación.
- Cuando las cosas van mal y parece que a Dios no le importa.

Dios dijo muy claramente que los llevaría a la Tierra Prometida. Nosotros sabemos que Él no es un Dios malvado ni caprichoso que liberaría a su pueblo de Egipto solo para dejarlo morir en el desierto, pero ellos todavía no tenían esa confianza ni una comunidad de creyentes para rodearlos y alentarlos. No había Biblia, el tabernáculo no había sido construido y no había servicios religiosos; su religión era muy primitiva.

De alguna manera ellos creen que pueden hacer sus propios dioses para reemplazar al que los abandonó. Eso nos parece una locura, pero ¿no hacemos constantemente dioses para satisfacer nuestras necesidades? ¿Estás tentado a seguir a un dios de tu propia creación? Puede ser una mujer o un hombre de negocios que promete riqueza y poder. Jesús prometió que nunca te dejaría ni te desampararía. Si te sientes lejos de Dios, adivina quién se movió.

[2] *Aarón les respondió: —Quítenles a sus mujeres los aretes de oro, y también a sus hijos e hijas, y tráiganmelos.*

³ *Todos los israelitas se quitaron los aretes de oro que llevaban puestos, y se los llevaron a Aarón,* ⁴ *quien los recibió y los fundió; luego cinceló el oro fundido e hizo un ídolo en forma de becerro. Entonces exclamó el pueblo: «Israel, ¡aquí tienes a tu dios que te sacó de Egipto!»*

⁵ *Cuando Aarón vio esto, construyó un altar enfrente del becerro y anunció: —Mañana haremos fiesta en honor del Señor.*

⁶ *En efecto, al día siguiente los israelitas madrugaron y presentaron holocaustos y sacrificios de comunión. Luego el pueblo se sentó a comer y a beber, y se entregó al desenfreno.*

Líderes débiles

Cuando Moisés subió al monte, le confió el pueblo a Aarón. No tenía otra opción; ¡tenía una reunión con Dios Todopoderoso! Un pastor no puede estar siempre en la iglesia, pero cuando se va, el lobo aprovecha la oportunidad de devastar a las ovejas. Aarón tuvo que ejercer autoridad en ausencia de Moisés, pero dejó que la gente siguiera su propio rumbo. ¿Quería complacer a la gente, faltaba una verdadera relación con Dios o era simplemente débil y cobarde? Tal vez todo eso, pero fracasó gravemente y fue responsable de la muerte de miles de personas.

Aarón debe ponerse de pie con valentía y decir: "¿Están locos? ¡Basta ya! ¿Después de todo lo que Dios ha hecho por ustedes? ¡No puedo hacerlo y no haré dioses para ustedes! ¡Hay un solo Dios y ya han visto suficiente de su gloria para saber que no se puede jugar con Él! Detén estas tonterías ahora mismo. Moisés volverá. ¡Con la columna de fuego y la nube, Dios les guiará fielmente a la tierra que fluye leche y miel!"

Su nuevo dios

Dios había tocado a los egipcios para darles sus joyas y oro a los israelitas cuando se fueron. Ahora Aarón pidió ese oro. ¡Ten cuidado con quienes quieren tu oro! ¡Pueden usarlo para hacer su propio ídolo! ¿Cómo puede la gente creer que un becerro de oro que formó Aarón de sus pendientes fue el dios que los sacó de Egipto? Solo confirma cuán vulnerables somos al engaño espiritual. Aarón lo hizo aún peor, construyendo un altar frente al becerro y proclamando un festival en honor del "Señor". Él mezclaba aspectos de la verdadera fe con su idolatría, lo que aumentaba aún más su confusión. Es parecido a lo que ha sucedido cuando el Evangelio llega a un nuevo país y se mezclan elementos de su religión indígena con el cristianismo.

Echar la culpa
Vemos una prueba más de la debilidad de Aarón cuando Moisés lo confronta:

²¹ A Aarón le dijo: —¿Qué te hizo este pueblo? ¿Por qué lo has hecho cometer semejante pecado?

²² —Hermano mío, no te enojes —contestó Aarón—. Tú bien sabes cuán inclinado al mal es este pueblo. ²³ Ellos me dijeron: "Tienes que hacernos dioses que marchen al frente de nosotros, porque a ese Moisés que nos sacó de Egipto, ¡no sabemos qué pudo haberle pasado!" ²⁴ Yo les contesté que todo el que tuviera joyas de oro se desprendiera de ellas. Ellos me dieron el oro, yo lo eché al fuego, ¡y lo que salió fue este becerro!

Aarón sabe que Moisés está furioso y hace lo que la mayoría hace cuando se enfrenta a un error: negarlo y culpar a otros. Pero Moisés no se engaña y pone toda la responsabilidad en Aarón. No puede creer que su hermano haya sido tan fácilmente influenciado y llevado al pecado. Es trágico cuando alguien con autoridad lleva a la gente a pecar.

Moisés tenía sus propios problemas con el pueblo, y Aarón esperaba que simpatizara con él y le recordaba acertadamente que eran propensos al mal. Como lo hizo Satanás en el jardín, Aarón mezcla la verdad con la mentira. ¡Él viene con este invento fantástico: un becerro que, milagrosamente, sale del fuego!

Todos cometemos errores. Se necesita madurez para ser honesto, aceptar la responsabilidad de lo que hemos hecho y sufrir las consecuencias. Culpar y mentir es cobardía. Siempre es mejor confesar, pedir misericordia y hacer lo que sea necesario para arreglar las cosas.

No seas un líder cobarde como Aarón. Ten cuidado de no complacer a la gente ni de hacer cosas que sabes que no están bien. Si todavía estás intentando huir de algo malo que has hecho, es mejor asumir la responsabilidad y pagar el precio.

La tendencia a la idolatría
No es de nuestra naturaleza permanecer fiel a Dios. Necesitamos estímulo constante, alimento de la Biblia, la ayuda del Espíritu de Dios y líderes piadosos que nos guíen en los caminos del Señor. Nuestra tendencia natural es la idolatría. Por supuesto, hoy no somos tan ignorantes como para creer que un becerro de oro fuese un dios, pero tenemos muchos ídolos. La mayoría de los cristianos pasan mucho más tiempo frente a la computadora y la televisión que en presencia de Dios; están más influenciados por la cultura que por la Palabra de Dios.

Probablemente esta fue su primera fiesta en libertad. Estaban desenfrenados, comiendo y bebiendo bebidas fuertes. Estaban gritando (lo que Josué creía que eran gritos de guerra), cantando y bailando. Se habían convertido en el hazmerreír de sus enemigos, que aparentemente estaban lo suficientemente cerca como para escuchar lo que ocurría. Sin alguien que nos guíe, nos desenfrenamos y caemos en toda clase de pecado. Con razón Dios ha establecido autoridad en la sociedad, la iglesia y la familia.

Esta es la parte desalentadora de la historia. En el próximo capítulo vamos a ver el increíble contraste que Moisés ofrece en un rescate de su pueblo que nos recuerda la salvación de Cristo. Si Dios te ha llamado a ser un líder, aprende del mal ejemplo de Aarón. Ten cuidado de no dejarte motivar por el deseo de complacer a la gente. Asume la responsabilidad de tus errores. Levántate para defender lo que sabes que es correcto. Si te sientes defraudado por Dios o por un pastor, está bien sentirse herido, enojado y consternado. Pero no permitas que el miedo y la ira te cieguen a todo lo que Dios ha hecho por ti y por millones de personas a lo largo de los siglos. ¡No te rindas! ¡No busques otros dioses! ¡Resiste la tendencia natural del ser humano a la idolatría!

25

El corazón de un hombre de Dios

Éxodo 32

Moisés disfrutaba de una comunión íntima con Dios, recibiendo las leyes que regirían la nación, que Dios, en su gracia, escribió en tablas de piedra. Estaba felizmente ignorante de que su pueblo se dedicaba a la embriaguez y la adoración de ídolos. Pero muy pronto habrá un duro despertar para Moisés. La experiencia en la cima de la montaña se ve interrumpida por esta emergencia en el campamento.

⁷ El Señor le dijo a Moisés: —¡Baja ya de la montaña! Tu pueblo, el que sacaste de la tierra de Egipto, se ha corrompido.

Lee este verso cuidadosamente. ¿Notas algo inusual en la forma en que Dios se refiere a Israel? Es *tu* pueblo, Moisés, que *tú* sacaste de Egipto. Dios se está distanciando de ellos, de manera similar a un padre que le habla a su esposa sobre su hijo cuando el niño se porta mal, pero es *mi* hijo cuando lo hace bien.

Una oferta que puede parecer difícil de rechazar

⁸ Demasiado pronto se han apartado del camino que les ordené seguir, pues no sólo han fundido oro y se han hecho un ídolo en forma de becerro, sino que se han inclinado ante él, le han ofrecido sacrificios y han declarado: "Israel, ¡aquí tienes a tu dios que te sacó de Egipto!"

⁹ »Ya me he dado cuenta de que éste es un pueblo terco —añadió el Señor, dirigiéndose a Moisés—. ¹⁰ Tú no te metas. Yo voy a descargar mi ira sobre ellos, y los voy a destruir. Pero de ti haré una gran nación.

Dios parece muy listo para renunciar a su pueblo. ¿Puede Dios hablar precipitadamente, como nosotros, en el calor del momento? ¿Está Él solo enojado o es una prueba del compromiso de Moisés con ellos? Dios no ha negado su promesa de llevar a un pueblo a la tierra que fluye leche y miel, o de formar una nación—solamente sería mucho más pequeña: los descendientes de aquel hombre que se ha permanecido fiel a Él. Pero Dios ya había intentado eso con Noé y no fue muy exitoso.

¿Estarías tentado por esta oferta? Moisés no tuvo mucho tiempo con ellos y ya había tenido muchas experiencias negativas. ¡Qué bueno sería estar libre de sus quejas y formar un pueblo sin sus problemas! Pero Moisés parece muy consciente de haber aceptado la responsabilidad de llevar a este pueblo a Canaán y aún los ama.

Muchas veces la Biblia llama a Israel duro de cerviz, pero todos nosotros continuamente probamos la paciencia de Dios y le damos dolores de cabeza. Sin duda, parece más fácil destruirlos, pero, afortunadamente, hay alguien que se levanta para interceder por ellos (y por nosotros).

[11] *Moisés intentó apaciguar al Señor su Dios, y le suplicó:*

—Señor, ¿por qué ha de encenderse tu ira contra este pueblo tuyo, que sacaste de Egipto con gran poder y con mano poderosa? **[12]** *¿Por qué dar pie a que los egipcios digan que nos sacaste de su país con la intención de matarnos en las montañas y borrarnos de la faz de la tierra? ¡Calma ya tu enojo! ¡Aplácate y no traigas sobre tu pueblo esa desgracia!* **[13]** *Acuérdate de tus siervos Abraham, Isaac e Israel. Tú mismo les juraste que harías a sus descendientes tan numerosos como las estrellas del cielo;*

¡tú *les prometiste que a sus descendientes les darías toda esta tierra como su herencia eterna!*

¹⁴ *Entonces el Señor se calmó y desistió de hacerle a su pueblo el daño que le había sentenciado.*

La nación salvada por la intercesión de Moisés

Esta es la primera de dos oraciones impresionantes de este capítulo. Se notan varias cosas:

- Está claro que Moisés tiene un verdadero compromiso con el Señor, a diferencia del pueblo.

- En lo que casi parece un juego, Moisés da vuelta a las palabras de Dios: "Es *tu* pueblo, que *tú* sacaste de Egipto. ¡No trates de entregarlo a mí!" Es una perspectiva importante para un pastor: Dios te haya dado autoridad sobre una iglesia, pero sigue siendo *su* pueblo.

- Como muchas oraciones bíblicas, Moisés presenta un caso con Dios (como abogado frente al juez en el tribunal), como si Dios se hubiese olvidado en el calor de su ira:

    o "Ya has trabajado poderosamente a favor de esta gente. Los sacaste de Egipto. Después de hacer todo eso, no tiene sentido destruirlos."
    o Moisés era muy inteligente y sabía que Dios estaba tratando con más que solo Israel: "Recuerda que quieres glorificarte a ti mismo en toda la tierra. ¿Realmente quieres que sepan que eres un Dios impulsivo que libera a su pueblo solo para destruirlo? Piensa en tu reputación."

- o "Tú vas a romper tu palabra, tu promesa y tu pacto. ¿Te acuerdas de Abraham? ¡Juraste por ti mismo cuando hiciste esa promesa! ¡Por cierto, no puedes marchar atrás!"

- Con ese caso sólido, Moisés hace una solicitud simple pero obvia: "No lo hagas. Arrepiéntete de tu ira." Y, sorprendentemente, Dios lo escucha y se arrepiente.

Puede ser difícil entender la idea de Dios "arrepintiéndose", pero en la Biblia muchas de sus promesas y advertencias están condicionadas a nuestra respuesta. Hay un juicio amenazado, pero si nos arrepentimos y volvemos a Dios, puede ser posible evitarlo. Esto demuestra de manera dramática la importancia de un intercesor. Un sacerdote. Alguien que se interpone entre Dios y un pueblo pecador. Alguien con una mente clara que conoce a Dios y está dispuesto a acercarse a Él con valentía. Puede que no entendamos todas las dinámicas, pero de alguna manera Dios ha elegido trabajar junto a nosotros y ha ordenado la oración como medio para influir en el Señor del universo.

Así Moisés salvó a su pueblo de la destrucción; ahora tiene que bajar y enfrentarlo. Hay algunos intercesores que se quedan en su clóset de oración, pero el pastor tiene que meterse en medio del desorden y arreglar las cosas.

[15] *Moisés volvió entonces del monte. Cuando bajó, traía en sus manos las dos tablas de la ley, las cuales estaban escritas por sus dos lados.* [16] *Tanto las tablas como la escritura grabada en ellas eran obra de Dios.*

[17] *Cuando Josué oyó el ruido y los gritos del pueblo, le dijo a Moisés:*

—*Se oyen en el campamento gritos de guerra.*

18 *Pero Moisés respondió:*

«Lo que escucho no son gritos de victoria,
ni tampoco lamentos de derrota;
más bien, lo que escucho son canciones.»

Hacia abajo de la cima de la montaña

¿Te imaginas esta caminata bajando por la montaña? Moisés ha pasado cuarenta días de ayuno. Él debe estar muriéndose de hambre. Más importante aún, no está seguro de lo que va a encontrar cuando llegue abajo, pero sabe que va a ser malo, por lo que Dios esté tan enojado. Él sabe que un trabajo duro lo espera. Deuteronomio 9:15 dice que el monte ardía con fuego. Moisés va a hacer una entrada dramática.

El verso 17 nos recuerda que Moisés no está solo; Josué estuvo con él durante los cuarenta días. Tal vez al bajar de la montaña estaban discutiendo cómo responder a la crisis. Esta fue una formación importante para el próximo líder. Es un gran ejemplo de la importancia de invertir tiempo y sabiduría en una persona más joven. ¡Llévalos contigo dondequiera que vayas! Permite que te vean en oración y en algunas de las luchas agonizantes que un pastor atraviesa.

Es un poco extraño que Moisés no le haya confiado su preciosa carga al hombre más joven para que la llevara. Pero Dios se la había confiado a él y fue uno de los tesoros más preciosos que se le habían dado a un hombre: las tablas de la ley inscritas por Dios mismo.

Cuando se acercaron al campamento, los gritos se volvieron más fuertes. Josué cree que es el sonido de la guerra; fue tan intenso. Pero Moisés lo reconoce como un canto, no como adoración a Dios, sino como el canto de los borrachos, o de adoración pagana, que aprendieron en Egipto.

¹⁹ Cuando Moisés se acercó al campamento y vio el becerro y las danzas, ardió en ira y arrojó de sus manos las tablas de la ley, haciéndolas pedazos al pie del monte. ²⁰ Tomó entonces el becerro que habían hecho, lo arrojó al fuego y, luego de machacarlo hasta hacerlo polvo, lo esparció en el agua y se lo dio a beber a los israelitas.

La ira de Moisés

Ahora Moisés se enoja. Dios había visto lo que Moisés no había podido ver en la montaña. Fue dichoso que no lo viera, porque si no, podría haber estado de acuerdo con el plan de Dios para destruirlos. Su ira ardiente conduce a dos respuestas dramáticas:

- Como un chico que da un puñetazo a la pared o tira algo, Moisés arrojó las tabletas en las que Dios había escrito, rompiéndolas en pedazos. ¡Imagina encontrar algunas de esas piezas hoy! Tal vez Moisés pensó que estas nobles leyes de Dios todopoderoso eran inútiles ante un grupo tan rebelde. Fue un acto impulsivo, pero no fue peor que Dios intentando destruir todo el pueblo. Puede ser mejor romper algunas tabletas que matar a alguien. Dios nunca reprende a Moisés y, más tarde, reemplaza con gracia las tabletas.

- Es difícil imaginar exactamente cómo lo hizo, pero Moisés destruyó el becerro, lo mezcló con agua y obligó a los israelitas a beberla. ¡Ese fue el final de todo su oro! ¡La rebelión puede ser muy costosa! ¡Y humillante!

¿Se equivocó Moisés al enojarse tanto? Nunca lo sugiere. Dios también estaba enojado. Pero sí, suena abusivo obligarlos a beber agua dorada. Podemos hacer cosas destructivas y precipitadas en nuestra ira. ¡Ten cuidado! Si te enojas, ¡no peques!

²⁵ Al ver Moisés que el pueblo estaba desenfrenado y que Aarón les había permitido desmandarse y convertirse en el hazmerreír de sus enemigos, ²⁶ se puso a la entrada del campamento y dijo: «Todo el que esté de parte del Señor, que se pase de mi lado.» Y se unieron todos los levitas.

Moisés hace un reto audaz

¡Parece que Moisés encontró su voz! ¿Recuerdas su argumento con Dios en la zarza ardiente? Él tenía algún problema con la palabra. Fue por eso que se involucró a Aarón: él iba a ser su portavoz. Bueno, Aarón está en disciplina y no tiene nada que decir. ¡Y Moisés parece muy capaz de hablar!

Una situación dramática exige una respuesta dramática. Moisés los hace un reto audaz: Si estás listo para arrepentirte, deja esta idolatría, comprométete con Dios y ven a mí. Cuando la gente está desenfrenada, necesita a alguien con autoridad que se ponga de pie y proclame la Palabra de Dios, llamándola de nuevo al Señor. Aarón era un líder débil que no hizo nada para detener su rebelión. A veces los líderes simplemente se retiran y dejan a la gente autodestruirse. No Moisés. Ya le hizo claro a Dios que permanecería hasta el final con este pueblo de dura cerviz. Pero él solo puede seguir adelante con quienes están verdaderamente con el Señor.

Hay un lugar para la paciencia, que le da a la gente tiempo para bregar con su pecado e idolatría. Pero hay una gran necesidad de hombres valientes como Moisés, listos para levantarse y defender la verdad y la justicia. ¡No se puede establecer una iglesia con personas que no están realmente comprometidas con Cristo! Sí, está bien ser inclusivo y amoroso, pero la Biblia hace declaraciones muy claras sobre quién puede y quién no puede entrar en el reino de Dios. Tú puedes temer perder la mayor parte de tu iglesia si haces este tipo de llamada. Moisés aparentemente perdió la mayor parte de Israel. Solo su propia tribu, los levitas, se juntó con él, y eso podría haber sido más por lealtad tribal que por verdadera devoción a Dios. Muy pronto su compromiso será probado.

²⁷ Entonces les dijo Moisés: «El Señor, Dios de Israel, ordena lo siguiente: "Cíñase cada uno la espada y recorra todo el campamento de un extremo al otro, y mate al que se le ponga enfrente, sea hermano, amigo o vecino."» ²⁸ Los levitas hicieron lo que les mandó Moisés, y aquel día mataron como a tres mil israelitas. ²⁹ Entonces dijo Moisés: «Hoy han recibido ustedes plena autoridad de parte del Señor; él los ha bendecido este día, pues se pusieron en contra de sus propios hijos y hermanos.»

Purificando la nación

La tribu de Leví todavía no había sido separada como tribu sacerdotal, pero su celo y fidelidad fueron recompensados con ese gran privilegio.

Es cierto que Dios se arrepintió de destruir la nación, pero todavía tenían que pagar por su pecado y, aparentemente, Dios le dijo a Moisés qué hacer. El juicio sería despiadado: hermanos, amigos y vecinos morirían. Es parecido a lo que Jesús habló del último día, cuando los miembros de una familia se traicionarán entre sí. ¿Estás dispuesto a purificar tu hogar, tu familia y tu iglesia? No, no estoy hablando de matarlos. Pero las Escrituras, como en 1 Corintios 5, nos aconsejan sobre la disciplina en la iglesia, procedimientos que casi nunca guardamos. ¡Demasiados padres y pastores son cobardes para enfrentar al pecado en sus casas e iglesias!

Las leyes que Dios dio a Moisés impusieron la pena de muerte por muchas cosas que rutinariamente pasamos por alto hoy en día, como la rebelión en nuestros hijos o el pecado sexual. ¡Con razón nuestras iglesias son débiles! ¿Podría ser hora de tomar la "espada del Señor" y, con valentía, desafiar al pecado en nuestro medio? Será doloroso y suscitará una gran protesta.

³⁰ Al día siguiente, Moisés les dijo a los israelitas: «Ustedes han cometido un gran pecado. Pero voy a subir ahora para reunirme con el Señor, y tal vez logre yo que Dios les perdone su pecado.»

³¹ Volvió entonces Moisés para hablar con el Señor, y le dijo: —¡Qué pecado tan grande ha cometido este pueblo al hacerse dioses de oro! ³² Sin embargo, yo te ruego que les perdones su pecado. Pero si no vas a perdonarlos, ¡bórrame del libro que has escrito!

³³ El Señor le respondió a Moisés: —Sólo borraré de mi libro a quien haya pecado contra mí. ³⁴ Tú ve y lleva al pueblo al lugar del que te hablé. Delante de ti irá mi ángel. Llegará el día en que deba castigarlos por su pecado, y entonces los castigaré.

³⁵ Fue así como, por causa del becerro que había hecho Aarón, el Señor lanzó una plaga sobre el pueblo.

Moisés vuelve a subir la montaña

No dice exactamente por qué los levitas detuvieron la matanza, pero Dios lo deja muy claro: de un modo u otro, todo el que peque contra Dios tiene que pagar. Moisés puede llamar a la nación a arrepentirse, interceder y detener el juicio por un tiempo, pero ahora mucha gente morirá de una plaga. Y después de todo, Dios borra de su libro a todo aquel que no se someta a Él. Él no sería justo si no lo hiciera.

Deuteronomio 9 nos dice que Moisés ayunó cuarenta días más. Ojalá tuviese la oportunidad de comer mientras estaba en el campamento, ¡tal vez las sobras de las fiestas interrumpidas! También nos dice que Moisés temía la ira de Dios, pero, de todos modos, subió al monte.

Esta vez Moisés no hizo un gran argumento. Su oración es de desesperación y es extrema: "Perdónalos o envíame al infierno. Borra mi nombre de tu libro." Me recuerda a Pablo en Romanos 9, dispuesto a ser maldecido a cambio de la salvación de Israel. Moisés ofrece soportar la ira de Dios por el pecado de su pueblo. Está listo para sacrificarse a sí mismo, como lo hizo Cristo. Es una impresionante manifestación del gran amor que tiene por ellos. En Deuteronomio 9, Moisés también le pide a Dios que perdone a Aarón.

Moisés es muy perceptivo. Entiende que, de alguna manera, la expiación es necesaria. Alguien tiene que pagar por el pecado y él está dispuesto a pagar con su propia vida. Nosotros sabemos que solo un sacrificio perfecto puede satisfacer la ira de Dios. Solo el sacrificio de su propio Hijo expía nuestro pecado. Es interesante que Moisés conozca un "libro" que contiene los nombres de quienes entrarán en el reino de Dios.

Dios no responde a su petición. Eso tampoco sería justo. Los que pecan deben morir. Ahora no hay nada más que Moisés pueda hacer. Ha hecho su parte purificando el campamento. Ahora le toca a Dios. Moisés solo puede pedirle misericordia.

La nación ha sufrido una herida muy fea que va a costar mucho sanar. Están desconcertados y en duelo por los muchos muertos. La fiesta se acabó y ahora hay temor de Dios. Pero, de alguna manera, después del juicio, tenemos que levantarnos y seguir adelante. La misión de Moisés permanece intacta. Todavía conducirá al pueblo. La promesa de Dios no ha cambiado. Todavía llegarán a su destino, aunque Dios ni siquiera puede decir "Tierra Prometida" en este momento. Solo es "el lugar del que yo hablé". También le ofrece a su ángel que vaya delante de ellos. Eso suena bien, pero el próximo capítulo revelará que Moisés no está satisfecho. Él sabe que Dios se ha distanciado; su presencia ya no irá con ellos. No puede soportarlos. Va a enviar a su ángel en su lugar. Moisés no puede soportar esa distancia respecto de su Dios. Sin su presencia, él no puede. Pero esa es la historia del próximo capítulo.

¿Puedes hacer lo que hizo Moisés?

Estoy muy impresionado por lo que veo en Moisés aquí. ¡No es fácil pastorear al pueblo de Dios! Es muy costoso: ayunar durante cuarenta días, ser rechazado, tomar decisiones agonizantes y pasar horas en oración intercediendo por un pueblo que solo le causa dolores de cabeza. Pero en medio de todo eso, aquí vemos el corazón de un verdadero hombre de Dios. Es un corazón plenamente manifestado en Jesucristo. Estoy muy agradecido a Jesús por el precio que Él pagó por mis pecados y por el perdón y la expiación que me ofrece. Tú y yo tenemos a un gran sumo sacerdote que intercede por nosotros, algo similar a lo que Moisés hizo. También soy consciente de que Jesús me llama a entregar mi vida tal como Él lo hizo y amar con su amor ágape. Ese es un tremendo desafío. ¿Estás dispuesto a hacerlo, con su ayuda?

26

No puedo ir sin la presencia de Dios
Éxodo 33

¹El Señor le dijo a Moisés: «Anda, vete de este lugar, junto con el pueblo que sacaste de Egipto, y dirígete a la tierra que bajo juramento prometí a Abraham, Isaac y Jacob que les daría a sus descendientes.

Israel pasó varios meses en Horeb, ¡y qué meses fueron!

- Manifestaciones gloriosas del poder de Dios.
- El acuerdo unánime de obedecer sus leyes (solo para quebrar esa promesa a pocos días).
- El becerro de oro.
- Moisés ayunando en la cima de la montaña en presencia de Dios.

La nación estuvo cerca de la destrucción; solo la intercesión de Moisés la salvó. Ahora, finalmente, llegó el llamado de Dios para seguir adelante. A pesar de todos nuestros altibajos, el plan de Dios para la historia no cambia. A fin de cuentas, nada puede interrumpir el establecimiento de su reino. Pero Dios todavía no quiere reclamar Israel como suyo; sigue diciéndole a Moisés que *tú* lo sacaste de Egipto, y tiene una sorpresa no deseada para Moisés.

Dios no irá con ellos

² Enviaré un ángel delante de ti, y desalojaré a cananeos, amorreos, hititas, ferezeos, heveos y jebuseos. ³ Ve a la tierra donde abundan la leche y la miel. Yo no los acompañaré, porque ustedes son un pueblo terco, y podría yo destruirlos en el camino.»

Aparentemente Dios todavía está enojado con ellos. Él ya sabe cómo son y es bastante feo. Así que decide alejarse para no destruirlos; es como si Él no confiara en sí mismo. Moisés intercedió y los salvó una vez, pero si caen de nuevo en el pecado, Dios teme que los aniquile. Así que va a enviar a su ángel con ellos. Dios todavía les dará la tierra, pero quita su presencia. ¿Tienen alguna opción? Si tú tuvieras que elegir entre un paraíso terrenal y la presencia de Dios contigo, ¿qué elegirías?

¿Podría ser que, por esa razón, a veces no sentimos la presencia de Dios? ¿Podríamos ser tercos como Israel y, por eso, Dios se aleja? Tal vez está disgustado con los espectáculos que presentamos en su nombre o con la hipocresía de gente en pecado que canta cuánto lo aman. Podemos llegar a la tierra prometida, pero sin la gloria de su presencia. Tal vez podríamos seguir el ejemplo de Dios y enviar un asistente para resolver un problema, para que no hagamos más daño.

⁴ Cuando los israelitas oyeron estas palabras tan demoledoras, comenzaron a llorar y nadie volvió a ponerse sus joyas, ⁵ pues el Señor le había dicho a Moisés: «Diles a los israelitas que son un pueblo terco. Si aun por un momento tuviera que acompañarlos, podría destruirlos. Diles que se quiten esas joyas, que ya decidiré qué hacer con ellas.» ⁶ Por eso, a partir del monte Horeb los israelitas no volvieron a ponerse joyas.

¿Cuáles joyas les quedaron después del oro que Aarón utilizó para el becerro? Tal vez otro tipo de joyería. Quitarse las joyas es una forma de humillarse y prepararse para escuchar a Dios.

Es extraño que Dios parezca indeciso sobre qué hacer con ellos. ¡Todavía siente tanta ira y asco que teme que los destruya si Él permanece con ellos por un momento más! ¡Él ciertamente puede hacer eso! ¡Casi parece que carece de autodominio aquí! En efecto, quiere más tiempo para decidir qué hacer a continuación.

Me sorprende que la gente se haya visto tan afectada por la decisión de Dios. Estaban listos para volver a Egipto y seguir a un nuevo dios de su propia creación, pero como muchos cristianos caprichosos de hoy, cuando empiezan a experimentar la distancia y el juicio de Dios, se vuelven serios y lamentan la ausencia de su presencia.

Antecedentes: la práctica de Moisés de comunión con Dios

Aquí aprendemos cómo Moisés se reunió con Dios—las conferencias en la cima de la montaña no eran nuevas. A veces queremos experiencias sobrenaturales sin cultivar una relación diaria con Dios. Con toda la responsabilidad que llevaba, Moisés probablemente necesitaba ese tiempo con Dios a diario. Allí recibió fuerzas para seguir adelante y dirección para el día. Más tarde, Jesús también tenía la costumbre de reunirse con su Padre temprano de la mañana. ¿Y tú? ¿Tienes una "tienda de reunión"? ¿Un lugar privado donde puedes buscar a Dios todos los días, en adoración, comunión, oración y escucha de su voz?

[7] Moisés tomó una tienda de campaña y la armó a cierta distancia fuera del campamento. La llamó «la Tienda de la reunión con el Señor». Cuando alguien quería consultar al Señor, tenía que salir del campamento e ir a esa tienda. [8] Siempre que Moisés se dirigía a ella, todo el pueblo se quedaba de pie a la entrada de su carpa y seguía a Moisés con la mirada, hasta que éste entraba en la Tienda de reunión. [9] En cuanto Moisés entraba en ella, la

columna de nube descendía y tapaba la entrada, mientras el Señor hablaba con Moisés. ¹⁰ Cuando los israelitas veían que la columna de nube se detenía a la entrada de la Tienda de reunión, todos ellos se inclinaban a la entrada de su carpa y adoraban al Señor. ¹¹ Y hablaba el Señor con Moisés cara a cara, como quien habla con un amigo. Después de eso, Moisés regresaba al campamento; pero Josué, su joven asistente, nunca se apartaba de la Tienda de reunión.

¡Qué relación tan íntima tenía Moisés con Dios!

- Moisés consiguió la tienda, encontró un lugar para ella donde estaban en ese momento y la erigió. Se preparó para encontrarse con Dios, asegurándose de que nada interrumpiera ese tiempo. Tal vez fue una de las primeras cosas que hizo cuando llegaron a un nuevo lugar. ¡Basta de excusa para faltar a las devociones porque estás de viaje!

- Moisés la erigió lejos de la multitud y de su ruido. Era un lugar sagrado y santo, no utilizado para nada. La mayoría de nosotros no tenemos el espacio ni el dinero para una sala exclusiva u otro edificio, pero puede haber un armario o un rincón en tu casa que puedas utilizar.

- Moisés tenía "horas de oficina" allí. La gente que necesitaba consejos de Dios fue a la tienda. Allí, presumiblemente, compartió su preocupación con Moisés y luego esperó la respuesta que Dios le dio. ¿Te gustaría una "tienda de reunión" donde puedas recibir una palabra del Señor? Si estás en el ministerio, ¿se la ofreces a tu gente? ¿En serio buscas al Señor por su palabra para ellos?

- Moisés disfrutó de una comunión íntima, cara a cara (no literalmente) con Dios. Dios le habló. La oración no es complicada; debe ser como hablar con un amigo. Si quieres oír de Dios, puede que tengas que alejarte de la multitud y hacer tu propia "tienda de reunión"."

El apoyo de la comunidad fue impresionante. Sabían que su supervivencia dependía de que Moisés estuviera en sintonía con Dios. ¡Ojalá nuestras familias y quienes nos rodean se den cuenta de eso! Todos sabían adónde iba Moisés cuando pasaba por el campamento; para ellos había algo misterioso y aterrador en esas reuniones en la tienda. Todo se detuvo: se levantaron, se detuvieron a la entrada de sus tiendas y lo observaron. Cuando la columna de nube se trasladó hasta la entrada de la tienda, comenzaron a adorar. ¡Qué glorioso apoyo espiritual para su líder cuando se reunió con Dios! ¿Les das ese tipo de apoyo a tus líderes? Si estás en el liderazgo, ¿hay algo que puedas hacer para fomentarlo en tu pueblo?

No sabemos cuánto tiempo pasó Moisés allí. Estoy seguro de que no se apresuró. Finalmente regresó al campamento y la vida cotidiana continuó. A excepción de Josué, que se quedó en la tienda; estaba allí cuando Moisés habló con Dios. ¿Por qué se quedó?

- Tal vez él quería; estaba tan abrumado por la presencia de Dios.
- Quizás se quedó allí adorando y asegurándose de que el ambiente espiritual estuviese preparado para la próxima reunión de Moisés.
- Tal vez Dios habló con él.
- O tal vez simplemente estaba custodiando la tienda de algún intruso curioso.

Este fue otro paso en la preparación del líder que los llevaría a la Tierra Prometida. Si eres un líder aspirante, ¿estás dispuesto a invertir ese tiempo? Si ya eres un líder, ¿te llevas un Josué cuando buscas una comunión íntima con el Señor?

Dentro de la tienda

Aunque la experiencia con el becerro de oro fue devastadora, condujo a una mayor intimidad entre Dios y Moisés. Esa es una de las bendiciones que a menudo provienen de nuestras pruebas.

De alguna manera tenemos un registro de lo que sucedió en uno de esos encuentros cara a cara:

12 Moisés le dijo al Señor:

—Tú insistes en que yo debo guiar a este pueblo, pero no me has dicho a quién enviarás conmigo. También me has dicho que soy tu amigo y que cuento con tu favor. 13 Pues si realmente es así, dime qué quieres que haga. Así sabré que en verdad cuento con tu favor. Ten presente que los israelitas son tu pueblo.

¿Has leído algo en la Biblia o has recibido una palabra del Señor, pero que parece no tener nada que ver con tu experiencia diaria? Parece que Moisés se sintió así.

- La tarea es clara: Moisés tiene que guiar al pueblo. Pero él sabe que no puede hacerlo solo. Él había contado con la presencia de Dios, pero ya Dios ha dicho que no irá con ellos. Si Dios no va, ¿quién los acompañará? Moisés tiene que saberlo. ¿No había oído que sería un ángel? ¿O no estaba contento con esa provisión? Por mi parte, si estoy seguro de que Dios está conmigo, puedo hacer casi cualquier cosa. Pero la sensación de que yo podría no estar en su voluntad, o de que Dios no está conmigo, me asusta.

- Dios le dijo a Moisés que lo conocía y lo aprobaba. ¡Es su amigo! Ha hallado gracia de Dios. Cuenta con su favor. ¡Qué bueno! Pero Moisés quiere más: "¡Enséñame! ¡Quiero conocerte! ¡Quiero saber qué tengo que hacer para continuar a tu favor!" Me recuerda las muchas veces que he oído "Dios te ama y tiene un plan maravilloso para tu vida." ¡Qué bueno! Pero ¿cómo puedo tener una relación con Él para experimentar ese amor? ¿Qué debería hacer? ¿Cómo debería vivir? ¿Cuál es su plan para mí? Pastor, por favor, brinda a tu congregación una enseñanza sólida y ayúdalos a conocer realmente a Dios. Hoy hay una gran falta de verdadera relación con Dios y de conocimiento de sus caminos. Y tú, mi hermano, por cierto, Dios te conoce por tu nombre. Él te conoce íntimamente y te ama con todos tus defectos. Quiere ser tu amigo. Si estás en Cristo, ¡tú eres su hijo adoptivo y eres favorecido!

- Moisés tiene un ángulo adicional que utiliza libremente: "Recuerda, esta es tu gente, Dios. No son míos. Les estás haciendo un favor al ayudarme a ser lo máximo que puedo." Si tú eres un líder, puedes utilizar ese mismo argumento ante el Señor.

¹⁴ —*Yo mismo iré contigo y te daré descanso* —respondió el Señor.

Dios no es muy verbal, ¿verdad? En lo que parece un cambio respecto de su decisión anterior de no ir con ellos, Dios promete que su presencia irá con ellos. ¿O solo promete estar con Moisés? En cualquier caso, contestó la primera petición de Moisés, y le ofreció algo que no había solicitado: reposo. Al reflexionar sobre todo lo que Moisés había experimentado (confrontar al faraón, llevar al pueblo de Egipto, cruzar el Mar Rojo, responder a sus quejas, mucho ayuno, el becerro de oro), ya vemos por qué Moisés necesita descansar. A veces, los líderes cristianos pueden creer que la fatiga forma parte de su llamado. Descuidan el mandato de Dios de establecer un día de reposo para recargar las baterías y pasar tiempo con el Señor. ¡Dios quiere darte descanso! Puede que tus circunstancias no sean tranquilas, pero te puede dar ese descanso.

15 —O vas con todos nosotros —replicó Moisés—, o mejor no nos hagas salir de aquí. 16 Si no vienes con nosotros, ¿cómo vamos a saber, tu pueblo y yo, que contamos con tu favor? ¿En qué seríamos diferentes de los demás pueblos de la tierra?

¿No escuchó Moisés lo que el Señor acaba de decir? ¿O solo quiere una confirmación? ¿O es "adicto" a la presencia de Dios?

1. Sin la presencia de Dios, no vale la pena vivir. Yo no puedo seguir. Tengo que tener su presencia. Ahí se encuentra la vida. Algunos han sugerido que el infierno es simplemente la ausencia de la presencia de Dios. Hay demasiadas personas que solo experimentan un toque de su presencia en la iglesia. Hay que vivir en su presencia todos los días. Es muy fácil seguir adelante por nuestra cuenta y dejarlo atrás, o bien dejar que la televisión e Internet reemplacen su presencia. ¿Tienes que volver a la "tienda de reunión"?

2. Es importante que los demás sepan que Dios está contento conmigo, contigo y con tu iglesia. Si no hay evidencia de su presencia, no hay manera de que lo sepan. Si Dios está contigo y anda contigo en lo que estás haciendo, será evidente para los demás; se acercarán a ti y a Cristo. Una iglesia sin la presencia de Dios es solo un

club social o espectáculo y no es atractiva en un nivel profundo.

3. Una de las señas fundamentales del creyente es la presencia de Dios con él. Sin eso, realmente no hay mucha diferencia entre tú y la gente del mundo.

17 —Está bien, haré lo que me pides —le dijo el Señor a Moisés—, pues cuentas con mi favor y te considero mi amigo.

Parece que Dios repite con frecuencia lo que dice, tal vez porque sabe que somos lentos para escuchar. Acaba de decirle a Moisés que está complacido con él, que lo conoce por nombre y, así, le concede su petición. Moisés está progresando y ahora tiene más denuedo:

18 —Déjame verte en todo tu esplendor —insistió Moisés.

Moisés probablemente vio más de la gloria de Dios que cualquiera de nosotros, pero cuando ves su gloria, quieres más. Moisés no está pensando en lo que puede obtener de la relación ni en la gran mansión que puede conseguir en la Tierra Prometida. Él no está pensando en su éxito al guiar al pueblo. Él solo quiere ver la gloria de Dios. ¿Tienes ese anhelo de Dios?

19 Y el Señor le respondió:

—Voy a darte pruebas de mi bondad, y te daré a conocer mi nombre. Y verás que tengo clemencia de quien quiero tenerla, y soy compasivo con quien quiero serlo. 20 Pero debo aclararte que no podrás ver mi rostro, porque nadie puede verme y seguir con vida.

Dios es muy misericordioso con Moisés, pero tal vez Moisés no entiende lo que está pidiendo. ¿Qué hará Dios?

1. Su bondad pasará delante de él.

2. Proclamará su nombre (el Señor) en su presencia.
3. Será una autorrevelación impresionante, pero a Dios le preocupa darle a Moisés demasiado. Dios retiene su soberanía. Moisés puede influir en Él, pero Dios tendrá misericordia y compasión de quien quiera.

Moisés fue muy privilegiado, pero no pudo ver toda su gloria. No puede ver su rostro porque lo mataría. En cierto sentido, la petición de Moisés fue contestada en el monte de la transfiguración, cuando vio el rostro de Jesús resplandeciente con la gloria de Dios.

²¹ »Cerca de mí hay un lugar sobre una roca —añadió el Señor—. Puedes quedarte allí. ²² Cuando yo pase en todo mi esplendor, te pondré en una hendidura de la roca y te cubriré con mi mano, hasta que haya pasado. ²³ Luego, retiraré la mano y podrás verme la espalda. Pero mi rostro no lo verás.

En lo que los teólogos llaman "antropomorfismos", Dios expresa características muy humanas: la mano, la espalda, la cara. De alguna manera, lleva a Moisés y lo coloca en una hendidura de la roca.

- ¿Cómo se siente al estar allí cubierto por la mano de Dios?
- ¿Qué sucedió cuando Dios pasó?
- ¿Trató Moisés de echar un vistazo?
- ¿Qué vio Moisés al ver la espalda de Dios?

El capítulo termina con esta imagen tentadora, pero sin ninguna descripción de lo ocurrido. Tal vez fue más allá de la capacidad de Moisés para escribir.

¿Tienes hambre de la presencia de Dios? ¿Es más importante para ti que cualquier otra cosa? ¿Tienes una "tienda de reunión" donde realmente puedes encontrarte con Dios? ¿O hace mucho tiempo que no has disfrutado de la comunicación "cara a cara" con Dios, hablando con Él como lo harías con un amigo? ¿Estás seguro de que Dios te acompaña en tus esfuerzos? ¿O lo has dejado atrás, posiblemente sin saberlo?

27

El fin de la crisis

Éxodo 34

Ya sea un nuevo matrimonio, un nuevo bebé o una nueva nación, tarde o temprano habrá una crisis. Israel tenía solo unos pocos meses de libertad y ya experimentó su primera crisis (el becerro de oro). Casi los destruyó. Apenas sobrevivieron. Ahora, en este capítulo, Moisés tiene algunas cosas más que arreglar, y estarán listos para seguir adelante.

Dios dijo que ya no iría con ellos; no podía soportarlos. Después de mucha oración de parte de Moisés en el capítulo 33, él recibió la promesa de que Dios los acompañaría y también tuvo una visión de la espalda de Dios. Ahora las cosas han vuelto, más o menos, a la normalidad, y Dios reemplazará las tablas de piedra que Moisés rompió. Pero Moisés tiene que volver a escalar la montaña y pasar otros 40 días de ayuno en su presencia. ¡Mucho mejor que pasar el rato con los israelitas problemáticos!

¹El Señor le dijo a Moisés: «Labra dos tablas de piedra semejantes a las primeras que rompiste. Voy a escribir en ellas lo mismo que estaba escrito en las primeras. ² Prepárate para subir mañana a la cumbre del monte Sinaí, y presentarte allí ante mí. ³ Nadie debe acompañarte, ni debe verse a nadie en ninguna parte del monte. Ni siquiera las ovejas y las vacas deben pastar frente al monte.»

Cuando yo era un niño, mi papá se enojaba si yo rompía algo. Romper las tablillas escritas por Dios mismo parece peor, pero

Dios solo le recuerda a Moisés que él las rompió y que Moisés tiene que tallar las nuevas. Eso es todo.

Dios claramente le dijo a Moisés que nadie debería subir con él; esta vez parece que Josué se quedó abajo.

⁴ Moisés labró dos tablas de piedra semejantes a las primeras, y muy de mañana subió con ellas al monte Sinaí, como se lo había ordenado el Señor. ⁵ El Señor descendió en la nube y se puso junto a Moisés. Luego le dio a conocer su nombre: ⁶ pasando delante de él, proclamó:

—El Señor, el Señor, Dios clemente y compasivo, lento para la ira y grande en amor y fidelidad, ⁷ que mantiene su amor hasta mil generaciones después, y que perdona la iniquidad, la rebelión y el pecado; pero que no deja sin castigo al culpable, sino que castiga la maldad de los padres en los hijos y en los nietos, hasta la tercera y la cuarta generación.

Una vez más, la cronología exacta de los eventos en Éxodo no está clara. ¿Podría ser que esta fuera la respuesta de Dios a la petición de Moisés de ver su gloria al final del capítulo 33? Muchos piensan que sí. Si es así, es sorprendente que su gloria radique en su carácter y en la forma en que se relaciona con nosotros. Vemos más de su amor que de su majestad y de su poder. Son estas características las que demuestran su gloria. Nosotros reflejamos esa gloria a la medida en que las exhibimos.

¿Niños castigados por el pecado de sus padres?

Muchos creyentes tienen inquietudes respecto a lo que Dios dice aquí. Primero las buenas noticias:

- Él es el Señor. Es soberano; Él reina en poder sin igual.

- Él es compasivo y misericordioso. Él nos entiende y nos derrama su favor porque quiere, no porque lo merezcamos.
- Él es lento para la ira. Sí, se enojó por el becerro de oro. ¡Pero seguramente lo habían provocado durante un buen rato! Si leemos la historia futura de Israel, vemos que Dios fue extraordinariamente paciente con ellos. ¿Y qué hay de nosotros hoy? Seguramente merecemos su juicio, pero aún controla su ira.
- Él es amoroso; mantiene su amor hasta mil generaciones. Antes de la ira o el juicio, Él es amor.
- Él perdona la iniquidad, la rebelión y el pecado. ¡Y esto es antes de que Cristo viniera a redimirnos!

Eso suena genial, y lo es. Es el "pero" en el versículo siete lo que causa preocupación:

- Él no deja al culpable sin castigo. Dios no sería justo si no lo juzgara. Estos son los impenitentes que insisten en continuar en su pecado, no aquellos que han recibido su perdón.
- El castigo continúa hasta la tercera y la cuarta generación. Eso es preocupante y suena injusto. Pero este versículo debe tomarse en el contexto de la revelación que Moisés ya recibió en el segundo de los Diez Mandamientos (Éxodo 20:4-6): *»No te hagas ningún ídolo, ni nada que guarde semejanza con lo que hay arriba en el cielo, ni con lo que hay abajo en la tierra, ni con lo que hay en las aguas debajo de la tierra. No te inclines delante de ellos ni los adores. Yo, el Señor tu Dios, soy un Dios celoso. Cuando los padres son malvados y me odian, yo castigo a sus hijos hasta la tercera y cuarta*

generación. Por el contrario, cuando me aman y cumplen mis mandamientos, les muestro mi amor por mil generaciones.

Lejos de ser injusto para castigar a niños inocentes, el castigo es para quienes siguen odiándolo. De hecho, Dios es increíblemente lleno de gracia: Él castiga hasta la cuarta generación; ¡su amor se manifiesta por mil generaciones! Una maldición generacional puede seguir a quienes odian a Dios. Será más difícil para sus hijos seguir al Señor. Pero el amor de Dios se mostrará automáticamente a los hijos de quienes lo aman y lo obedecen.

⁸ En seguida Moisés se inclinó hasta el suelo, y oró al Señor ⁹ de la siguiente manera:

—Señor, si realmente cuento con tu favor, ven y quédate entre nosotros. Reconozco que éste es un pueblo terco, pero perdona nuestra iniquidad y nuestro pecado, y adóptanos como tu herencia.

Esto parece repetitivo, ya que Dios prometió en el capítulo 33 que iría con ellos. Tal vez la declaración de su compasión y perdón le dio a Moisés más denuedo para interceder por el pueblo y obtener una confirmación firme de que Dios iría con ellos. Esa es su principal preocupación y debe ser la nuestra: ¡Quédate entre nosotros, Señor!

Un nuevo pacto

¹⁰ —Mira el pacto que hago contigo —respondió el Señor—. A la vista de todo tu pueblo haré maravillas que ante ninguna nación del mundo han sido realizadas. El pueblo en medio del cual vives verá las imponentes obras que yo, el Señor, haré por ti. ¹¹ Por lo que a ti toca, cumple con lo que hoy te mando. Echaré de tu presencia a los amorreos, cananeos, hititas, ferezeos, heveos y jebuseos. ¹² Ten mucho cuidado de no hacer ningún pacto con los habitantes de la tierra que vas a ocupar, pues de lo contrario serán para ti una trampa. *¹³ Derriba sus altares, y haz pedazos sus piedras sagradas y sus imágenes de la diosa Aserá. ¹⁴ No adores a otros dioses, porque el Señor es muy celoso. Su nombre es Dios celoso.*

Una vez más, Dios va mucho más allá de lo que esperamos: en respuesta a la intercesión de Moisés, Él hace un pacto con Israel, pese a su grave pecado. Cada pacto consta de dos partes. Por su parte, Dios promete:

- Hacer cosas maravillosas que no se hayan hecho en ninguna otra nación de la tierra.

- Hacer un imponente despliegue de su poder en medio de ellos; todos los que rodean a los hebreos serán testigos de ello.

- Expulsar a las naciones paganas de la Tierra Prometida.

Para experimentar estas bendiciones, la nación de Israel tiene que:

- Obedecer sus mandamientos.

- Nunca hacer un tratado con los paganos en la tierra, porque seguirán sus malos caminos y quedarán atrapados.

- Destruir toda evidencia de la idolatría de esos paganos.

- Adorar solo a Dios. Parte de su propio carácter son los celos; Él no tolerará a ningún otro dios en nuestras vidas.

¹⁵ »No hagas ningún pacto con los habitantes de esta tierra, porque se prostituyen por ir tras sus dioses, y cuando les ofrezcan sacrificios a esos dioses, te invitarán a participar de ellos. ¹⁶ Y si casas a tu hijo con una de sus mujeres, cuando ella se prostituya por ir tras sus dioses, inducirá a tu hijo a hacer lo mismo.

Este mandato me recuerda el mandato de Pablo de no unirse en yugo desigual con los incrédulos (2 Corintios 6:14). Debemos ser un pueblo santificado, separado de quienes no adoran a Dios. Estamos *en* el mundo, pero no somos *del* mundo. El matrimonio con un incrédulo es particularmente problemático, como se indica aquí y como se observa en la historia de Israel. Cuando estamos demasiado involucrados en el mundo, nos invitan a adoptar su estilo de vida. El creyente casi siempre está influido por el incrédulo.

Es posible que no sientas el peligro de prostituirte con ídolos o comer lo sacrificado a ellos, pero Jesús nos dio una visión más amplia cuando dijo: *»Nadie puede servir a dos amos. Pues odiará a uno y amará al otro; será leal a uno y despreciará al otro. No se puede servir a Dios y al dinero»* (Lucas 16:13). Demasiados creyentes intentan hacer eso, y casi siempre terminan amando y sirviendo al dinero. Resulta que arriesgamos provocar su ira celosa.

Los versículos del 17 al 26 contienen varios comandos, principalmente relacionados con las fiestas y las ofrendas.

27 *El Señor le dijo a Moisés:*

—*Pon estas palabras por escrito, pues en ellas se basa el pacto que ahora hago contigo y con Israel.*

28 *Y Moisés se quedó en el monte, con el Señor, cuarenta días y cuarenta noches, sin comer ni beber nada. Allí, en las tablas, escribió los términos del pacto, es decir, los diez mandamientos.*

Una vez más vemos la confirmación de la autoría mosaica de estos libros. Sabemos que él podía escribir (su educación egipcia le fue muy útil) y que Dios le mandó a escribir sus palabras. La primera vez, Dios mismo había escrito los mandamientos en las tabletas; esta vez, Moisés los escribió.

El rostro radiante de Moisés

29 Cuando Moisés descendió del monte Sinaí, traía en sus manos las dos tablas de la ley. Pero no sabía que, por haberle hablado el Señor, de su rostro salía un haz de luz. 30 Al ver Aarón y todos los israelitas el rostro resplandeciente de Moisés, tuvieron miedo de acercársele; 31 pero Moisés llamó a Aarón y a todos los jefes, y ellos regresaron para hablar con él. 32 Luego se le acercaron todos los israelitas, y Moisés les ordenó acatar todo lo que el Señor le había dicho en el monte Sinaí.

¿Has visto un resplandor en el rostro de alguien que pasa tiempo extendido ante el Señor? ¿Y tú? ¿Hay alguien que teme acercarse a ti por el resplandor de la presencia de Dios en tu rostro? Moisés (llamado el hombre más humilde de la tierra) no lo aprovechó para jactarse, sino que procuró mantener la comunión con todo el pueblo.

33 En cuanto Moisés terminó de hablar con ellos, se cubrió el rostro con un velo. 34 Siempre que entraba a la presencia del Señor para hablar con él, se quitaba el velo mientras no salía. Al salir, les comunicaba a los israelitas lo que el Señor le había ordenado decir. 35 Y como los israelitas veían que su rostro resplandecía, Moisés se cubría de nuevo el rostro, hasta que entraba a hablar otra vez con el Señor.

Parece que Moisés se quitó el velo para hablar con Dios y compartir su Palabra con la gente. El resto del tiempo el velo cubría su rostro. Pablo se refiere a este velo en 2 Corintios 3 cuando dice que la gloria del Nuevo Pacto es mayor que la experimentada por Moisés. Pablo explica que Moisés llevaba el velo para que los israelitas no viesen la gloria desvanecerse. ¡Qué triste que muchos creyentes nunca se acerquen a la profundidad de la comunión que Moisés tenía!

El fin de la crisis

Y eso es todo. Es el final de su primera crisis como nación. Regresarán al desierto, conseguirán un tabernáculo para que ellos mismos aprendan a acercarse a Dios y tendrán la oportunidad de poner en práctica la ley. Habrá otra crisis. De hecho, ninguno de esa generación llegará a la Tierra Prometida. ¡Ni siquiera Moisés! Van a pasar los próximos cuarenta años vagando por ese desierto.

Ha sido un tiempo brutal para todos los involucrados. Para Moisés, mucho ayuno, noches sin dormir e intensa intercesión. Para su hermano Aarón, el segundo al mando, una caída devastadora. Y para la multitud, muchos muertos por la espada y la peste.

¿Cuáles son algunas de las principales lecciones aprendidas?

- Una tribu, los levitas, optó por defender al Señor. Como recompensa, se les otorgó el sacerdocio. Dios siempre honra a quienes lo honran. ¿Estás en una situación en la que te sientes tentado a vacilar respecto de tu compromiso? ¿Es tiempo levantarte para el Señor?

- No juegues con Dios. Israel estaba aprendiendo que Dios se toma en serio la obediencia y su palabra. Él también es un dios celoso; no soporta los ídolos. Él quiere un pueblo que verdaderamente lo siga y lo adore. El pecado es grave. ¿Hay algún ídolo en tu vida? ¿Hay algún pecado que tengas que dejar para evitar el juicio de Dios?

- Un solo hombre salvó a la nación mediante su intercesión. Si no fuera por ella, Dios probablemente habría destruido a todos. Moisés es un tremendo ejemplo de lo que un solo hombre puede hacer, sobre todo cuando permanece en la presencia de Dios. Su constancia, obediencia e intimidad con Dios son notables. ¿Qué puedes sacar de su experiencia para tu propio liderazgo? ¿Sientes que eres el único que realmente busca a Dios?

- Dios termina haciendo un pacto con ellos, prometiendo hacer maravillas por su bien. ¡Una recuperación impresionante! ¿No crees que Él también quiere hacer maravillas hoy?

Tú puedes estar en medio de una crisis o haber dejado atrás una. ¿Puedes manejarla como lo hizo Moisés y ver la gloria de Dios y acercarte a Él? ¿Podría ser que tú eres un líder e intercesor para ayudar al pueblo de Dios donde vives?

Hay consecuencias graves del pecado, ya sea el tuyo o el de otra persona. Pero la experiencia de Israel nos da la esperanza de seguir adelante, confiar en Dios, orar y dejar que profundice nuestra relación con Él. ¿No sería genial que tu familia pudiera ver tu rostro radiante porque habías estado en la presencia de Dios?

Ya sea que estés en crisis o que todo esté bien, Dios quiere hablar contigo. ¿Vas a darle ese tiempo? ¿Necesitas hablar con Él sobre algo?

28

Dones de artesanía

Éxodo 35:30-36:7

³⁰ Moisés les dijo a los israelitas: «Tomen en cuenta que el Señor ha escogido expresamente a Bezalel, hijo de Uri y nieto de Jur, de la tribu de Judá, ³¹ y lo ha llenado del Espíritu de Dios, de sabiduría, inteligencia y capacidad creativa ³² para hacer trabajos artísticos en oro, plata y bronce, ³³ para cortar y engastar piedras preciosas, para hacer tallados en madera y realizar toda clase de diseños artísticos y artesanías. ³⁴ Dios les ha dado a él y a Aholiab hijo de Ajisamac, de la tribu de Dan, la habilidad de enseñar a otros. ³⁵ Los ha llenado de gran sabiduría para realizar toda clase de artesanías, diseños y recamados en lana púrpura, carmesí y escarlata, y lino. Son expertos tejedores y hábiles artesanos en toda clase de labores y diseños.

Cuando Dios tiene un trabajo que hacer, proveerá lo necesario para terminarlo. Moisés no tenía el tiempo ni la capacidad para hacer todo este trabajo artístico, pero él tiene un papel importante: presentar a estos artesanos a todo el pueblo y afirmar el llamado de Dios sobre ellos. ¿Cuántos Bezalels languidecen en la iglesia porque su Moisés está demasiado amenazado, ocupado o desinteresado para notar sus dones y validarlos ante toda la congregación? Los líderes de la iglesia deben ser conscientes de lo que el Señor quiere hacer, incluso si se trata de un trabajo creativo que puede parecer poco importante en comparación con la predicación del pastor. Deben estar conscientes de la diversidad de los dones del Espíritu, afirmarlos y brindar a la gente la oportunidad de ejercerlos.

El Señor los eligió, les dio dones y les llenó con su Espíritu
Aquí, aun al principio de su caminar en fe, se reconocieron los dones espirituales. Específicamente, Dios los llenó con:

- Su Espíritu
- Sabiduría (entendimiento)
- Inteligencia (conocimiento)
- Capacidad creativa (todo arte)
- Muchas habilidades (trabajos de tallado, diseño, bordado y tejido)

¿Te sorprende que los artesanos también tuviesen sabiduría, entendimiento e inteligencia? Parece que la habilidad manual fue acompañada y mejorada por las habilidades espirituales.

Lo que es aún más impresionante para mí es que Dios también les dio dones de enseñanza. ¿Podría ser que Dios suele otorgar el don de enseñanza junto con cierta habilidad? De esa manera, otros sin habilidad sobrenatural también pueden aprender a trabajar. ¿Cómo podemos alentarlos a enseñar en nuestras iglesias? ¿Les damos esa oportunidad? ¿Les ayudamos a encontrar estudiantes para que les enseñen?

¿Estás lleno del Espíritu? ¿Necesitas sabiduría, entendimiento y conocimiento? Se puede ganar algo a través de la experiencia y el estudio, pero también necesitamos imparticiones sobrenaturales del Espíritu de Dios. ¡Pídele a Dios por ellas! ¿Te ha dado un don para el beneficio de toda la iglesia? Los dones no se limitan a las listas de dones del Nuevo Testamento. ¿Está abierta tu iglesia a una variedad de dones? ¿Tienes algún don que la iglesia nunca ha reconocido porque no encaja en el molde que esperan?

Puede ser difícil para nosotros comprender el significado de la gran arquitectura, la pintura, la escultura y otras obras de arte que llenan las catedrales antiguas, pero en el pasado esos dones fueron reconocidos y promovidos. ¿Son realmente más espirituales nuestros templos sin adornos? ¿Estamos perdiendo bellas expresiones del Espíritu de Dios en las obras de arte?

Hazlo a la manera de Dios

1»Así, pues, Bezalel y Aholiab llevarán a cabo los trabajos para el servicio del santuario, tal y como el Señor lo ha ordenado, junto con todos los que tengan ese mismo espíritu artístico, y a quienes el Señor haya dado pericia y habilidad para realizar toda la obra del servicio del santuario.»

Estos artesanos fueron dotados, pero sus dones operaron en sumisión al Señor. Es fácil para los tipos creativos hacer su propia cosa, aparte de la cobertura de la iglesia, y no necesariamente estar dirigidos por el Señor. Obviamente, hay espacio para la creatividad individual, pero esta fue una tarea especial en el tabernáculo de Dios. ¿Crees que es posible que Dios te guíe, trabajando en madera, con flores o pintando?

Cuando se trata de la casa de Dios, tenemos que hacerlo a la manera de Dios. Él ya no mora en tabernáculos, pero, trabajando juntos para construir la casa de Dios hoy, tenemos que asegurarnos de que seguimos su Palabra bajo la supervisión de su autoridad designada.

² Moisés llamó a Bezalel y a Aholiab, y a todos los que tenían el mismo espíritu artístico, y a quienes el Señor había dado pericia y habilidad y se sentían movidos a venir y hacer el trabajo, ³ y les entregó todas las ofrendas que los israelitas habían llevado para realizar la obra del servicio del santuario. Día tras día, el pueblo seguía recibiendo ofrendas voluntarias.

Involucra a toda la comunidad

Hay una hermosa participación de toda la comunidad aquí, similar a lo que se debe ver en la iglesia:

- Moisés convocó a todos los trabajadores. El líder tiene que convocar a quienes Dios ha dotado para el trabajo. Alguien tiene que tomar la iniciativa de reunir a los trabajadores y motivarlos a seguir adelante.

- Ese líder, o quien trabaja con él, tiene que distribuir los recursos necesarios para realizar el trabajo. Había orden en la recepción y distribución de las ofrendas, con Moisés coordinándolo. Esto aseguró su integridad y su buena administración.

- Algunos pueden ser dotados, pero no quieren trabajar. Ellos tendrán que rendir cuentas al Señor por negarse a usar sus dones. No nos corresponde obligarlos a trabajar. Serán más un obstáculo que una ayuda para lograr un trabajo de excelencia.

- Toda la comunidad está a favor de la obra y dispuesta a ofrendar a aquellos que fueron dotados. Sin su participación, nada sucedería. Los que tienen los recursos para dar son tan importantes como los trabajadores. Estas fueron ofrendas voluntarias y especiales, a diferencia de los diezmos requeridos para apoyar la obra de Dios. De hecho, ellos están tan entusiasmados con el proyecto que siguen ofreciendo ofrendas cada mañana.

[4] *Todos los artesanos y expertos que estaban ocupados en la obra del santuario suspendieron su trabajo* [5] *para ir a decirle a Moisés: «La gente está trayendo más de lo que se necesita para llevar a cabo la obra que el Señor mandó hacer.»*

⁶*Entonces Moisés ordenó que corriera la voz por todo el campamento: «¡Que nadie, ni hombre ni mujer, haga más labores ni traiga más ofrendas para el santuario!» De ese modo los israelitas dejaron de llevar más ofrendas, ⁷ pues lo que ya habían hecho era más que suficiente para llevar a cabo toda la obra.*

¡Qué maravilloso tener este problema! ¿Cuándo fue la última vez que escuchaste a alguna iglesia o ministerio decir "Deja de dar, ¡tenemos demasiado!"? ¡El problema era tan grave que el trabajo se detuvo en el santuario mientras que los trabajadores hablaron con Moisés!

¡Estos eran esclavos recién libertados que apenas conocían a Dios, no tenían ni su Palabra ni el Espíritu Santo, y no tenían el privilegio de la salvación por medio de Jesús! ¿Por qué es tan difícil para nosotros conseguir apoyo para el trabajo de la iglesia hoy, cuando tenemos tantas bendiciones? ¿Por qué no hay más emoción para edificar la casa de Dios hoy? ¿Podría ser que no estemos haciendo la obra de Dios a su manera? ¿Nos preocupa más la construcción de una casa para nuestra gloria que para la gloria de Dios? Señor, ¡ayúdanos a tener tanta emoción y apoyo para el labor de tu casa hoy!

Parte 5

Autoridad y rebelión

29

¿Entrarás en el Reino?

Números 9:15-23

En este pasaje, Moisés tiene literalmente la última palabra. Pues, en realidad, él no dice palabra alguna y su nombre ni siquiera aparece hasta el final. A primera vista, puede parecer que este pasaje no pertenece a un estudio sobre el liderazgo de Moisés. Eran el mandato del Señor y la columna de fuego y de nube que los guiaba. Y así debería ser. En la iglesia *Él* manda y es su voz la que queremos oír. Pero Dios ha elegido usarnos como sus líderes delegados y portavoces, como se ve en las palabras finales del capítulo: *obedecían todo lo que el Señor les decía por medio de Moisés.*

Sumisión a Dios

Donde no hay autoridad, hay caos. El libro de Jueces es un gran ejemplo: termina diciendo: «*cada uno hacía lo que bien le parecía*» (Jueces 21:25). Esto también puede describir el mundo de hoy. Muchos dicen que el cristiano que predica autoridad y sumisión es controlador, abusivo y rígido. Pero el fundamento de una relación con Dios es reconocer su autoridad como Señor y someterse a Él. ¿Recuerdas cómo Eva decidió escuchar a la serpiente en lugar de Dios? Eso es lo que nos metió en problemas en primer lugar. Lo contrario de la sumisión es la rebelión y ha sido una plaga para nuestra raza desde entonces. Yo creo que este puede ser el capítulo más importante del libro. Varios de mis hermanos cristianos que lo revisaron dijeron que es "controvertido" en la iglesia actual y que les resulta imposible poner en práctica estos conceptos en el mundo de hoy. Hay que leerlo con mucha oración y con un corazón abierto a la voz del Espíritu.

Sumisión significa obediencia

La mayoría de los cristianos confiesan a Jesús como su Señor y dicen que quieren hacer su voluntad, pero parece que Jesús tiene un problema con muchos de nosotros:

> »No todo el que me dice: "Señor, Señor", entrará en el reino de los cielos, sino sólo el que hace la voluntad de mi Padre que está en el cielo. Muchos me dirán en aquel día: "Señor, Señor, ¿no profetizamos en tu nombre, y en tu nombre expulsamos demonios e hicimos muchos milagros?" Entonces les diré claramente: "Jamás los conocí. ¡Aléjense de mí, hacedores de maldad!" (Mateo 7: 21-23)

Este es uno de los pasajes más alarmantes de toda la Biblia. Estos son creyentes que alaban al Señor, conocen la Biblia y están muy involucrados en la iglesia. Profetizaron, echaron fuera demonios e hicieron milagros en el nombre de Jesús. Jesús nunca niega sus grandes hechos; el problema es que los realizó a su manera. Algo puede ser bueno, pero no necesariamente es la voluntad de Dios. El requisito es someter toda la vida a su señorío. Y no es una cuestión de que Dios nos discipline por un rato ni de perder nuestra recompensa; es una cuestión de nuestra salvación. No pueden entrar en el reino de los cielos, y Jesús dice que hay muchos.

Este mensaje no es popular. No predica bien en televisión. Pero la autoridad y la sumisión constituyen el centro de nuestra fe. Creemos que Dios tiene autoridad absoluta. Jesús la demostró: sobre la enfermedad, los demonios, la muerte y la naturaleza. La autoridad exige obediencia: los demonios tienen que someterse y nosotros tenemos que someternos. Algunos dicen que la persona que se somete es débil; no tiene la fuerza para tomar sus propias decisiones; en cambio, deja que Dios u otra persona dirija su vida. En realidad, someterse voluntariamente a la voluntad ajena exige más fuerza.

Autoridad delegada

En Números 9, la autoridad de Dios estaba claramente presente en la columna de nube y fuego, pero Dios habló a través de Moisés, su autoridad designada. Desobedecer a Moisés era desobedecer a Dios. En la iglesia, Dios delega su autoridad en los apóstoles, pastores y ancianos para predicar su palabra y guiar a su pueblo.

Dios también nos manda obedecer a las autoridades en el gobierno, en la escuela y en el trabajo: todos deben someterse a quienes *ejercen la autoridad. Porque no hay autoridad que no venga de Dios, y las que existen, fueron puestas por él* (Romanos 13:1, DHH). Dios ha ordenado a la sociedad que podamos prosperar y vivir en paz. Estableció al hombre como cabeza de familia y otorgó autoridad sobre los hijos al padre y a la madre. Si no hay autoridad, habrá anarquía. Un país en el que el gobierno ha perdido su autoridad se denomina "estado fallido". En muchos sentidos, nuestra sociedad es una "sociedad fallida". La autoridad es despreciada, los niños corren desenfrenados, las escuelas no funcionan y la rebelión está presente en todas partes.

Autoridad abusiva

Durante cientos de años, Israel sufrió bajo la autoridad abusiva del faraón; eso bastaría para que cualquier persona se rebelara y temiera la sumisión. El hombre pecador es capaz de cometer horrendos abusos de autoridad. Puede que tú hayas sufrido a manos de un padre tiránico, de un pastor que cree que es la cuarta persona de la Trinidad o de un jefe exigente. No hay excusa para el abuso y Dios nunca nos ordena tolerarlo. Él entiende lo difícil que es someterse (incluso a Él) después de esas experiencias, pero no te eximen de obedecerle a Él ni a su autoridad delegada. Dios quiere sanar las heridas y restaurar la confianza en una autoridad sana y piadosa.

La autoridad de Dios es justa y buena. Israel ya vio esa autoridad cuando Moisés abrió el Mar Rojo y cada día aprendía más al respecto. En Números 9, Dios les dio una lección muy sencilla de obediencia:

15 El día que se armó el tabernáculo, la nube lo cubrió. Pero desde la tarde hasta el amanecer la nube que cubría el tabernáculo tomaba la apariencia de una columna de fuego. 16 De esta manera ocurría siempre: por la noche la nube que cubría el tabernáculo tomaba la apariencia de fuego.

La nube de gloria

La construcción de la tienda de reunión también era una lección de obediencia; Dios les dio planes detallados y Moisés supervisó el trabajo, asegurándose de que todo se hiciera exactamente conforme a esos planes. No había lugar para la iniciativa individual y no podían modificar el diseño. Ahora ese tabernáculo estaba listo y la nube de gloria de la presencia de Dios lo cubría. Por la noche la nube se veía como fuego.

Hay algunos detalles adicionales en el pasaje paralelo en Éxodo 40: 34-35:

Entonces la nube cubrió el tabernáculo, y la gloria del Señor llenó el tabernáculo. Moisés no podía entrar en el tabernáculo, porque la nube se había posado allí, y la gloria del Señor llenaba el tabernáculo.

La gloria de Dios también *llenó* el tabernáculo. ¡Fue tan abrumadora que ni siquiera Moisés pudo entrar! Pero el propósito de la nube era más que una manifestación de su gloria:

17 Cada vez que la nube se elevaba de la carpa sagrada, el pueblo de Israel levantaba el campamento y la seguía; donde la nube se detenía, el pueblo de Israel armaba el campamento.

Sigue la nube

Es parecido a dejar un gran culto de adoración para caminar toda la semana en obediencia en el desierto de este mundo. La lección era muy sencilla: para sobrevivir y prosperar, tienes que caminar con Dios y obedecerle. No tienes la libertad de salir del campamento cuando tengas ganas, y no importa cuánto te guste un lugar; tienes que empacar y seguir adelante cuando Dios lo manda. Tú puedes rebelarte y dejar el campamento, pero no habrá maná y morirás en el desierto.

Es triste cuando una nube de gloria se mueve de una iglesia y la gente no se da cuenta. En lugar de empacar la tienda (espiritualmente) y moverse junto con Dios, se quedan donde están. El tabernáculo sigue siendo hermoso (fue construido según el plan de Dios), pero ya está vacío. La presencia de Dios se fue. Él sólo lo habita cuando la gente camina en obediencia a Él.

18 De esta manera los israelitas viajaban y acampaban por orden del Señor, donde él les indicaba que fueran. Permanecían en el campamento todo el tiempo que la nube se quedaba encima del tabernáculo.

Una experiencia 100% corporativa

La nación entera se movió. No había lugar para el individualismo (hacer las cosas a tu manera). Si alguien se impacientó con la larga estancia en un lugar y decidió marcharse por su cuenta, sin el maná, las codornices y el agua que Dios proveyó, moriría en el desierto.

Tenían que moverse como un solo pueblo o todo podría fracasar. Habría enemigos en el camino y su unidad fue fundamental para su supervivencia. Imagina estas posibilidades:

- Aarón fue humillado por su hermano con el becerro de oro y reunió a un grupo de descontentos a su alrededor. Hacen otro becerro y siguen a Aarón hacia Canaán.

- Josué está harto de servir al viejo. Ha visto la gloria de Dios y cree que las restricciones sobre quién puede entrar en el lugar santo son injustas. Él reúne a jóvenes adoradores y les promete rostros como los de Moisés.

- Bezalel fue el artesano que trabajó con esfuerzo en el tabernáculo. Él reúne a artesanos frustrados por la rigidez de los planes para ello. Él enseña que Dios les dio creatividad y que, en su grupo, cada persona tendrá la libertad de expresarla.

- Un gran chef aprovecha el descontento con las codornices y el maná y promete una dieta más apetecible. Él acusa a Moisés de guardar la mejor comida para sí mismo.

- Otro dice que conoce una ruta directa a la Tierra Santa que Dios le reveló en sueños. Con él, llegarán allí en un mes.

Y así va. ¿No te recuerda a la iglesia hoy? El individualista tiene un gran problema: "Nadie me va a decir qué hacer ni cómo vivir mi vida."

¿No es lógico que tengamos que seguir el ejemplo de Israel? Dios tiene un plan y un destino para nosotros y nos coloca en un cuerpo de creyentes que nos llevará a la madurez. Él pone autoridad en ese cuerpo en la forma de pastores y ancianos. Cuando elegimos ser parte de una iglesia local, afirmamos nuestra creencia de que Dios ha puesto a esos líderes allí y estamos dispuestos a someternos a ellos.

19 Si la nube se quedaba por largo tiempo sobre el tabernáculo, los israelitas permanecían allí y llevaban a cabo sus deberes ante el Señor. 20 Algunas veces la nube se detenía por pocos días sobre el tabernáculo; entonces el pueblo se quedaba por pocos días, como el Señor ordenaba. Luego, por orden del Señor, levantaban el campamento y se ponían en marcha. 21 Algunas veces la nube se detenía solo por la noche y se elevaba a la mañana siguiente; pero fuera de día o de noche, cuando la nube se elevaba, el pueblo levantaba el campamento y se ponía en marcha. 22 Si la nube permanecía sobre el tabernáculo por dos días, un mes o un año, el pueblo de Israel acampaba y no se ponía en marcha; pero en cuanto se elevaba, ellos levantaban el campamento y se ponían en marcha.

Toda la vida giraba en torno al movimiento de Dios

Puede parecer muy arbitrario. ¡Sería imposible vivir la vida como quieras!

- Tu esposa está lista para servir una comida rica o para pasar un tiempo íntimo contigo cuando la nube se levante y tengas que empacar.
- Tú puedes estar profundamente dormido después de caminar todo el día, cuando llega la palabra de irse.

Tal vez sería mejor si hubiera lógica o si Dios preparara un horario para que sepas qué esperar. Parece que a Dios no le importan los inconvenientes causados por este movimiento constante, pero la gente aprendió que la obediencia no era opcional. Desde su infancia, los niños aprendieron a observar la nube y escuchar la orden de Moisés. Todos lo hicieron.

Seguir la nube hoy

Israel operaba a nivel de un niño, aprendiendo cosas muy básicas sobre la fe y la obediencia. Hoy no tenemos la nube. A veces una nube puede parecer más fácil, pero tenemos algo mejor: el Espíritu Santo, que mora en nosotros. Tenemos más libertad y un guía disponible 24/7. Dios ha dado recursos y espera que actuemos como adultos. Lamentablemente, para muchos todavía resulta difícil discernir su voluntad. ¡Pero Jesús dijo que sólo aquellos que hacen la voluntad del Padre entrarán al reino! ¿Cómo sabemos lo que Dios quiere?

Cómo discernir la voluntad de Dios

- Sumérgete en las Escrituras y procura ponerlas en práctica. Cuando te sometes a la Palabra de Dios y caminas en obediencia, será fácil discernir su voluntad en situaciones específicas.

- Cultiva tu vida de oración. Aprende a escuchar a Dios y la voz apacible del Espíritu. Elimina mucho ruido de tu vida. ¡Dale la oportunidad de hablarte! Desarrolla el hábito de pedir su dirección en las decisiones diarias y estarás listo para oír su voz en una crisis.

- Comparte tu vida con otros creyentes. Anda en comunión con hermanos piadosos que realmente te conocen. Busca su consejo y una confirmación de tus decisiones. Sométete al liderazgo de tu iglesia y busca su guía.

- Si sientes pavor o falta de paz, no te muevas. Si no estás seguro de que la nube se está moviendo, quédate donde estás. Si Dios quiere que te muevas y estás abierto a Él, te lo hará saber.

- Ten en cuenta que tu naturaleza pecaminosa puede engañarte con facilidad. Por ejemplo, dejar que la lujuria o las apariencias te guíen en la selección de un cónyuge, elegir un trabajo simplemente porque paga mejor u ofrece más estatus, o bien seleccionar una misión o una nueva iglesia debido a su clima deseable.

¡Dios quiere que sepas su voluntad! No es un gran misterio, pero requiere trabajo de tu parte.

²³ Así que acampaban o viajaban bajo las órdenes del Señor y obedecían todo lo que el Señor les decía por medio de Moisés.

Obediencia a Moisés no era opcional

Llevar a un grupo de exesclavos de Egipto a la Tierra Prometida fue una tarea muy ardua. Para llegar allí, Israel tenía que honrar y obedecer a Moisés. No habría otra manera. Necesitan milagros de Dios y Moisés era su instrumento escogido. Pero la relación de Israel con Moisés no siempre fue genial. Ellos no tenían la oportunidad de elegir a un líder y nunca eligieron a Moisés. Un día, él llegó y anunció que Dios lo había enviado para liberarlos. Ahora, en el camino, culpan a Moisés por cualquier problema. Nunca abandonaron la posibilidad de volver a Egipto. Cuando se desesperaron mientras Moisés estaba en la montaña, hicieron un nuevo dios, el becerro de oro, para llevarlos a la Tierra Prometida. Pero, a fin de cuentas, no tenían otra opción; tenían que confiar en que Moisés había oído de Dios y que Dios quería lo mejor para ellos.

¿Y nosotros? ¿Somos muy diferentes de los israelitas? Tenemos infinitamente más recursos: la Palabra de Dios, la salvación en

Cristo y una relación personal con Él, la plenitud del Espíritu Santo y muchos medios para aprender y equiparnos.

Autoridad y libertad

Estoy muy preocupado por la falta de autoridad y de sumisión en la iglesia. ¿Significa que estoy a favor de un sistema católico de un papa y de un control total desde arriba? ¡Por supuesto no! En la iglesia primitiva había varios hombres que ejercían como apóstoles y tenían autoridad sobre sus iglesias, y también había falsos apóstoles que competían con ellos. Lee 2 Corintios y la lucha de Pablo por mantener su autoridad. Hoy no faltan apóstoles, pero hay pocos que demuestren los signos bíblicos del apostolado y muchos que parecen más interesados en la fama y el dinero.

Tampoco estoy diciendo que la iglesia debe ejercer un control total sobre sus miembros. Definitivamente no estamos hablando de un Jim Jones ni de otra secta diabólica. Mientras los israelitas seguían la nube, estaban libres para:

- Casarse con quien quisieran (solo tenía que ser creyente).
- Tener tantos hijos como quisieran y enseñarles en casa.
- Comer lo que quisieran (según lo permitido por la ley).
- Vestirse como quisieran (también dentro de las normas legales).

Dios nunca quiere que seamos esclavos de un hombre. Lo que Dios ordenó en el Éxodo fue dónde colocar sus tiendas (en agrupaciones tribales para mantener el orden y proporcionar autoridad sobre ellos; véase Números 2) y dónde y cuándo podrían moverse (siguiendo la nube). Tenían que moverse como un grupo. Dios nos coloca hoy en una iglesia, y creo que tenemos que caminar juntos con los demás miembros de ese cuerpo para alcanzar la madurez (ve Efesios 4). En el resto hay mucha libertad.

Unidad doctrinal

Entonces, ¿cómo podemos llegar a un acuerdo doctrinal y caminar en unidad? Tenemos un buen ejemplo en la iglesia primitiva. Comenzando en Hechos 15, cuando hubo desacuerdo sobre una cuestión doctrinal o ética, los apóstoles y líderes de las iglesias de todo el mundo se reunieron en oración para buscar a Dios y llegar a un acuerdo. Su decisión fue compartida con las iglesias. Honraron a los apóstoles, temieron a Dios y se sometieron a su decisión. En otras reuniones (llamados concilios ecuménicos) decidieron cómo explicar la naturaleza de Cristo y qué libros incluir en la Biblia. La Iglesia Católica todavía utiliza concilios similares. Varios grupos han intentado hacer lo mismo entre los cristianos, como el Consejo Mundial de Iglesias o la Alianza Evangélica Mundial. En varias denominaciones o concilios, los líderes también se reúnen para definir sus creencias. Pero muchas veces los esfuerzos de los hombres son más notables que la verdadera autoridad apostólica.

La autoridad comienza en casa

El respeto a la autoridad (en última instancia, a la de Dios, su Palabra y su iglesia) comienza en el hogar. Los niños deben aprenderlo desde la infancia, con el padre honrado como cabeza del hogar y la madre respetándolo y apoyando su palabra. Si no se establece la autoridad bíblica, los niños serán rebeldes en la escuela y, finalmente, en el trabajo y en la iglesia. Ya vemos las consecuencias de la pérdida de esa autoridad. A la vez, posiblemente la mayoría de los hombres no sabe cómo ejercer la autoridad bíblica. El mundo ve la "autoridad y sumisión" como anticuada, machista y sofocante. La iglesia tiene que enseñar a las familias sobre la autoridad divina y la sumisión.

¿Vas a entrar en el reino?

¿Quieres experimentar la autoridad y el poder de Dios en tu vida? Puedes hacerlo en la medida en que sometes tu vida y tus planes a Él. ¿Qué sucedería si una iglesia decidiera, corporativamente, hacer lo que Israel hizo aquí? ¿Crees que podríamos ver el fuego de Dios y su nube de gloria? ¿Estás congregándote en un hermoso templo, pero sin la nube de gloria, porque esa iglesia no escuchó la voz de Dios ni obedeció su mandato?

Yo hablé de este tema en un grupo de líderes de varias iglesias. Todos estuvieron de acuerdo en que la autoridad y la sumisión son temas importantes en la Biblia. La rebelión es como una adivinación y constituye el principal problema de Satanás. Ellos no pudieron encontrar nada en este capítulo con lo que poder estar en desacuerdo. Anhelan esta experiencia en sus iglesias, sus hogares y la sociedad, pero están de acuerdo en que es radical, controvertida e imposible de poner en práctica hoy en día. ¡Qué trágico! Si hay un desacuerdo entre la Palabra de Dios y nuestra experiencia actual, yo tengo que afirmar la autoridad de la Biblia y creer que es posible vivir lo que enseña. Mi oración para ti es que Dios ponga esa fe en tu corazón y te ayude a caminar en la autoridad que Moisés demostró en el éxodo.

¡No seas uno de los que Jesús dice que nunca conoció! Examina lo que estás haciendo, incluso las cosas buenas (como sanar a los enfermos).

- ¿Estás dispuesto a someter tu vida a la autoridad de Dios? ¿Puedes decir con confianza que estás haciendo su voluntad? ¿O estás sirviendo a Dios por conveniencia?

- ¿Estás sometido a una autoridad espiritual?

- ¿Cómo respondes a la autoridad en el trabajo o en la escuela? ¿A la policía y la ley? Si no va en contra de los mandamientos de Dios, ¿tratas de ser sumiso en cada situación? ¿O te consideras a ti mismo un rebelde?

30

Rebeldía: Quejas y descontento

Números 11:1-34

En el capítulo anterior vimos la importancia para Dios de la autoridad y la sumisión; ahora veremos los resultados desastrosos de la rebelión. Quizás no sea coincidencia que esta rebelión se produjo justo después de recibir la ley, de construir el tabernáculo y de acercarse a la Tierra Prometida. Aquí se rebelan contra Dios mismo, pero es Moisés quien debe tratar con el pueblo en su calidad de autoridad delegada por Dios.

La rebeldía a menudo se manifiesta en quejas y descontento

¹Poco después el pueblo comenzó a quejarse de las privaciones que enfrentaba, y el Señor oyó todo lo que decían. Entonces el enojo del Señor se encendió contra ellos y envió un fuego que ardió entre ellos y destruyó a algunos en las afueras del campamento.

No es fácil vivir en un desierto: no tenían control sobre sus vidas y estaban obligados a moverse con la nube, según la orden de Dios. Tú también puedes estar pasando por circunstancias muy difíciles, pero eso no justifica quejarse. Puede ser muy difícil, pero Dios nos llama a alabarlo y agradecerle, incluso en el desierto. Quejarse es como el cáncer: infecta la iglesia, la familia o el trabajo. No logra nada y Dios lo odia. ¿Por qué? Porque, esencialmente, estamos diciendo que Él no sabe lo que hace; no estamos sometiéndonos a lo que Él soberanamente ha colocado en nuestro camino. Nos falta la fe de que Dios puede cambiar las cosas y hacerlas más fáciles si quisiera. De hecho, podemos estar enojados porque no lo hace.

Pecamos no solo cuando nos quejamos de Dios, sino también de cualquier persona que Él coloque sobre nosotros en autoridad. Eso no quiere decir que no puedas orar por esa persona, clamar a Dios y hablar con ella para intentar mejorar la situación. Pero el espíritu de queja enciende la ira de Dios, y cuando Dios se enoja, las cosas se ponen feas: el fuego consumió las afueras del campamento. No está claro si mató a la gente, pero sí que llamó la atención. Una vez más, ellos naturalmente miran a su líder, Moisés:

2 Así que el pueblo pidió ayuda a gritos a Moisés, y cuando él oró al Señor, el fuego se apagó.³ Después, ese lugar fue conocido como Taberá (que significa «lugar del fuego que arde»), porque el fuego del Señor ardió allí entre ellos.

Fiel como siempre, Moisés intercede y el fuego se detiene. Pero, como muchos de nosotros, la gente tardó en recibir el mensaje:

⁴ Al populacho que iba con ellos le vino un apetito voraz. Y también los israelitas volvieron a llorar, y dijeron: «¡Quién nos diera carne!⁵ ¡Cómo echamos de menos el pescado que comíamos gratis en Egipto! ¡También comíamos pepinos y melones, y puerros, cebollas y ajos!⁶ Pero ahora, tenemos reseca la garganta; ¡y no vemos nada que no sea este maná!»

Ahora están quejándose de lo que Dios, específicamente y milagrosamente, les suministró en respuesta a sus gemidos anteriores. Vemos varios problemas en estos versos:

- **El populacho.** El problema comenzó con la mezcla de extranjeros que se unieron a los israelitas al salir de Egipto. No es para señalar a los extranjeros, pero les faltaba mucho conocimiento de Dios y sus promesas y propósitos. Puede haber chusma en cualquier grupo, no necesariamente entre los extranjeros. Ten cuidado con ellos y ten en cuenta los problemas que pueden ocasionar. Su queja se extendió rápidamente entre los israelitas.

- **Antojos.** Todos sabemos lo que es tener un apetito voraz por algo y, muchas veces, hacemos lo necesario para satisfacerlo. Es especialmente fácil anhelar lo que no podemos tener, ya sea comida o algún placer. Es normal tener un apetito saludable, y un antojo suena inocente, pero es un paso pequeño del antojo a la lujuria; de hecho, la palabra hebrea aquí significa lujuria. Ten cuidado de que tus apetitos no te controlen ni te lleven a pecar. Está atento a la lujuria y a los antojos en ti mismo, en tu familia y en otras personas de tu carga. No tengas miedo de enfrentarlos antes de que les cause problemas serios.

- **Lamentos.** Llanto. ¿En serio? ¿Está tan malo? Cuando caemos en la rebelión y en un espíritu de queja, exageramos la importancia de lo que nos falta y comenzamos a sentir que no podemos vivir sin ello.

- **"Si tan solo."** Eso puede aplicarse a muchas cosas. Los medios parecen alentarlo. Si solo tuviera una casa como la que se ve en la tele. Si tan solo fuese bien parecido. Si tan solo tuviera más dinero. Incesantemente. La triste verdad es que no estarás satisfecho cuando lo consigas. Si tienes ese espíritu quejumbroso, siempre habrá otro "si tan solo".

- **Nostalgia.** Los buenos viejos tiempos, tal vez antes de aceptar a Cristo. Los hebreos olvidaron su arduo trabajo como esclavos y solo recuerdan la buena comida que disfrutaban en Egipto. La tendencia es culpar a quien te sacó de esa situación y lamentar las decisiones que has tomado. En el caso extremo, vuelvas a Egipto en busca de la vida buena. Lamentablemente, por lo general no es lo mismo y rara vez fue tan bueno como recuerdas. Sin duda, la comida era gratis, al igual que en la prisión. ¿Pero realmente quieren volver a ser esclavos?

- **La pérdida de apetito.** Nada satisface. Ya no amas a tu mujer. No soportas la idea de ir a trabajar. La iglesia no hace nada por ti. Incluso el sexo no es atractivo (¡ya sabes que las cosas están muy malas!). Dios quiere que disfrutemos de lo que Él nos ha dado (¡sin importar las circunstancias que Él haya permitido!). Cuando pierdas el apetito, examínate para ver si tienes un espíritu de rebelión o de descontento.

Una descripción del maná

⁷ *El maná era parecido a pequeñas semillas de cilantro, y era de un color amarillo claro como goma de resina.* ⁸ *La gente salía a recogerlo del suelo. Con el maná se hacía harina en los molinos de mano o se machacaba en un mortero. Luego se hervía en una olla para hacer panes planos que sabían a pastelitos horneados con aceite de oliva.* ⁹ *Durante la noche, el maná caía sobre el campamento junto con el rocío.*

Incluso Moisés está infectado por el espíritu de la queja

¹⁰ *Moisés escuchó que las familias del pueblo lloraban, cada una a la entrada de su tienda, con lo cual hacían que la ira del Señor se encendiera en extremo. Entonces, muy disgustado,* ¹¹ *Moisés oró al Señor:*

—*Si yo soy tu siervo, ¿por qué me perjudicas? ¿Por qué me niegas tu favor y me obligas a cargar con todo este pueblo?* ¹² *¿Acaso yo* *lo concebí, o lo di a luz, para que me exijas que lo lleve en mi regazo, como si fuera su nodriza, y lo lleve hasta la tierra que les prometiste a sus antepasados? ¹³ Todo este pueblo viene llorando a pedirme carne. ¿De dónde voy a sacarla? ¹⁴ Yo solo no puedo con todo este pueblo. ¡Es una carga demasiado pesada para mí! ¹⁵ Si éste es el trato que vas a darme, ¡me harás un favor si me quitas la vida! ¡Así me veré libre de mi desgracia!*

¡Whoa! ¡El espíritu quejoso incluso ha llegado a Moisés! ¡Así de poderoso puede ser! Moisés ya no se somete felizmente al llamado de Dios. Ya no quiere interceder por el pueblo. Todo el campamento se apodera de los murmullos. ¡Cada familia se ve afectada! La nación está paralizada y, si Dios le quita la vida a Moisés, como él lo pide, esta gran liberación será un fracaso.

No deberías ser muy duro con Moisés. Sospecho que cada líder tiene momentos como este, cuando está listo para tirar la toalla y renunciar (¡tal vez cada semana!), pero cuando caemos en este agujero, por lo general habrá mucha autocompasión, engaño y mentiras. El enemigo está riéndose. Mira lo que dice Moisés:

- *¿Por qué has hecho mal a tu siervo?* Bueno, en cierto sentido, Dios lo hizo, llamando a Moisés de su vida tranquila de pastorear ovejas. ¡Pero Dios no causó esto! ¡La gente lo hizo! ¿Estás culpando a Dios en tu corazón por el resultado del pecado de alguien?

- *¿Por qué no he hallado gracia en tus ojos, que has puesto la carga de todo este pueblo sobre mí?* Cuando las cosas no van bien en la iglesia o en la familia, es fácil sentir que Dios está descontento con nosotros. Ciertamente, ¡si tuviéramos su favor, las cosas mejorarían! Pero Dios nos da la carga que Él sabe que podemos llevar y no más. Si la carga es pesada, es porque Él está complacido contigo. ¡Dios no quiere lastimarte!

- *¿Concebí yo a todo este pueblo? ¿Lo engendré yo?* A veces, el líder puede sentirse como si estuviera criando niños. ¡Y puede ser tan doloroso como el parto! Moisés tiene razón cuando dice que ellos pertenecen a Dios; por supuesto que él no los concibió ni los dio a luz. Pero como padre adoptivo, cuando Moisés aceptó la carga de ser una autoridad delegada de Dios, se convirtió en un padre para ellos, con todas las luchas que ello conlleva.

- *Llévalo en tu seno, como lleva la que cría al que mama, a la tierra de la cual juraste a sus padres.* No sabemos cuándo Dios lo ordenó; no aparece en la Biblia. Pero es una hermosa imagen de la carga que Dios les confiere a los líderes espirituales, y ambas son imágenes femeninas. Sí, definitivamente hay paternidad involucrada en pastorear o liderar, pero también hay maternidad. ¡A veces te cansas de enfrentarte a tantos bebés! Pero tienes que llevarlos tiernamente en tus brazos. En este momento, probablemente sea lo último que Moisés quiera hacer. Puede que no te resulte muy natural, pero junto con el llamado Dios te dará la capacidad de hacerlo.

- *¿De dónde conseguiré yo carne para dar a todo este pueblo? Porque lloran a mí, diciendo: Danos carne que comamos.* "¡Yo no tengo lo que esta gente quiere! ¡No tengo el dinero para proveerlo! ¡Son muy exigentes!" En lugar de centrarte en tu incapacidad, date cuenta de lo pecaminoso que es lo que están pidiendo. Si tienen una petición legítima, Dios la proveerá. Pero cuando la petición es obviamente imposible, no te desesperes. Tú no tienes que conseguir la carne.

- *Yo no puedo tratar con todo este pueblo solo. ¡Es una carga demasiado pesada para mí! ¡Tiene razón!* Si tú sientes que puedes, ¡no necesitarías a Dios! Tú puedes sentir que el llamado de Dios en tu vida es una carga demasiado pesada. Eso no significa que estés en el lugar equivocado. Es posible que solamente ahora estés llegando al punto en el que Dios puede obrar sus milagros. Cuando llegues al final de ti mismo, Dios estará allí. Tal vez hasta este punto Moisés estuviera trabajando con todas sus fuerzas para ser un buen líder; ahora tiene la oportunidad de experimentar la gracia de Dios.

- *Si éste es el trato que vas a darme, ¡me harás un favor si me quitas la vida! ¡Así me veré libre de mi desgracia!* Si eres honesto, probablemente tú hayas dicho algo similar en algún momento. Moisés realmente está pensando solo en sí mismo. Dios no está maltratando a Moisés, y la muerte (a veces pensamientos de suicidio) es realmente un escape de lidiar con lo que parece más de lo que puede soportar. Ahora vemos la fuente de sus temores: el temor muy común entre los hombres al fracaso. En su caso, no es el miedo a lo que la gente diría si fracasa; no soporta la idea de enfrentar su propia ruina. No podía vivir consigo mismo. Probablemente habrá fracasos en tu vida. Algunos pueden ser devastadores: un matrimonio fallido, o perder tu iglesia o tu empleo. Duele, pero no es el fin del mundo. No tienes que matarte a ti mismo ni pedirle a Dios que te mate. Dios quiere liberarte del temor al fracaso. A fin de cuentas, ese temor revela una falta de fe en que Dios te ayudará: es soberano, te ama y quiere lo mejor para ti.

Dios responde

16 *Entonces Jehová dijo a Moisés: Reúneme setenta varones de los ancianos de Israel, que tú sabes que son ancianos del pueblo y sus principales; y tráelos a la puerta del tabernáculo de reunión, y esperen allí contigo.* **17** *Y yo descenderé y hablaré allí contigo, y tomaré del espíritu que está en ti, y pondré en ellos; y llevarán contigo la carga del pueblo, y no la llevarás tú solo.*

La primera provisión: Otros para compartir la carga

¿Sigues intentando hacer todo por ti mismo? Demasiados pastores lo hacen. Nadie más puede hacerlo tan bien como tú. Puede ser difícil confiar en los demás, sobre todo cuando te has decepcionado en el pasado. La mayoría de los hombres intentan manejar ser padres y esposos por sí mismos. Es muy difícil para un hombre hablar con otro hombre sobre problemas familiares. Pero Dios nos ha diseñado para funcionar en comunidad, y necesitamos el apoyo de otros familiares, amigos y hermanos en Cristo.

Moisés era libre de seleccionar los setenta. Probablemente la mayoría ya funcionaba como líderes. Moisés había aprendido a delegar la autoridad de su suegro (Éxodo 18). Setenta ancianos acompañaron a Moisés al Monte Sinaí, pero no entraron en la gloria de Dios con él. Ahora estarán de pie con él y escucharán la voz de Dios. ¡Qué bueno sería saber lo que Dios dijo! Posiblemente reafirmó la posición y la autoridad de Moisés.

Ahora la gente puede presentar sus quejas a otros hombres. Pero Moisés tiene que orientar al pueblo porque la gente siempre quiere hablar con el pastor principal o con la persona encargada. Es importante que estos líderes sean reconocidos oficialmente y también necesitamos algún tipo de ceremonia en la iglesia para confirmar a los nuevos líderes. Uno de los peligros de delegar es otorgar una posición sin el poder correspondiente. Estos ancianos necesitan el Espíritu Santo. Aunque ya eran líderes, no habían recibido el Espíritu; ahora Dios les repartirá el Espíritu que estaba sobre Moisés.

En su queja rechazaron al Señor

18»También dile al pueblo: "Purifíquense, porque mañana tendrán carne para comer. Ustedes gemían y el Señor oyó sus quejidos: '¡Oh, un poco de carne! ¡Estábamos en mejores condiciones en Egipto!'. Ahora, el Señor les dará carne y tendrán que comérsela. 19 Y no será solo un día, ni dos, ni cinco, ni diez, ni aun veinte. 20 La comerán durante un mes entero, hasta que les produzca náuseas y estén hartos de tanta carne. Pues han rechazado al Señor que está aquí entre ustedes y han lloriqueado diciendo: '¿Por qué dejamos Egipto?'".

¡Qué revelación tan interesante del carácter de Dios! ¿Quieren carne? Él les dará carne, pero comerán hasta que la detesten. ¿Crees que Dios puede hacer lo mismo con nosotros?

Le han hecho tres cosas desagradables a Dios:

- Llorar: en sí mismo, no hay nada malo con el llanto, pero Dios no está impresionado por lamentos egoístas.

- Mirar hacia atrás y lamentar la decisión de seguir a Dios y dejar atrás el mundo y la esclavitud.

- Rechazar a Dios; eso es, esencialmente, lo que hacen con las primeras dos cosas. Claro que dirían: "¡Oh, no! Queremos a Dios. Solo queremos que Él haga las cosas como nosotros queremos."

¿Cómo rechazamos a Dios?

- Mirando hacia atrás y pensando que estábamos mejor sin Dios.

- Quejándonos de lo que Dios ha hecho en nuestras vidas.
- Haciendo un ídolo de algo (en este caso, la carne).

Lo triste es que Dios todopoderoso está justo en medio de ellos y ni siquiera se dan cuenta. No les importa que lo estén lastimando. ¡La presencia de Dios es mucho mejor que la carne más rica! Debido a su pecado, antes de recibir la provisión de Dios, tienen que consagrarse y purificarse.

¿Estás tentado a mirar hacia atrás? ¿Has puesto todas tus esperanzas en algo que parece fuera de tu alcance? ¿Tal vez algo que Dios no tiene para ti? ¿Estás lloriqueando?

No es característico, pero Moisés también ha caído en la incredulidad y Dios tiene que recordarle quién es Él.

La incredulidad de Moisés

21 Entonces Moisés respondió al Señor: —¡Hay seiscientos mil soldados de infantería aquí conmigo y aun así dices: "Yo les daré carne durante un mes entero"! 22 Aunque matáramos a todos nuestros rebaños y manadas, ¿podría eso satisfacerlos? O si pescáramos todos los peces del mar, ¿alcanzaría?

Este es el mismo hombre que presenció las plagas de Egipto, la división del Mar Rojo y la gloria de Dios en el Monte Sinaí. ¡Sin decir nada de la agua de una roca ni del maná del cielo! ¿Y ahora no tiene la fe de que Dios puede proveer carne?

En este momento Moisés está desesperado y embotado. Su visión está nublada y no puede ver a Dios ni su poder. Yo lo he visto en mucha gente: puede caminar con fe, pero alcanza el límite de su fe y ya no puede creer que Dios solucionará ningún problema. Moisés me recuerda a los discípulos cuando Jesús les pidió que alimentaran a la multitud.

¿Te cuesta creer que Dios hará algo importante en tu vida? ¿Has estudiado todas las cifras y las estadísticas y te parece que no hay manera? ¿Qué ha hecho Dios por ti en el pasado? ¿Por qué no puede hacer algo aún mayor en el futuro?

²³ *Entonces Jehová respondió a Moisés: ¿Acaso se ha acortado la mano de Jehová? Ahora verás si se cumple mi palabra, o no.*

Dios es mucho más paciente con Moisés que con la multitud, pero, obviamente, no está complacido; Moisés duda de su palabra y cuestiona su poder. Para Moisés, ver es creer, y Dios va a probarse a sí mismo.

¿Es esta palabra para ti? ¿Estás cuestionando la capacidad de Dios para hacer algo que te ha prometido en su Palabra? ¡El brazo de Dios no ha acortado ni ha perdido su poder! Este mismo Dios no ha cambiado; es lo mismo ayer, hoy y siempre.

²⁴ *Moisés fue y le comunicó al pueblo lo que el Señor le había dicho. Después juntó a setenta ancianos del pueblo, y se quedó esperando con ellos alrededor de la Tienda de reunión.*

Es claro que este fue un día muy malo para Moisés, pero aún hace dos cosas muy importantes que tú también debes hacer a pesar de las luchas en tu vida:

- Él dijo lo que Dios le dio para decir. Confía en la Palabra de Dios lo suficiente como para salir y proclamarla a la gente. Si Dios no cumple esa palabra, Moisés parecerá un mentiroso, pero siempre puedes confiar en lo que Dios ha dicho. Proclámalo.

- Él hizo lo que Dios le ordenó. Además de consagrar al pueblo, no había nada que Moisés tuviera que hacer para conseguir la carne. Solo tenía que reunir a los setenta ancianos, y lo hizo de inmediato. Cuando lo hizo, experimentaron algo similar a lo de Pentecostés.

25 *El Señor descendió en la nube y habló con Moisés, y compartió con los setenta ancianos el Espíritu que estaba sobre él. Cuando el Espíritu descansó sobre ellos, se pusieron a profetizar. Pero esto no volvió a repetirse.*

Esta no es la única referencia en el Antiguo Testamento a la gente "profetizando" cuando el Espíritu de Dios cayó sobre ellos. No creo que signifique que todos los setenta estuvieran recibiendo mensajes inspirados por Dios al mismo tiempo. Esta fue una alabanza extática, muy posiblemente en otras lenguas. En las Escrituras, cuando el Espíritu viene sobre alguien, casi siempre hay una manifestación de la lengua, ya sea en alabanza, profecía o lenguas desconocidas. Ésta fue la única vez que profetizaron, y hubo un giro interesante:

26 *Dos de los ancianos se habían quedado en el campamento. Uno se llamaba Eldad y el otro Medad. Aunque habían sido elegidos, no acudieron a la Tienda de reunión. Sin embargo, el Espíritu descansó sobre ellos y se pusieron a profetizar dentro del campamento.* **27** *Entonces un muchacho corrió a contárselo a Moisés: —¡Eldad y Medad están profetizando dentro del campamento!*

28 *Josué hijo de Nun, uno de los siervos escogidos de Moisés, exclamó: —¡Moisés, señor mío, detenlos!*

29 *Pero Moisés le respondió: —¿Estás celoso por mí? ¡Cómo quisiera que todo el pueblo del Señor profetizara, y que el Señor pusiera su Espíritu en todos ellos!*

30 *Entonces Moisés y los ancianos regresaron al campamento.*

En medio de uno de sus momentos más débiles, Moisés proclama una profecía que hemos visto cumplida. ¡Dios ahora distribuye su Espíritu a todos los creyentes y les otorga el potencial de profetizar!

Hay algunos como Josué en la iglesia hoy que quieren mantener un aura alrededor de quienes tienen dones especiales y dar la impresión de que los demás son menos espirituales y no pueden tener la misma experiencia. Eso fue muy evidente en la iglesia medieval, donde deliberadamente mantenían a la gente común en la ignorancia.

Dios sabía quiénes eran los setenta, y el Espíritu también cayó sobre estos dos, que podrían haberse burlado de formar parte de esta reunión. No creo que siempre suceda así. ¡Si tú hubieras quedado en casa la mañana de Pentecostés, habrías perdido la bendición del Espíritu!

Llegan las codornices

31 El Señor desató un viento que trajo codornices del mar y las dejó caer sobre el campamento. Las codornices cubrieron los alrededores del campamento, en una superficie de casi un día de camino y a una altura de casi un metro sobre la superficie del suelo. 32 El pueblo estuvo recogiendo codornices todo ese día y toda esa noche, y todo el día siguiente. ¡Ninguno recogió menos de dos toneladas! Después las distribuyeron por todo el campamento.

33 Ni siquiera habían empezado a masticar la carne que tenían en la boca cuando la ira del Señor se encendió contra el pueblo y los hirió con gran mortandad. 34 Por eso llamaron a ese lugar Quibrot Hatavá, porque allí fue sepultado el pueblo glotón.

El final de esta triste historia es aún más trágico. Sí, tenían su carne; Dios, milagrosamente, la suplió. Mucha carne. Pero justo cuando estaban listos para disfrutarla, Dios los afligió con una plaga. No sabemos cuántos murieron, pero dice que la plaga fue grave.

Rechazar a Dios y su provisión es algo serio. Quejarse provoca la ira de Dios. Rebelarse contra su autoridad y no someterse a Él conllevan un severo juicio. Puede que tú tengas la tentación de mirar hacia atrás y quejarte de lo que Dios te ha dado, o bien de ser un Moisés que ya no puede soportar más. ¡Creo que hay un mensaje importante para ti en este capítulo! Que su Espíritu caiga de nuevo sobre ti para darte fe y ojos para ver que su brazo no se ha acortado, sin importar lo que enfrentes.

31

El peligro de criticar a los líderes de Dios

Números 12

El éxodo de los hebreos de Egipto se caracterizó por quejas, murmullos y rebeldía, pero hasta ahora muy poco se dirigió personalmente a Moisés. Cuando llega el ataque, no es de la gente, sino de la familia: su hermana y su hermano. Sí, el mismo Aarón que se paró con Moisés ante Faraón, su portavoz y el sumo sacerdote. Y Miriam, quien dirigió al pueblo en la adoración tras cruzar el Mar Rojo. Miriam, que vio a su hermano colocado en una cesta en el Nilo, se encargó de su cuidado junto con la hija del faraón. Es triste, pero a menudo la oposición más fuerte proviene de quienes están más cercanos a nosotros. Por supuesto, ellos conocen nuestras debilidades y vulnerabilidades, pero también pueden celarse de nosotros.

Miriam y Aarón tenían un problema: no podían encontrar ninguna crítica legítima. Moisés andaba sin reproche. Así que deciden atacar a su esposa. Si eres un líder, prepárate para las críticas dirigidas a tu familia. Siempre mantén tu lealtad a esa familia; a Satanás le encantaría aprovecharse de la política de la iglesia para abrir una brecha entre tú y tu familia.

La esposa de Moisés

[1]*Mientras estaban en Hazerot, Miriam y Aarón criticaron a Moisés porque se había casado con una cusita.*

Hay mucho debate sobre quién era esta mujer cusita (o etíope). Es posible que no fuera Séfora, ya que ella era madianita. Desafortunadamente, algunos usan este versículo para justificar el divorcio y el nuevo matrimonio, diciendo que cuando Moisés despidió a Séfora (Éxodo 18:2), se divorció de ella y luego se casó con esa mujer. Tal vez por eso a Miriam y Aarón no les gustaba que se casara con esa mujer. Sabemos que la relación de Moisés con Séfora no era la mejor, pero es demasiado afirmar, a partir de este versículo, que Moisés se divorció de ella. Era muy común en el Antiguo Testamento que un hombre tuviera varias mujeres. El hecho de que no fuera hebrea también podría haber sido un problema para Miriam. Dada la estatura de Moisés en la Biblia, resulta sorprendente que no se haya casado con una hebrea.

Parece que los demás hebreos no se preocupaban por la esposa de Moisés; Miriam y Aarón querían exagerar su importancia, con la esperanza de generar malestar entre la gente. Era solo una cortina de humo; ahora vamos a ver la verdadera razón de su crítica.

Celos
² Dijeron: «¿Ha hablado el Señor solamente por medio de Moisés? ¿Acaso no ha hablado también a través de nosotros?». Y el Señor los oyó.

Miriam y Aarón ocupaban posiciones importantes: Aarón era sacerdote y Miriam dirigía la adoración y era profetisa (Éxodo 15:20). Es cierto que Dios habló a través de ella. Miqueas 6:4 dice que Dios envió a los dos, junto con Moisés, para conducir al pueblo, pero eso no les bastó. Envidiaban la comunión que Moisés tenía con Dios y la manera en que Dios hablaba a través de él. Ellos estaban celosos de que él fuese la cabeza.

¿Has estado celoso de los dones o de la unción de otra persona? ¿Tal vez su predicación, dones de sanidad o habilidades proféticas? ¿O su carisma y popularidad en la iglesia? ¿Eres consciente de que hay personas que envidian tu posición y tus dones? ¿Tal vez incluso miembros de tu familia? El Nuevo Testamento enseña claramente que Dios da dones según su voluntad y que, en el Cuerpo de Cristo, todos somos importantes (1 Corintios 12).

Ellos no incitan a una rebelión contra Moisés ni buscan su posición; solo quieren ser reconocidos como igualmente dotados y compartir su unción profética. Cuando Dios tomó del Espíritu que estaba en Moisés y lo repartió entre los setenta ancianos en el capítulo anterior, Aarón y Miriam no lo recibieron, lo que me parece haber provocado su descontento. En la superficie, lo que hicieron Aarón y Miriam no parece tan grave. Pero fue grave para Dios.

El hombre más humilde en la tierra

3 (Ahora bien, Moisés era muy humilde, más que cualquier otra persona en la tierra).

Guau. Esa es una declaración firme y podemos suponer que se insertó más tarde. Creemos que Moisés escribió este libro, ¡y no sería muy humilde escribirlo! Es notable que Moisés permaneció humilde ante la autoridad y ante las increíbles experiencias espirituales que tuvo. Fue criado en el palacio. Salió de Egipto un joven seguro de sí mismo y orgulloso. Dios usó los cuarenta años en Madián para quebrantarlo. Ver la gloria de Dios lo ayudó a mantenerse humilde.

¿Qué hay de ti? ¿Podría alguien decir esto de ti? El orgullo es una tentación fuerte para los pastores exitosos (y para cualquier hombre). La humildad tiene un gran valor a los ojos de Dios.

Dios enfrenta a los rebeldes

4 *Así que, el Señor llamó de inmediato a Moisés, a Aarón y a Miriam y les dijo: «¡Vayan los tres al tabernáculo!»; y los tres fueron allí.*

Dios actuó de inmediato y los llamó a la tienda de reunión; no podría soportar esta locura que podría destruir la autoridad de Moisés. No sabemos si Moisés se dio cuenta de lo que estaba sucediendo. Si lo sabía, no se defendió ni los reprendió; los dejó en manos de Dios. Es sabio seguir su ejemplo con quienes nos critican.

Los desafíos a la autoridad pastoral son comunes. Pueden comenzar sembrando dudas sobre su carácter o sus acciones, pero fácilmente pueden terminar con una iglesia dividida y mucha gente lastimada. Se necesita mucha sabiduría para responder a una rebelión. El ejemplo de Dios nos enseña a no esperar a que se forme un gran problema, sino a enfrentarlo de inmediato. Puede ser necesario llamar a alguien con autoridad en la iglesia, porque es muy difícil para la persona criticada resolver la situación.

5 *Entonces el Señor descendió en la columna de nube y se detuvo en la entrada del tabernáculo. «¡Aarón y Miriam!», llamó él.*

Miriam y Aarón querían oír más la voz de Dios, pero, en su pecado, no recibieron ningún mensaje del Señor. ¡Él está hablando *a* ellos! Si puedes visualizar esto, es impresionante. ¿Qué estaban pensando Aarón y Miriam? ¿Estaban tan arrogantes que esperaban alguna comisión o alguna unción especial de Dios? ¿O se dieron cuenta de que estaban en problemas?

Ellos dieron un paso al frente **6** *y el Señor les habló: «Escuchen lo que voy a decir:*

> »Si hubiera profetas entre ustedes,
> yo, el Señor, me revelaría en visiones;
> les hablaría en sueños.
> ⁷ Pero no con mi siervo Moisés.
> De toda mi casa, él es en quien confío.
> ⁸ Yo le hablo a él cara a cara,
> ¡con claridad y no en acertijos!
> Él ve al Señor como él es.
> ¿Entonces, por qué no tuvieron temor de
> criticar a mi siervo Moisés?».

Moisés era más que un profeta; era un amigo de Dios. Normalmente recibimos palabras proféticas en sueños o en visiones. Joel profetizó que serían comunes después de Pentecostés. Hoy, como en ese entonces, esas revelaciones proféticas pueden venir en forma de acertijos. No sabemos exactamente por qué Dios ha escogido revelarse de esa manera, pero puede ser para que solo aquellos con discernimiento del Espíritu Santo puedan entenderlo.

¿Qué hay de ti? ¿Has tenido sueños o visiones? ¿Estás abierto a ellos?

La fidelidad de Moisés era lo que realmente tocó el corazón de Dios. Ya sabemos que Moisés tenía una tarea muy difícil, pero era fiel en toda la casa de Dios. ¿Y tú? La fidelidad es muy importante para Dios. ¿Has sido fiel a tu esposa y a tu familia? ¿Al llamado de Dios en tu vida? ¿Fiel en la casa de Dios?

Hablar contra alguien que el Señor ha puesto en autoridad es muy serio. No importa si hay algún fundamento para la crítica. Puede ser un marido, un pastor o alguien en autoridad; míralos con temor y temblor. Si lo estás haciendo ahora, detenlo. Cuida tu corazón y honra a quienes Dios ha puesto en autoridad sobre ti. Si hay otros que hablan en tu contra, confía en Dios para tratar con ellos y reivindicarte. Y no seas orgulloso; párate y examínate a ti mismo para ver si hay algo de verdad en lo que dicen.

El juicio de Dios
9 El Señor estaba muy enojado con ellos y se fue.

Cuando Dios esté enojado, se irá. No le gusta estar cerca de los rebeldes. Si de repente parece que Dios ha dejado tu vida o tu iglesia, pregúntale por qué. ¡No querrás que Dios se enoje contigo mientras creas que todo está bien! No sabemos qué forma adoptó la ira ardiente del Señor, pero estoy seguro de que ellos estaban al tanto de ella. Fue cuando Él se fue y la nube se levantó cuando vieron la evidencia de esa ira.

10 Cuando la nube dejó de estar encima del tabernáculo, allí estaba Miriam, con su piel tan blanca como la nieve, leprosa. Cuando Aarón vio lo que había pasado con ella, 11 clamó a Moisés: «¡Oh, mi señor! ¡Por favor, no nos castigues por este pecado que tan neciamente cometimos! 12 No dejes que ella sea como un bebé que nace muerto y que ya está en descomposición».

¿Por qué estaba afligida Miriam y no Aarón? ¿Por qué Miriam no pidió perdón? Parece que Miriam era la cabecilla de esta rebelión. Es posible que Aarón haya demostrado la misma debilidad que mostró con el becerro de oro: fácilmente influenciado y arrastrado a la situación. Él llama a Moisés «señor» y le pide perdón, aunque no le pide perdón a Dios.

Moisés intercede por su hermana
13 Entonces Moisés clamó al Señor: —¡Oh Dios, te suplico que la sanes!

Eso requiere gracia y humildad. ¿Te sentirías tentado a decir: "Ese no es mi problema"? Habla con Dios. Tal vez si ustedes realmente se arrepienten, Dios los sanará." ¿Estarías secretamente encantado de que ella estuviera afligida y aprendiera su lección? No Moisés. Con la misma compasión y profundidad de carácter que hemos visto en varias ocasiones, clamó a Dios, sabiendo que Él tiene el poder para sanarla.

14 Pero el Señor le dijo a Moisés: —Si el padre de Miriam tan solo la escupiera en la cara, ¿no duraría su contaminación siete días? Por lo tanto, mantenla fuera del campamento durante siete días y después podrá ser aceptada de nuevo.

Si no fuera por la intercesión de Moisés, Miriam podría haber permanecido leprosa durante el resto de su vida. Dios honra la súplica de Moisés, pero solo después de siete días con Miriam fuera del campamento. Es como si Dios dijera: "Le he escupido en la cara... ahora ella tiene que pasar esos días en desgracia." La represión pública requiere un período de vergüenza pública.

15 Así que Miriam permaneció fuera del campamento durante siete días, y el pueblo esperó hasta que la trajeron para continuar su viaje.

Eso es muy humillante. Todos sabían que se quedaron siete días en el campamento debido a la rebelión de Miriam y al juicio de Dios contra ella. Fue una clara advertencia para ellos de que no se rebelaran contra el ungido del Señor. Miriam nunca se mencionó de nuevo hasta que su muerte se registró en Números 20:1.

Dios espera que honremos, respetemos y obedezcamos a quienes Él pone en autoridad. La rebelión contra esa autoridad resulta muy ofensiva para Él. Pero también yo he visto a líderes abusivos usar este pasaje para exigir lealtad inquebrantable. Cualquier cuestionamiento de sus decisiones o sugerencia sobre cómo hacer las cosas mejor se entiende como un desafío a su autoridad. El "rebelde" puede ser golpeado espiritual y emocionalmente hasta que se someta, o sea expulsado de la asamblea. Tal vez el versículo 3 es el más importante de este capítulo: Moisés era humilde; no usaba una mano dura para mantener el control sobre la gente. Un líder humilde tendrá el corazón de un siervo y estará abierto a críticas y consejos. Nunca dice que no podemos acercarnos a un líder para compartir nuestras inquietudes. Para situaciones serias, Jesús nos dio un procedimiento a seguir en Mateo 18:15-17. El liderazgo plural es saludable. Cuando una persona tiene el control total (uno de los puntos de queja de Miriam y Aarón contra Moisés), hay muchas más probabilidades de abuso. Moisés ahora tiene la protección de los setenta ancianos.

Los medios sociales e Internet ahora ofrecen una plataforma para todos los Miriam y Aarón de nuestro mundo. Y hay muchos de ellos, sobre todo con el sesgo de nuestra cultura contra la autoridad. Ten mucho cuidado con lo que escribas (y leas y creas) en línea sobre los líderes de Dios. Y sigue el ejemplo de la humildad de Moisés.

32

¿Obediencia o rebelión?

Números 13

¹El Señor le dijo a Moisés: ² «Envía hombres a explorar la tierra de Canaán, la tierra que les daré a los israelitas. Envía a un jefe de cada una de las doce tribus de sus antepasados». ³ Entonces Moisés hizo lo que el Señor le ordenó y envió a doce hombres desde el campamento en el desierto de Parán, todos jefes de las tribus de Israel.

¿Quién quería enviar espías?

Estos espías serían una pesadilla para Israel, pero antes de entrar en esta porción bíblica hay otro problema para nosotros. Números dice claramente que se fueron por orden de Dios, pero el relato paralelo en Deuteronomio (1:22-23) parece contradecirlo:

»Sin embargo, todos ustedes se acercaron y me dijeron: "Primero enviemos espías a que exploren la tierra por nosotros. Ellos nos aconsejarán cuál es la mejor ruta para tomar y en qué aldeas entrar".

»Me pareció una buena idea, así que elegí a doce espías, uno de cada tribu.

¿Cómo se concilia la diferencia? Dios puede revelar algo a un líder, pero luego le indica que espere para compartirlo con los demás. Y como lo hagas con tu hijo, a veces es mejor para ellos creer que la idea es de ellos. Dios podría haber mandado esta misión y luego haberla puesto en los corazones de los hijos de Israel para que la solicitaran. O ellos podrían haber hecho su solicitud y Moisés buscó al Señor para discernir su voluntad. Deuteronomio sugiere que Moisés se embarcó en esta misión tan importante sin consultar al Señor, pero eso no es propio de él.

¿Soberanía o libre albedrío?

Al igual que algunos pasajes paralelos en los evangelios nos presentan la misma historia desde perspectivas ligeramente diferentes, Números se centra en la soberanía de Dios y en su propósito al enviar a los espías. ¿Necesita Dios saber quiénes habitaban esa tierra? ¡Por supuesto no! ¿Sabe ya el resultado de su exploración? ¡Por supuesto! Pero a pesar de su plan inalterable de llevarlos a la tierra prometida, la libre voluntad del hombre puede cambiar los detalles. En este caso se retrasó su entrada en Canaán durante cuarenta años. Deuteronomio da énfasis a la libertad de la gente para solicitar espías. Es como el viejo debate entre soberanía y libre albedrío: probablemente ambos sean correctos. El resultado final es el mismo.

Lo que no cambia se encuentra en el primer versículo de Números 13: Dios le está dando la Tierra Prometida a Israel. No importa si, por su rebelión e incredulidad, se niegan a entrar y tomarla, o si, por fe, reclaman toda la tierra; la tierra es de ellos. Lo que realmente sucedió es similar a lo que sucede en nuestra experiencia de alcanzar la plenitud del plan de Dios: su pecado y rebelión causaron un retraso significativo, mientras aprendieron algunas lecciones duras. Finalmente entraron en la tierra, pero nunca eliminaron a todos sus habitantes, lo que derivó en constantes guerras y luchas. Disfrutaron de los frutos de la tierra, pero se hicieron la vida difícil.

La selección de los espías

Los versos 4-16 enumeran a los representantes de cada tribu. Los dos únicos nombres de importancia para nosotros son Caleb (de Judá) y Oseas (cuyo nombre Moisés cambió a Josué) de Efraím. Hay otros dos puntos importantes:

- Moisés quiere asegurarse de que cada tribu esté representada y participe en la evaluación de la tierra. Como ya vimos en la selección de los setenta ancianos, desde el principio, el concepto de representar a todo el pueblo fue importante en el gobierno de Israel.

- Esta es la primera tarea importante del éxodo que Moisés no ha dirigido; él delegó la misión en estos hombres. A veces estamos obligados a delegar, como aquí. Moisés ya había estado apartado del pueblo durante bastante tiempo en el Sinaí, lo que derivó en el desastre del becerro de oro. El pueblo necesita su presencia. También ya era un hombre mayor, de unos ochenta años. No era muy apto para viajar tanto ni para el espionaje.

Las instrucciones de Moisés a los espías

[17] *Moisés envió a los hombres a explorar la tierra y les dio las siguientes instrucciones: «Vayan al norte a través del Neguev hasta la zona montañosa.* [18] *Fíjense cómo es la tierra y averigüen si sus habitantes son fuertes o débiles, pocos o muchos.* [19] *Observen cómo es la tierra en que habitan. ¿Es buena o mala? ¿Viven en ciudades amuralladas o sin protección, a campo abierto?* [20] *El terreno, ¿es fértil o estéril? ¿Abundan los árboles? Hagan todo lo posible por traer muestras de las cosechas que encuentren». (Era la temporada de la cosecha de las primeras uvas maduras).*

Moisés dejó muy clara su misión, incluso diciéndoles cómo entrar en una tierra que ninguno de ellos nunca había visto:

- ¿Cómo es el paisaje?
- ¿Es la gente fuerte o débil?
- ¿Cuántas personas hay?
- ¿Qué tipo de tierras son?
- ¿Buena o mala?
- ¿Es la tierra fértil o estéril?
- ¿Hay árboles?
- ¿Cómo son las ciudades?
- ¿Tienen muros y fortificaciones?

Para un pueblo que ha escuchado hablar de esta tierra que fluye leche y miel durante tantos años, la última instrucción es conmovedora: Haz tu mejor esfuerzo por traer algunos frutos de la tierra. ¡Eso sería un estímulo visible para seguir adelante!

Me he mudado muchas veces, y siempre es emocionante hacer ese primer viaje a un lugar nuevo y hacer algunas de esas mismas preguntas. Finalmente debían lograr lo que esperaban durante tanto tiempo. Hay muchas expectativas y algo de ansiedad. Puede ser muy positivo, pero también conlleva un alto riesgo. Ésta será una prueba crucial de la capacidad de Moisés para administrar a su pueblo.

La exploración

[21] *Así que subieron y exploraron la tierra desde el desierto de Zin hasta Rehob, cerca de Lebo-hamat.* [22] *Yendo al norte, atravesaron el Neguev y llegaron a Hebrón donde vivían Ahimán, Sesai y Talmai, todos descendientes de Anac. (La antigua ciudad de Hebrón fue fundada siete años antes de la ciudad egipcia de Zoán).* [23] *Cuando llegaron al valle de Escol, cortaron una rama con un solo racimo de uvas, tan grande ¡que tuvieron que transportarlo en un palo, entre dos! También llevaron muestras*

de granadas e higos. ²⁴ *A ese lugar se le llamó el valle de Escol (que significa «racimo») por el racimo de uvas que los israelitas cortaron allí.*

Los eventos bíblicos importantes a menudo duran cuarenta días, lo que evidencia la importancia de esta exploración y les da tiempo de sobra para conocer la tierra. Sería un racimo de uvas muy impresionante que requiere dos hombres para llevarlo sobre un palo entre ellos. También consiguieron granadas e higos. Todos sobrevivieron. Hasta ahora todo se ve bien.

Informe de los espías

²⁵ *Después de explorar la tierra durante cuarenta días, los hombres regresaron* ²⁶ *a Moisés, a Aarón y a toda la comunidad de Israel en Cades, en el desierto de Parán. Informaron a toda la comunidad lo que vieron y les mostraron los frutos que tomaron de la tierra.* ²⁷ *Este fue el informe que dieron a Moisés: «Entramos en la tierra a la cual nos enviaste a explorar y en verdad es un país sobreabundante, una tierra donde fluyen la leche y la miel. Aquí está la clase de frutos que allí se producen.* ²⁸ *Sin embargo, el pueblo que la habita es poderoso y sus ciudades son grandes y fortificadas. ¡Hasta vimos gigantes allí, los descendientes de Anac!* ²⁹ *Los amalecitas viven en el Neguev y los hititas, los jebuseos y los amorreos viven en la zona montañosa. Los cananeos viven a lo largo de la costa del mar Mediterráneo y a lo largo del valle del Jordán».*

Primero, las buenas noticias. La tierra realmente fluye leche y miel; tienen la fruta para probarlo. Sin embargo, en esta vida, por lo general, hay un "pero", y este es un gran pero: personas grandes y poderosas habitan la tierra y hay ciudades grandes y fortificadas.

Obviamente, todos estaban ansiosos por escuchar su informe. Parece que dieron un informe general a todos y luego le dieron más detalles a Moisés. Podría haber sido más prudente informar primero a Moisés y luego decidir qué detalles compartir con toda la asamblea. Una vez que escucharon la voz de la duda y el miedo, sería casi imposible contrarrestarla.

Dos respuestas a la exploración

³⁰ *Pero Caleb trató de calmar al pueblo que se encontraba ante Moisés. —¡Vamos enseguida a tomar la tierra! —dijo—. ¡De seguro podemos conquistarla!*

³¹ *Pero los demás hombres que exploraron la tierra con él, no estuvieron de acuerdo: —¡No podemos ir contra ellos! ¡Son más fuertes que nosotros!*

³² *Entonces comenzaron a divulgar entre los israelitas el siguiente mal informe sobre la tierra: «La tierra que atravesamos y exploramos devorará a todo aquel que vaya a vivir allí. ¡Todos los habitantes que vimos son enormes!* ³³ *Hasta había gigantes, los descendientes de Anac. ¡Al lado de ellos nos sentíamos como saltamontes y así nos miraban ellos!».*

Ahora tienen que escoger: obedecer o rebelarse; tener fe o permitir que el miedo los paralice y los conduzca al pecado. Todo es cuestión de perspectiva, ¿verdad?

Hay aspectos positivos y negativos de casi todo lo que nos enfrenta en la vida. Sería genial si pudieran entrar a la Tierra sin oposición alguna, pero la vida no es así. Casi todo lo que obtenemos implica algo de lucha. Tenemos la palabra de Dios y sus promesas. Conocemos sus propósitos para nosotros. Tenemos que elegir entrar en lo que puede ser desconocido y temible, confiando que Dios está con nosotros, y que podemos coger ánimo de las uvas y los testimonios de otras personas que han experimentado la fidelidad de Dios. O podemos escuchar a los quejicos y sus informes negativos. Podemos analizar los hechos y reconocer nuestra tendencia a exagerar. Gran parte de la forma en que abordamos la vida implica cómo nos vemos a nosotros mismos y cómo nos sentimos. ¿Te ves como un saltamontes? ¿O un poderoso guerrero armado con poderosas armas espirituales?

Solo dos hombres vieron la situación con los ojos de la fe. Dios dijo que Caleb "tenía un espíritu diferente". Ya hemos visto la fe de Josué. Esos dos hombres fueron contrarrestados por diez que solo vieron obstáculos. Solo dos de doce. Esa puede ser la relación típica de quienes se avanzan valientemente en la fe y de quienes siembran dudas y miedo. ¿De qué grupo sueles formar parte? ¿Hay posibilidades de obediencia y de servicio? ¿Estás tentado a optar por lo seguro? ¿Ves solo los obstáculos? ¿O puedes confiar en que los obstáculos son oportunidades para que Dios se glorifique?

En el próximo capítulo veremos lo que el pueblo eligió — y cómo Moisés afronta uno de sus mayores desafíos.

33

Rebelión total

Números 14:1-19

Este tiene que ser uno de los capítulos más tristes de la Biblia. Estaban tan cerca de la tierra de sus sueños, tan cerca de la provisión milagrosa de Dios, y las perdieron. Sí, debido a nuestra rebelión podemos perder la plenitud de la bendición de Dios. Puede que no pierdas tu salvación; Israel seguía siendo el pueblo de Dios. Caminaron con Dios y Él les enseñó. Pero el propósito de Dios ahora era preparar una nueva generación que evitara los errores de sus padres. Serían esos hijos los que heredarían la tierra.

Este es un capítulo trágico, pero también poderoso. Si te encuentras en una de estas situaciones, hay un mensaje de Dios para ti:

- ¿Estás enfrentando una decisión que podría cambiar tu vida? ¿Una encrucijada?

- Como los espías en Números 13, ¿has estudiado todas las opciones?

- ¿Tienes miedo de los retos por delante?

- ¿Estás tentado a tomar lo que puede parecer un camino más fácil? (¿Aun si eso significa caminar en un desierto durante cuarenta años?)

- ¿Estás viviendo las consecuencias de una mala decisión que tomaste hace años? ¿Has visto los pecados de los padres visitar a sus hijos? (Tú puedes ser ese hijo o ese padre.)

- ¿Es posible que tu tarea principal ahora sea ayudar a tus hijos a seguir a Cristo y evitar tus errores?

¿A dónde podemos ir?

En unos pocos meses, Israel salió de Egipto, cruzó el Sinaí y recibió la ley. Parece que Dios tenía a Israel en una vía rápida, con muchos cambios en poco tiempo. Ahora Él cree que están listos para entrar en la Tierra Prometida.

Los espías habían explorado la tierra y estaban entusiasmados por su abundancia. Pero diez de los doce se centraron en los gigantes y en las dificultades para enfrentarla, sembrando miedo e incredulidad. El pasaje paralelo en Deuteronomio 1:28 expresa la desesperación del pueblo: *¿Dónde podemos ir? Nuestros hermanos han atemorizado nuestro corazón*. Sabemos que una persona atrapada y atemorizada puede hacer algo tonto.

El miedo lleva a una rebelión total

¹Entonces toda la comunidad empezó a llorar a gritos y así continuó toda la noche. ² Sus voces se elevaron en una gran protesta contra Moisés y Aarón: «¡Si tan solo hubiéramos muerto en Egipto o incluso aquí en el desierto! —se quejaban—. ³¿Por qué el Señor nos está llevando a esta tierra solo para que muramos en batalla? ¡A nuestras esposas y a nuestros hijos se llevarán como botín! ¿No sería mejor volvernos a Egipto?». ⁴ Entonces conspiraron entre ellos: «¡Escojamos a un nuevo líder y regresemos a Egipto!».

Lee estos versos de nuevo. ¡Es increíble! Van de mal en peor. Mira sus pasos para abajo a la desesperación:

1. Escuchan palabras de fe y de miedo. Pero los espías incrédulos ahogan las voces de la fe e infectan a todos con su miedo. ¡Ten cuidado con lo que escuchas! Guárdate de la infección de la incredulidad y guarda a tu familia e iglesia del temor y de la incredulidad. Pueden destruirlas.

2. Se reúnen, no para adorar a Dios y buscar su rostro, sino para revolcarse en lágrimas de autocompasión. Se olvidan de Dios y de su Palabra; solo piensan en sí mismos.

3. Dirigen su miedo e ira a sus líderes, Moisés y Aarón. Ya hemos visto lo listos que están para murmurar. ¿Estás quejándote de algo en este momento? ¿O eres el blanco injustificado de las quejas de otros?

4. Quieren morir. Su temor de lo desconocido es tan grande que desean haber muerto en Egipto o en el desierto. Anhelar la muerte o pensar en el suicidio es obra del diablo. ¡Dios quiere darte vida! ¡Es Satanás quien quiere quitarte la vida!

5. Están engañados. Reconocen que Dios los trajo a la Tierra Prometida, pero lo ven como un Dios caprichoso y malvado, que lo hizo solo para matarlos. De hecho, en Deuteronomio 1:27 se dice: «*Seguro que el Señor nos odia*». Mentiras. El error teológico conduce a la rebelión. ¿Hay mentiras que has creído acerca de Dios? ¿Está tu imagen de Dios alineada con la verdad bíblica? ¿Hay alguna creencia que debas cuestionar?

6. Piensan lo peor: que sus mujeres y niños serán tomados como botín. ¿Qué sería tu pesadilla?

7. Deciden que su única opción es volver a su vida anterior en Egipto; al menos era predecible y familiar. Ten cuidado cuando el pasado parezca más atractivo que caminar con Dios. ¿A dónde regresarías tú? ¿Realmente es tan color rosa? ¿Cuán realista es la posibilidad de volver atrás?

8. Están listos para rechazar la autoridad de Dios y de Moisés y elegir a su propio líder, quien haría lo que ellos quisieran. Están a punto de abandonar a Dios y la tierra que Él quiere darles y volver a la esclavitud y, probablemente, a la muerte. ¿Has pensado en dejarlo todo y buscar a alguien que te ofrezca una vida mejor? ¿Una nueva mujer? ¿Un nuevo pastor? ¿Incluso una nueva religión?

¿Qué puede hacer un líder ante la rebelión?

⁵ Entonces Moisés y Aarón cayeron rostro en tierra ante toda la comunidad de Israel. ⁶ Dos de los hombres que exploraron la tierra, Josué, hijo de Nun, y Caleb, hijo de Jefone, se rasgaron la ropa ⁷ y dijeron a todo el pueblo de Israel: «¡La tierra que atravesamos y exploramos es maravillosa! ⁸ Si el Señor se agrada de nosotros, él nos llevará a salvo a esa tierra y nos la entregará. Es una tierra fértil, donde fluyen la leche y la miel. ⁹ No se rebelen contra el Señor y no teman al pueblo de esa tierra. ¡Para nosotros son como presa indefensa! ¡Ellos no tienen protección, pero el Señor está con nosotros! ¡No les tengan miedo!».

¿Qué se puede hacer? ¿Qué harías tú? Moisés no sabe qué decir. Caen sobre sus rostros ante el pueblo. Josué y Caleb hablan palabras razonables de fe a la multitud; aparentemente son los únicos que se unen a los líderes. Dios les da una oportunidad más para despertarse y arrepentirse antes del juicio.

- Habían visto la tierra y era maravillosa. Es bueno edificar la fe y coger ánimo de los testimonios de otros creyentes que han experimentado la bondad de Dios.

- Josué y Caleb saben que no pueden jugar con Dios. Sí, Dios les prometió la tierra, pero ellos saben que las promesas de Dios tienen condiciones. Si desobedecen al Señor, no pueden contar con su bendición y gracia, y si persisten en sus murmullos e incredulidad, no pueden esperar que Dios les dé la tierra.

- La gente puede creer que está rebelándose contra Moisés, pero en realidad contra el Señor. La rebelión tendrá consecuencias drásticas.

- Sí, hay gigantes en la tierra, pero no hay que temer. Dios peleará por su pueblo y derrotará a sus enemigos. Ya han visto a Dios pelear por ellos en Egipto y en este viaje. ¿Te enfrentas a algunos gigantes? ¿Crees que Dios puede pelear por ti? ¿Puedes confiar en Él para derrotar a tus enemigos?

- Sus enemigos han perdido cualquier protección que habían disfrutado en el pasado. Dios está con Israel y eso es realmente todo lo que importa. Si Dios es por ti, ¿quién contra ti?

- Para dar énfasis, dos veces Josué y Caleb dicen: No tengan miedo. Lo que deberían temer es a Dios y las consecuencias de su rebelión.

No sabemos exactamente cuándo Moisés se levantó y habló; es posible que haya sido alentado por las palabras de Josué y Caleb. En Deuteronomio 1:29-31, él dice: *No temáis, ni tengáis miedo de ellos. Jehová vuestro Dios, el cual va delante de vosotros, él peleará por vosotros, conforme a todas las cosas que hizo por vosotros en Egipto delante de vuestros ojos. Y en el desierto has visto que Jehová tu Dios te ha traído, como trae el hombre a su hijo, por todo el camino que habéis andado, hasta llegar a este lugar.*

Los ha llevado como un padre lleva a su hijo.

¡Dios los ama!

¡Deja que tu Padre te lleve!

¡Deja que Dios pelee por ti!

¡Pueden contar con Él!

¡Él ha sido fiel!

¡Tranquilo!

Para algunas personas no es fácil ofrecer palabras de fe y aliento como estas. ¿Y tú? ¿Puedes entrar en situaciones de temor y desánimo en tu hogar, en tu iglesia o en tu trabajo y hablar en el nombre de Dios?

La oferta de Dios a Moisés

10 *Sin embargo, toda la comunidad comenzó a decir que apedrearan a Josué y a Caleb. Entonces la gloriosa presencia del Señor se apareció a todos los israelitas en el tabernáculo.* **11** *Y el Señor le dijo a Moisés: «¿Hasta cuándo me despreciará este pueblo? ¿Nunca me creerán, aun después de todas las señales milagrosas que hice entre ellos?* **12** *Negaré que son míos y los destruiré con una plaga. ¡Luego te convertiré en una nación grande y más poderosa que ellos!».*

Proclamaron palabras de fe y aliento, pero cayeron en oídos sordos. Están tan involucrados en su temor y rebelión que están listos para apedrear a sus líderes y podrían haberlo hecho, pero en ese momento apareció la gloria de Dios. El Señor tiene una oferta muy atractiva para Moisés; no es la primera vez que la hace. ¿Te acuerdas del becerro de oro? Dios quería destruir a todos allí y empezar de nuevo con Moisés (Éxodo 32:10).

Esto no es solo una cuestión de temor comprensible por parte de unos pobres ex esclavos que realmente no conocen a Dios, ni son como niños que se comportan mal. Ellos desprecian a Dios. El verdadero problema es la incredulidad (la duda de su palabra). Dios espera que hayan visto suficiente en estos meses del éxodo para fortalecer su fe. Él ha sido paciente con ellos, pero hay límites a su paciencia.

¿Cuántos cristianos hoy desprecian a Dios, sin creer lo que claramente ha dicho en su Palabra? Tú no has visto el Mar Rojo dividido, pero ¿no has visto lo suficiente del poder de Dios para seguir adelante en la fe?

¡Mira cómo Dios honra al hombre fiel! Él hará todo lo posible por esa persona, incluso eliminar al pueblo y comenzar de nuevo con Moisés.

Moisés intercede por su perdón

Moisés podría haber sido tentado a aceptar esta oferta, pero ya hemos visto su compromiso con el pueblo. Él ni siquiera la contempló y presentó un caso tan sólido que uno podría pensar que pasó horas preparándolo, pero él no tenía mucho tiempo. Si iba a salvar a la nación, tenía que actuar con prisa. Sus argumentos no tienen nada que ver con los méritos del pueblo ni con sus propios méritos; todo tiene que ver con Dios. Es un gran modelo de intercesión para nosotros.

[13] Pero Moisés respondió: —¿Qué pensarán los egipcios cuando oigan acerca de esto? —le preguntó al Señor—. Ellos saben muy bien cómo demostraste tu poder cuando rescataste a tu pueblo de Egipto. [14] Si ahora los destruyes, entonces los egipcios lo

informarán a los habitantes de esta tierra, los cuales ya escucharon que vives en medio de tu pueblo. Ellos saben, Señor, que te apareciste a tu pueblo cara a cara y que tu columna de nube se mantiene en el aire sobre ellos. Saben que de día vas delante de ellos en la columna de nube y por la noche en la columna de fuego. ¹⁵ Así que si ahora matas a todo el pueblo de un solo golpe, las naciones que han oído acerca de tu fama dirán: ¹⁶ "Como el Señor no pudo llevarlos a la tierra que juró darles, los mató en el desierto".

¹⁷»Por favor, Señor, demuestra que tu poder es tan grande como lo has declarado. Como lo has dicho: ¹⁸ "El Señor es lento para enojarse y está lleno de amor inagotable y perdona toda clase de pecado y rebelión; pero no absuelve al culpable. Él extiende los pecados de los padres sobre sus hijos; toda la familia se ve afectada, hasta los hijos de la tercera y la cuarta generación". ¹⁹ En conformidad con tu magnífico e inagotable amor, por favor, perdona los pecados de este pueblo, así como lo has perdonado desde que salió de Egipto.

Hay tres partes principales de su oración:

1. Preocupación por la reputación y el honor de Dios. A los ojos del mundo, Dios se identifica con esta nación; la ha llevado, ha obrado milagros entre ellos y ha hablado con ellos. Si Dios los destruye, las noticias llegarán a los egipcios y les dirán a las naciones que Dios no cumplió lo que prometió. Dios quería que Israel fuese un testimonio para todas las naciones de su poder y bondad, pero el resultado sería exactamente lo contrario y el mundo nunca sabría por qué Dios los mató.

2. Apela a la Palabra de Dios, a lo que Él ya ha dicho y revelado sobre su persona. Dijo que es lento para la ira y que está listo para perdonar la rebelión. Se requiere

mucha fuerza para seguir amando y perdonando a gente tan pecaminosa.

3. Moisés hace una sencilla petición de perdón, esperando que el amor y la misericordia de Dios superen su justicia. Varias veces Dios ya los ha perdonado; este perdón estaría conforme a lo que ya ha hecho.

¿Qué piensas? ¿Tocará Moisés el corazón de Dios con este argumento?

34

El fruto devastador de una rebelión

Números 14: 20-45

Israel no tiene fe para confiar en Dios, para obedecerlo ni para entrar a la Tierra Prometida. En cambio, elegirán un nuevo líder y volverán a Egipto. Dios quiere destruir a todos y empezar de nuevo con Moisés. En medio de esta locura, Moisés, Josué y Caleb son los únicos hombres de fe e integridad. Moisés no puede hacer más que rogar por la misericordia de Dios. Este hombre puede determinar la supervivencia de una nación entera. Él no pide nada por sí mismo, simplemente pide perdón por los pecados de su pueblo. ¿Cómo responderá Dios a su oración? ¿Cuál será el resultado final de la rebelión?

El perdón no elimina las consecuencias

[20] Entonces el Señor le dijo: —Los perdonaré como me lo pides. [21] Pero tan cierto como que yo vivo y tan cierto como que la tierra está llena de la gloria del Señor, [22] ni uno solo de este pueblo entrará jamás en esa tierra. Todos vieron mi gloriosa presencia y las señales milagrosas que realicé, tanto en Egipto como en el desierto, pero vez tras vez me han probado, rehusando escuchar mi voz. [23] Ni siquiera verán la tierra que juré dar a sus antepasados. Ninguno de los que me trataron con desdén la verá. [24] Sin embargo, mi servidor Caleb tiene una actitud diferente a los demás. Él se ha mantenido fiel a mí, por lo tanto, yo lo llevaré a la tierra que él exploró. Sus descendientes tomarán posesión de la porción de la tierra que les corresponde. [25] Ahora bien, den la vuelta y no sigan hacia la tierra donde habitan los amalecitas y

los cananeos. Mañana deberán partir al desierto en dirección al mar Rojo.

Es cierto; a pesar de su inclinación a matar a todos y a empezar de nuevo con Moisés, Dios honra la petición de su siervo y los perdona. Con una palabra, Él borra el pecado de las multitudes, aunque recuerda claramente sus diez casos de rebelión. Dios ha sido paciente y misericordioso, pero hay una enseñanza muy importante sobre el perdón: no implica que no haya consecuencias. Y en este caso, las consecuencias son graves: nadie de esa generación verá jamás la Tierra Prometida.

Hay varias formas de traducir la palabra hebrea en el versículo 23: tratar con desdén, irritar, despreciar o menospreciar. Claro que Dios estaba profundamente afligido y enojado. Son perdonados, pero todavía habrá un precio por su pecado.

Sí, Dios les prometió esa tierra, pero sus promesas conllevan condiciones. Sus hijos entrarán en ella, pero solo dos adultos entrarán: Josué y Caleb, ambos espías que tuvieron fe y trajeron un buen informe. Caleb era único entre los hijos de Israel: tenía otro espíritu. Se mantenía fiel a Dios, obedeciéndole y siguiéndolo con todo su corazón.

¿Tienes ese espíritu? ¿Te sientes más como Caleb o como la multitud? ¿Por qué parece tan difícil ser como Caleb? ¿Por qué tratamos a Dios con desprecio? No creemos en su Palabra, murmuramos, nos quejamos y desobedecemos. ¿Cómo podemos despreciar y provocar a alguien que ha hecho tanto por nosotros? ¿Cómo podemos rechazar la oferta de la vida eterna? ¿Hay realmente tan pocos con el espíritu de Caleb que realmente siguen a Cristo?

Doy gracias a Dios porque Jesús compró nuestro perdón en la cruz. Doy gracias a Dios que, muchas veces por su misericordia, nos salve de las consecuencias de nuestro pecado. Pero no siempre. A menudo hay consecuencias graves: puede que estés internado en una prisión, lastimes gravemente tu cuerpo, contraigas alguna enfermedad o pierdas a tu esposa a causa de la infidelidad.

Ya han probado el rico fruto de la tierra y han escuchado el buen informe. Una buena vida en una tierra que fluye leche y miel era suya. Pero la perdieron.

Date la vuelta

26 Entonces el Señor les dijo a Moisés y a Aarón: 27 «¿Hasta cuándo debo tolerar a esta perversa comunidad y sus quejas en mi contra? Sí, he oído las quejas que los israelitas tienen contra mí. 28 Ahora bien, díganles lo siguiente: tan cierto como que yo vivo, declara el Señor, haré con ustedes precisamente lo que les oí decir. 29 ¡Todos caerán muertos en este desierto! Ya que se quejaron en contra de mí, cada uno de los registrados que tiene veinte años o más morirá. 30 No entrarán a ocupar la tierra que yo juré darles, excepto Caleb, hijo de Jefone, y Josué, hijo de Nun.

31 »Ustedes dijeron que sus niños serían llevados como botín. Pues bien, yo me ocuparé de que entren a salvo a esa tierra y que disfruten lo que ustedes despreciaron. 32 Pero en cuanto a ustedes, caerán muertos en este desierto. 33 Sus hijos serán como pastores que vagarán por el desierto durante cuarenta años y de esa manera, ellos pagarán por la infidelidad de ustedes, hasta que el último de ustedes caiga muerto en el desierto.

34 »Puesto que sus hombres exploraron la tierra durante cuarenta días, ustedes andarán vagando en el desierto por cuarenta años —un año por cada día— y así sufrirán las consecuencias de sus pecados. Entonces sabrán lo que es tenerme como enemigo. 35 ¡Yo, el Señor, he hablado! Sin falta, haré todas estas cosas a cada miembro de la comunidad que conspiró contra mí. ¡Serán destruidos en este desierto, y aquí morirán!».

Los murmullos y las quejas de Israel enfurecieron a Dios más que su rebelión; eran una expresión constante y molesta de su incredulidad y descontento. Insultan a Dios e implican que Él no sabe lo que hace. Dios los odia. ¿Has caído en el mismo pecado?

Los hebreos dijeron que su principal preocupación era que sus hijos fueran tomados como botín. Irónicamente, son esos mismos niños quienes poseerán la tierra. Dijeron que eran tan preciosos, pero ahora, debido al pecado de esos padres, van a sufrir durante los próximos cuarenta años. Vagarán por el desierto. ¿Cómo afectará eso la actitud de esos niños hacia sus padres?

Dios dice que el pueblo conspiró contra Él. Una conspiración es seria, sobre todo contra Dios. En medio de toda esa rebelión, Moisés ha sido ejemplar; sin embargo, en Deuteronomio 1:37 él dice: *Por causa de ustedes el Señor se enojó también conmigo, y me dijo: "Tampoco tú entrarás en esa tierra."* Vamos a ver la desobediencia que le costó tanto a Moisés cuando llegamos a Números 20, donde sintió la misma frustración que Dios expresa aquí y golpeó una roca en lugar de hablarle a Dios. Incluso Moisés sufrió las consecuencias de haber deshonrado al Señor ante la gente.

Josué y Caleb estaban listos para entrar en la tierra. No pecaron. Sin embargo, ellos también tienen que darse la vuelta y vagar por el desierto durante cuarenta años. Nosotros también somos miembros de un cuerpo; cuando un miembro sufre, todos sufrimos. Cuando una parte del cuerpo no quiere avanzar en los propósitos de Dios, todo el cuerpo puede sufrir.

Dios quería matarlos allí mismo y, de cierto modo, habría sido mejor. Esto es casi un infierno: por el resto de sus vidas sabrán lo que es tener a Dios en contra de ellos y sufrir por su pecado. ¿Es posible que Dios permita que algunos que han pecado contra Él vivan para experimentar las consecuencias de su pecado y, tal vez, evitar el castigo eterno del infierno?

36 Entonces los diez hombres que Moisés envió a explorar la tierra —que por sus malos informes incitaron la rebelión contra el Señor— 37 fueron heridos de muerte por una plaga delante del Señor. 38 De los doce que exploraron la tierra, solo Josué y Caleb siguieron vivos.

Dios no esperó a juzgar a los responsables de la rebelión. No juegues con Dios. Si Él te ha dado una posición de liderazgo y autoridad, ten cuidado de no hacer tropezar a un pequeño. No desalientes la fe de tu esposa ni la de tus hijos. Dios lo toma muy en serio.

Presunción

39 Después, cuando Moisés comunicó las palabras del Señor a todos los israelitas, se llenaron de profundo dolor. 40 Así que a la mañana siguiente se levantaron temprano y subieron a la parte alta de las colinas. «¡Vamos! —dijeron—. Reconocemos que hemos pecado, pero ahora estamos listos para entrar a la tierra que el Señor nos prometió».

Lo he visto en innumerables ocasiones entre los reclusos: cuando son arrestados y condenados, de repente se despiertan y se arrepienten. Hacen tratos con Dios, reconocen su pecado y están dispuestos a caminar en obediencia. Pero no se trata solo de los reclusos. Cuando la esposa se va, cuando perdemos el trabajo, cuando empezamos a experimentar las consecuencias, tendemos a tomar en serio las cosas de Dios. Pero hay un punto en el que ya es demasiado tarde para evitar las consecuencias y perdemos las bendiciones que Dios había planeado para nosotros.

⁴¹ *Pero Moisés les dijo: «¿Por qué desobedecen ahora las órdenes del Señor de volver al desierto? No les dará resultado. ⁴² No suban ahora a la tierra. Lo único que sucederá es que sus enemigos los aplastarán porque el Señor no está con ustedes. ⁴³ Cuando enfrenten a los amalecitas y a los cananeos en batalla, serán masacrados. El Señor los abandonará porque ustedes abandonaron al Señor».*

Primero desobedecieron al negarse a subir como Dios les mandó. Ahora perdieron esa oportunidad y Dios les mandó que se dieran la vuelta, pero no quisieron. De pronto, están listos para subir y pelear, pero Dios ya no está con ellos y, sin el Señor, se enfrentan a una derrota segura. Aun si su ejército fuese superior, serían derrotados porque pelean sin Dios.

Me estremezco ante quienes se apartan del Señor hoy. Han perdido su cobertura y son vulnerables a los demonios del infierno y a todo el mal del mundo. A menos que se arrepientan y tomen la obediencia en serio, caerán.

⁴⁴ *Sin embargo, el pueblo avanzó con insolencia hacia la zona montañosa, aunque ni Moisés ni el arca del pacto del Señor salieron del campamento.* **⁴⁵** *Entonces los amalecitas y los cananeos que vivían en las montañas descendieron, los atacaron y los vencieron, haciéndolos huir hasta Horma.*

La presunción es vanagloria, jactancia o tenerse en alto concepto. Arrogantemente, ignoran a Dios y sus mandamientos y hacen lo que les parece correcto, creyendo, de alguna manera, que pueden derrotar a sus enemigos sin el Señor. El hecho de que ni Moisés ni el arca los acompañaran debería ser un claro mensaje de que sería un fracaso. Cuando, con arrogancia, salimos de debajo de la cobertura de Dios en desobediencia flagrante, el resultado siempre es desastroso.

Deuteronomio 1:45 dice: *Entonces ustedes regresaron y lloraron ante el Señor, pero él no prestó atención a su lamento ni les hizo caso.* ¿Cuán genuinas eran sus lágrimas? ¿Estaban verdaderamente arrepentidos o simplemente consternados por su derrota? Puede haber ocasiones en que Dios no te preste atención a tu clamor cuando estés en rebelión. No sentirás su presencia; has perdido su bendición. Solo puedes humillarte, darte la vuelta y hacer su voluntad.

El Salmo 78 narra la trágica historia de Israel

Hablando de este tiempo, los versículos 32-43 dicen:

*Se acordaban de que Dios era su roca,
 de que el Dios Altísimo era su redentor.
Pero entonces lo halagaban con la boca,
 y le mentían con la lengua.
No fue su corazón sincero para con Dios;
 no fueron fieles a su pacto.
Sin embargo, él les tuvo compasión;
 les perdonó su maldad y no los destruyó.
Una y otra vez contuvo su enojo,
 y no se dejó llevar del todo por la ira.
Se acordó de que eran simples mortales,
 un efímero suspiro que jamás regresa.*

*¡Cuántas veces se rebelaron contra él en el desierto,
 y lo entristecieron en los páramos!
Una y otra vez ponían a Dios a prueba;
 provocaban al Santo de Israel.
Jamás se acordaron de su poder,
 de cuando los rescató del opresor,
ni de sus señales milagrosas en Egipto.*

¿Y tú? ¿Estás poniendo a Dios a prueba? ¿Estás provocándolo?

Cuando tu pueblo no quiere seguir a Dios
Por un lado, parece que Moisés no fue el héroe de esta historia. No pudo convencer a su pueblo para que confiara en Dios y subiera a la tierra. Es duro cuando un pastor, líder, esposo o padre sabe lo que Dios quiere hacer y hace todo lo posible por alinearlos con el plan de Dios, y ellos no quieren hacerlo. Moisés era un gran ejemplo de fe: predicó la Palabra de Dios e intercedió por el pueblo; obedeció a Dios en todo y, varias veces, vio la salvación milagrosa de su pueblo. Pero a fin de cuentas, no había nada que pudiera hacer para moverlos de su miedo e incredulidad a la obediencia. Y no hay nada que tú puedas hacer para que tu esposa, tus hijos o tu iglesia hagan lo que crees que Dios quiere para ellos. Está fuera de tu control. Ellos tienen que tomar esa decisión. Pueden decidir permanecer en su rebelión y tú agonices al ver el juicio de Dios sobre sus vidas y sobre todas las bendiciones que han perdido. Y a pesar de tu fidelidad, también puede perturbar tu vida. En lugar de retirarse a una bonita casa en la tierra que fluye leche y miel, Moisés pasaría los últimos cuarenta años de su vida vagando por el desierto con muchos llorones. Eso no parece una gran recompensa para uno de los hombres más grandes de la historia. Algunos guardarían bastante resentimiento hacia la gente; incluso podrían decidir olvidar el llamado de Dios, abandonar a la gente e ir solos a la Tierra Prometida. Pero esa nunca fue una opción para Moisés.

El mensaje de Dios para ti en este capítulo
¿Estás sufriendo como consecuencia de la rebelión de alguien más? ¿Todavía te sientes responsable? ¿Crees que todo sería diferente si solo hubieras sido un mejor pastor, esposo o padre? Si hubo fracasos de tu parte, pide perdón a Dios y déjalo ir. Pero lo más probable es que ya hayas hecho todo lo posible y que ellos solo estén ejerciendo su libre albedrío. Pensar "si tan solo

hubiera hecho esto" de verdad no sirve para nada. Me gustaría decirte que, de ahora en adelante, será más fácil, pero no puedo. Puede que vayas a caminar con algunas personas difíciles durante el resto de tu vida. Y no pienses que un divorcio o una nueva iglesia resolverá el problema.

Tú puedes estar en una etapa crítica en tu caminar con Cristo, hasta el punto de entrar en bendiciones y en un ministerio fructífero como nunca imaginaste. Puede que tengas muchos detractores que digan que es demasiado difícil o demasiado tarde, o que nadie lo ha hecho antes: "¿Quién crees que tú eres para intentar eso?" Puedes estar al tanto de las fuertes batallas que te esperan. Los obstáculos son grandes; a veces puedes tener dudas y miedo y no contar con el apoyo de tu esposa, pero tú tienes una confianza profunda en que Dios te ha llamado a seguir adelante. ¿Qué vas a hacer?

Tal vez el Señor te ofreció algo, pero caíste en las quejas e incredulidad y perdiste esa oportunidad. Algunos pueden decirte que todavía debes luchar por él y reclamarlo por fe, pero es posible que Dios te diga que ya es demasiado tarde. La vida no es fácil, pero es importante no ser presuntuoso ni arrogante en este punto. Humíllate y prepárate para un poco más de entrenamiento. Eso es difícil, pero te traerá beneficios eternos. Para Israel serían casi cuarenta años de muerte, con cada uno de esos adultos muriendo antes de llegar a la Tierra Prometida. Tal vez tus hijos o un líder joven puedan aprender de tus errores y heredar lo que tú perdiste.

No endurezcas el corazón
Es mucho mejor confiar en Dios y seguir adelante desde el principio. Las batallas pueden ser difíciles, pero qué glorioso es ver a Dios pelear y ganarlas. Deja el miedo y camina en obediencia, paso a paso. Dios se encargará del resto. Cerramos

este capítulo aleccionador con un pasaje del Nuevo Testamento, Hebreos 3:15-4:2:

> «Si ustedes oyen hoy su voz,
> no endurezcan el corazón
> como sucedió en la rebelión.»
>
> Ahora bien, ¿quiénes fueron los que oyeron y se rebelaron? ¿No fueron acaso todos los que salieron de Egipto guiados por Moisés? ¿Y con quiénes se enojó Dios durante cuarenta años? ¿No fue acaso con los que pecaron, los cuales cayeron muertos en el desierto? ¿Y a quiénes juró Dios que jamás entrarían en su reposo, sino a los que desobedecieron? Como podemos ver, no pudieron entrar por causa de su incredulidad.
>
> Temamos, pues, que no sea que, permaneciendo aún la promesa de entrar en su reposo, alguno de vosotros parezca no haberlo alcanzado. Porque también a nosotros se nos ha anunciado la buena nueva como a ellos; pero no les aprovechó el oír la palabra, por no ir acompañada de fe en los que la oyeron.

El autor de Hebreos claramente cree que nosotros enfrentamos el mismo peligro que los israelitas. Nuestra "tierra prometida" es el reposo que Dios nos ofrece. ¿Qué te ha dicho Dios en este capítulo? No endurezcas tu corazón. Decide que vas a caminar en obediencia a Dios, sin importar lo que eso signifique. ¿Cómo es tu fe? Confiesa cualquier incredulidad como pecado. En fe, da ese paso de obediencia. Dios estará allí contigo.

35

Fuego extraño
Levítico 10

Todos nosotros sufrimos de una enfermedad mortal llamada "pecado", y la rebelión es uno de sus síntomas principales. Cada israelita que salió de Egipto se vio afectado por ella. Este caso, que involucró solo a dos hombres, nos recuerda lo importante que es hacer la obra del Señor a su manera.

¹Nadab y Abiú, hijos de Aarón, pusieron carbones encendidos en sus incensarios y encima esparcieron incienso. De esta manera, desobedecieron al Señor al quemar ante él un fuego equivocado, diferente al que él había ordenado.

¿Qué mandato violaron? Éxodo 30:1-10 dice que solo el sumo sacerdote podía ofrecer incienso y que este incienso era el específico aprobado por Dios; cualquier otro incienso estaba prohibido.

¿Por qué lo hicieron?
No sabemos. Ellos nunca tuvieron la oportunidad de decirlo. Es posible que, sinceramente, quisieran adorar a Dios o que fueran ignorantes del mandato. O tal vez sabían que estaba prohibido y se rebelaron deliberadamente. Lo que es trágicamente claro es que no prestaron mucha atención a las instrucciones de Dios. No entendieron cuán santo y serio es adorar al Creador. Una vez más, se manifiesta un corazón rebelde e insumiso.

Muchos cristianos hoy se levantarían para defenderlos:

- "Ellos estaban ministrando al Señor."
- "No estaban adorando a otro dios."
- "Solo cambiaron un poco una norma que ni siquiera entendieron."
- "Dios era muy restrictivo y no lo suficientemente inclusivo."

Lamentablemente, nosotros estamos acostumbrados a comprometer lo que la Palabra de Dios dice claramente mucho más que ellos, como el hombre en Mateo 7 que hace grandes cosas por Dios a su manera y no de acuerdo con la voluntad de Dios. Es un ejemplo perfecto de una religión de conveniencia, en la que escogemos de la Biblia lo que nos gusta e ignoramos el resto.

Cómo Dios responde a la rebelión

² Como consecuencia, un fuego ardiente salió de la presencia del Señor y los consumió por completo, y murieron ahí ante el Señor.

No hubo misericordia. Moisés no tuvo la oportunidad de interceder para salvarlos. ¡No juegues con Dios!

³ Así que Moisés le dijo a Aarón: «Esto quiso decir el Señor cuando dijo:

"Demostraré mi santidad
 por medio de los que se acercan a mí.
Demostraré mi gloria
 ante todo el pueblo"».

Y Aarón guardó silencio.

No es la primera vez que Aarón se quedó callado. No sabía qué decir. Él pudo haber estado en shock; acaba de ver a dos de sus hijos consumidos por el fuego. Pero probablemente las palabras de su hermano lo condenaron; Aarón no los había orientado adecuadamente sobre la gravedad de servir a Dios. ¿Podría ser un caso del pecado del padre visitado en sus hijos? Aarón había fabricado un becerro de oro y lo presentó como el nuevo dios del pueblo. Dios no lo mató; tal vez solo porque Dios aún no había dado muchas de las normas para una adoración apropiada.

Dios se demostró santo. Alguien que se le acerque de forma indebida pagará un precio elevado. Dios será honrado ante el pueblo. Si sus ministros no lo honran, serán castigados y Dios hará lo necesario para que la gente sepa quién es Él.

Honrar la santidad de Dios

Lo sucedido con esos dos hombres debería poner en el temor de Dios a cualquier ministro o líder de adoración. Una cosa es acercarte a Dios solo, pero la responsabilidad es mucho mayor cuando llevas a cientos de personas a su presencia o cuando te ha dado la oportunidad de honrarlo frente a una multitud.

- ¿Comunicamos la santidad de Dios en nuestros cultos?
- ¿Es posible que la gente del pasado, en sus catedrales, tuviera un mejor sentido de su santidad? ¿Honraban más a Dios?
- ¿De verdad honran a Dios nuestras bandas, vestidas con jeans, que gritan, con luces láser y humo? ¿O llaman más la atención a sí mismos y a los buenos sentimientos que la música provoca?

Espero que nuestros líderes no sean como Aarón. Él nunca comprendió la gravedad de no entender la santidad de Dios ni la inculcó a sus hijos, por lo que pagaron con sus vidas.

⁴ Después Moisés llamó a Misael y a Elzafán, primos de Aarón e hijos de Uziel —que era tío de Aarón— y les dijo: «Vengan y llévense los cuerpos de sus parientes de delante del santuario a un lugar fuera del campamento». ⁵ Entonces se acercaron, los agarraron por la ropa y los llevaron fuera del campamento, tal como Moisés lo había mandado.

Como Aarón se quedó callado y tal vez paralizado, le tocó a Moisés limpiar el santuario. Tenían que sacar a los rebeldes del campamento y dos de sus primos fueron llamados para hacerlo.

⁶ Luego Moisés les dijo a Aarón y a sus hijos Eleazar e Itamar: «No rasguen su ropa ni dejen de peinarse en señal de dolor. Si lo hacen, morirán, y el enojo del Señor herirá a toda la comunidad de Israel. Sin embargo, el resto de los israelitas, sus parientes, podrán hacer duelo a causa de la destrucción por fuego de Nadab y Abiú que hizo el Señor. ⁷ Pero no salgan de la entrada del tabernáculo o morirán, porque ustedes fueron ungidos con el aceite de unción del Señor». Entonces hicieron lo que Moisés les ordenó.

Dios tenía su atención; no hubo ninguna discusión. Aarón y sus dos hijos restantes hicieron exactamente lo que Moisés les mandó. Si no lo hicieran, se arriesgarían a provocar la ira de Dios contra toda la comunidad. Cuando los líderes no manejan adecuadamente situaciones delicadas, el juicio puede recaer sobre toda la iglesia.

Todavía tenían el aceite de la unción del Señor. Todavía estaban de guardia y no se les permitió llorar. Eso fue duro, pero la alternativa sería morir. Los demás, seguramente muy sobrios, podían llorar y enlutarse.

⁸ Después el Señor le dijo a Aarón: ⁹ «Tú y tus descendientes nunca deben beber vino ni ninguna otra bebida alcohólica antes de entrar en el tabernáculo. Si lo hacen, morirán. Esta es una ley perpetua para ustedes, que se cumplirá de generación en generación. ¹⁰ Deben distinguir entre lo sagrado y lo común, entre lo que es ceremonialmente impuro y lo que es puro. ¹¹ Y deben enseñarles a los israelitas todos los decretos que el Señor les ha dado por medio de Moisés».

¹² Luego Moisés les dijo a Aarón y a los hijos que le quedaban, Eleazar e Itamar: «Tomen lo que queda de la ofrenda de grano, después de que se haya presentado una porción como ofrenda especial al Señor, y cómanla junto al altar. Es sumamente santa, por lo tanto, asegúrense de que no contenga levadura. ¹³ Deberán comerla en un lugar sagrado, porque se les dio a ustedes y a sus descendientes como su porción de las ofrendas especiales que se presentan al Señor. Estos son los mandatos que me fueron dados. ¹⁴ Sin embargo, el pecho y el muslo que fueron levantados como ofrenda especial podrán comérselos en cualquier lugar que sea ceremonialmente puro. Estas partes se te han dado a ti y a tus descendientes como su porción de las ofrendas de paz presentadas por el pueblo de Israel. ¹⁵ Deberán levantar el muslo y el pecho como ofrenda especial al Señor, junto con la grasa de las ofrendas especiales. Estas partes te pertenecerán a ti y a tus descendientes, tal como el Señor ha ordenado».

Moisés aprovechó la oportunidad para recordarles otras reglas clave para el servicio a Dios. Una de ellas merece una explicación más detallada.

Se les prohibió a los sacerdotes beber "*vino ni ninguna otra bebida alcohólica*" cuando entraran al tabernáculo para servir a Dios. ¡Dios no quería sacerdotes borrachos! El alcohol impediría su capacidad de distinguir entre lo puro y lo impuro y no podrían enseñar con claridad la Palabra de Dios. Se supone que, fuera de su servicio en el tabernáculo y para la población en general, no había prohibición de bebidas alcohólicas.

Conozco a muchos cristianos que, con celos, sostienen que el vino de aquel entonces no estaba fermentado. Es difícil afirmar con certeza que el contenido alcohólico haya sido el causante.

Los pueblos antiguos a veces hervían el jugo de uva, preparaban un jarabe y luego lo combinaban con agua para evitar el alcohol. A veces se lo hervía justo antes de beberlo para reducir el alcohol, y el jugo de uvas recién exprimidas se podía beber. Sin embargo, parece que ninguno de esos métodos fue ampliamente utilizado, y no fue hasta 1869 que un ministro metodista (Thomas Welch) descubrió cómo pasteurizar el jugo de uva para que no fermentara, principalmente para que pudiera usarse en la Santa Cena. Existen argumentos sustanciales para que el vino bíblico estuviera fermentado (como lo indican la prohibición que Moisés impuso a los sacerdotes y la combinación en hebreo de "vino" con "bebida fuerte"). Cuando Pablo ordenó "no te embriaguéis con vino" (Efesios 5:18), él obviamente estaba pensando en vino con alcohol. Lo que es cierto es que la Biblia prohíbe el consumo excesivo de alcohol y la embriaguez, y hay muchas buenas razones para evitar el consumo de alcohol por completo.

La obra de Dios a la manera de Dios

¹⁶ Luego Moisés les preguntó qué había sucedido con el chivo de la ofrenda por el pecado. Cuando descubrió que había sido quemado, se enojó mucho con Eleazar e Itamar, los hijos que le quedaban a Aarón.

¹⁷ —¿Por qué no comieron la ofrenda por el pecado en el lugar sagrado? —les preguntó—. ¡Es una ofrenda santa! El Señor se la dio a ustedes para quitar la culpa de la comunidad y purificar al pueblo, y hacerlo justo ante el Señor. ¹⁸ Puesto que la sangre del animal no fue llevada al Lugar Santo, ustedes debieron haberse comido la carne en el lugar sagrado, como lo ordené.

Después de este incidente, Moisés probablemente sospechó otras violaciones de la ley. De hecho, los otros dos hijos de Aarón pasaron por alto una parte muy significativa del sacrificio de expiación; es solo por su misericordia que Dios no los quemó también. Alguien tenía que supervisar la administración de los sacrificios, las ofrendas y todo lo relacionado con el servicio a Dios. Era responsabilidad de Aarón, pero ya sabemos que no era un líder muy bueno.

Demasiados pastores tienen poca idea de lo que sucede en los diversos ministerios de sus iglesias. No es que ellos deban microgestionar todos los detalles, sino que deben asegurarse de guardar las Escrituras y honrar a Dios.

Demasiados padres tienen poca idea de lo que sucede en sus hogares. Están involucrados en su trabajo y, a menudo, en la iglesia. La responsabilidad de administrar el hogar recae en mamá. Peor aún, a veces los niños se quedan solos con poca supervisión.

¹⁹ *Aarón le contestó a Moisés:* —*Hoy, mis hijos presentaron al Señor tanto su ofrenda por el pecado como su ofrenda quemada. No obstante, me ocurrió esta tragedia. ¿Le habría agradado al Señor si yo hubiera comido la ofrenda por el pecado del pueblo en un día tan trágico como este?*

²⁰ *Cuando Moisés escuchó esto, quedó satisfecho.*

Puede parecer que Aarón está inventando excusas, pero la realidad es que fue un día muy trágico. El hombre estaba sufriendo. Los otros hijos tenían mucho temor a ofender a Dios; tal vez no quisieron tocar el sacrificio. Es cierto que Aarón y sus dos hijos no podían llorar por los muertos, pero Dios todavía es misericordioso, y Moisés quedó satisfecho cuando escuchó a su hermano.

Esperamos que ellos hayan entendido el mensaje: Dios es santo y tenemos que hacer la obra del Señor a su manera. Una y otra vez hemos visto lo lento que fue el pueblo para aprenderlo, y miles de personas murieron como resultado.

Nosotros no estamos cargados con todos los sacrificios y los detalles del Antiguo Pacto. Sin embargo, parece que tomamos el servicio a Dios muy a la ligera. ¿Y tú? ¿Eres muy cuidadoso en tu servicio a Dios? ¿Escudriñas las Escrituras para asegurarte de que estás haciendo todo conforme a la voluntad de Dios? Actualmente no vemos muchos consumidos por el fuego, pero todavía tenemos que rendir cuentas a Dios en el día del juicio. ¿Puedes decir con confianza que estás haciendo la obra del Señor como Él lo manda?

36

La rebelión de Coré

Números 16

Después del desastre con los espías, uno pensaría que Israel habría aprendido que no hay lugar para la rebelión, pero no.

¹*Cierto día, Coré, hijo de Izhar, quien era descendiente de Coat, hijo de Leví, conspiró con Datán y Abiram, hijos de Eliab, junto con On, hijo de Pelet de la tribu de Rubén.* ²*Ellos provocaron una rebelión contra Moisés junto con otros doscientos cincuenta jefes de la comunidad, quienes eran miembros prominentes de la asamblea.* ³*Todos se unieron contra Moisés y Aarón y les dijeron:*

—*¡Ustedes han ido demasiado lejos! El Señor santificó a la comunidad entera de Israel y él está con todos nosotros. ¿Qué derecho tienen ustedes para actuar como si fueran superiores al resto del pueblo del Señor?*

Envidia

¿Suena familiar? Poco tiempo atrás, Aarón se levantó junto con su hermana Miriam con la misma queja. Ahora él es blanco de críticas. Si tú eres un líder, es muy posible que hayas escuchado críticas parecidas:

- ¿Quién crees que eres?
- ¿Quién te hizo Dios?
- ¡No me digas qué hacer!

La raíz son los celos, pero es un desafío directo a la autoridad Dios-ordenada. Como la mayoría de los engaños del enemigo, hay cosas que son ciertas: Moisés no era más santo que nadie totalmente entregado al Señor, y Dios ciertamente está con todos los que hacen su voluntad. Uno no es mejor que el otro. Pero es una exageración afirmar que toda la comunidad era santa. Coré, ciertamente, no estaba actuando muy santo en ese momento; era un hombre muy orgulloso y atrevido que se puso a la misma altura que Moisés. Es el mismo espíritu que insiste en que no hay diferencia entre hombres y mujeres, con el fin de socavar la autoridad del hombre en el hogar. Ciertamente, los hombres no son mejores que las mujeres, pero la *igualdad* no tiene nada que ver con la *función*. Padre, Hijo y Espíritu Santo son igualmente Dios, pero tienen funciones distintas. Jesús se somete voluntariamente a su Padre y el Espíritu hace con mucho gusto lo que el Padre y el Hijo le indican que haga.

La ironía es que Coré seguramente se pondría por encima del pueblo si tuviera la oportunidad. Ha sucedido una y otra vez: un hombre del pueblo (como Fidel Castro, por ejemplo) lucha contra un dictador, pero luego se convierte en el mismo dictador al que condenó.

Esta fue una interesante colección de rebeldes, liderada por levitas y rubenitas. Parece que durante algún tiempo buscaron el apoyo de los 250 líderes. Esto fue una conspiración o aún un golpe de Estado. Puede que Coré quisiera ser ese líder que los llevara de regreso a Egipto. Sabemos que Moisés había nombrado ancianos, pero ahora nos enteramos de que también establecieron un concilio formal que debería funcionar bajo la autoridad de Moisés, apoyándolo y llevándole las inquietudes del pueblo. Pero parece que hubo una falta de comunicación, tal vez porque Moisés estaba tan ocupado intercediendo con Dios que no destruyera a los destruyera después del incidente con los espías. Si el líder no es consciente del descontento, por lo general hay un "Coré" listo para aprovechar la situación.

Cómo responde Moisés

4 *Cuando Moisés oyó lo que decían, cayó rostro en tierra.*

Moisés había aprendido bien; en lugar de levantarse en su propia defensa, se humillaba reflexivamente. Él sabe que Dios es el único que puede ayudarle. Después de todo, es él (y cualquier ayuda que Aarón pueda brindar) contra 250 líderes, y probablemente Moisés no era muy popular entre el resto de la gente en ese momento.

5 *Entonces les dijo a Coré y a sus seguidores:*

—*Mañana por la mañana el Señor nos mostrará quién le pertenece a él y quién es santo. El Señor permitirá la entrada a su presencia solo a quienes él elija.* **6** *Coré, tú y tus seguidores preparen sus recipientes para quemar incienso.* **7** *Mañana enciendan fuego en ellos y quemen incienso ante el Señor. Entonces veremos a quién elige el Señor como su santo. ¡Ustedes, levitas, son los que han ido demasiado lejos!*

Moisés no permaneció postrado en su rostro. Es posible esconderse detrás de Dios y no pararse como un hombre para enfrentar la oposición. Lo impresionante de Moisés es su total dependencia de Dios. Él plantea un desafío y establece los parámetros para resolver el problema. A pesar de esta rebelión, Moisés está claramente a cargo. Él confía en que Dios le dará el apoyo necesario y, si por alguna razón no lo hace, Moisés probablemente estaría muy feliz de regresar con sus ovejas y su familia en Madián.

Moisés está perdiendo la paciencia. Él ha sufrido murmullos y quejas, pero este desafío por parte de sus propios líderes es demasiado. Han cruzado la línea, deshonrando a quienes Dios ha puesto en autoridad.

Sé contento con lo que Dios te dio

⁸ *Moisés le habló de nuevo a Coré: «¡Ahora escuchen, levitas!* **⁹** *¿Les parece de poca importancia que el Dios de Israel los escogiera de entre toda la comunidad israelita para estar cerca de él de manera que sirvan en el tabernáculo del Señor y que estén delante de los israelitas para ministrarles?* **¹⁰** *Coré, él ya les dio este ministerio especial a ti y a tus hermanos, los levitas. ¿Ahora también reclaman el sacerdocio?* **¹¹** *¡En realidad es contra el Señor que tú y tus seguidores se rebelan! Pues, ¿quién es Aarón para que se quejen de él?».*

Muchos no están contentos con los dones y la posición que Dios les ha dado, y codician. Por ejemplo, no basta con ser copastor; siempre busca alguna falla en el pastor principal y, sutilmente, trata de socavar su autoridad, esperando obtener su posición. O tú puedes tener un papel aparentemente insignificante en la iglesia y crees que mereces más. Si eres fiel en lo poco y te humillas, Dios puede exaltarte y darte más responsabilidad. O no. Él es el encargado. Esto también aplica a tu trabajo y a otras situaciones fuera de la iglesia. Piensa bien en lo que estás codiciando. ¿Por qué querrías los dolores de cabeza de Moisés? Lo vemos en la política todo el tiempo: es fácil criticar a quienes están en el poder y prometer hacerlo mejor, pero, por lo general, una vez que tienen el poder, aprenden rápidamente los desafíos del liderazgo.

Ten cuidado de no envidiar los dones y el llamado de los demás. ¿Estás codiciando la posición de alguien? ¿Criticás sutilmente a quienes tienen autoridad para mejorar tu propia popularidad? ¿Has hablado con tu pastor u otro líder sobre los retos que enfrentan? ¿Hay algo que puedas hacer para apoyarlos? ¿Hay un Coré en tu iglesia u organización?

En este caso, los líderes eran levitas. Ya estaban apartados como una tribu especial para ministrar al Señor, con acceso a los lugares santos. Como señala correctamente Moisés, en realidad no se rebelan contra él, sino contra Dios, por lo que Moisés va a permitir que Dios resuelva el problema.

Egipto, ¿la tierra que fluye leche y miel?

¹² *Luego Moisés mandó llamar a Datán y a Abiram, los hijos de Eliab, pero ellos respondieron: «¡Rehusamos presentarnos ante ti! ¹³ ¿No te basta que nos sacaste de Egipto, una tierra donde fluyen la leche y la miel, para matarnos aquí en este desierto, y que además ahora nos trates como a tus súbditos? ¹⁴ Es más, no nos has llevado a una tierra donde fluyen la leche y la miel. Ni nos has dado una nueva patria con campos y viñedos. ¿Intentas engañar a estos hombres? ¡Nosotros no iremos!».*

¹⁵ *Entonces Moisés se enojó mucho y le dijo al Señor: «¡No aceptes sus ofrendas de grano! Yo no les he quitado ni siquiera un burro, ni jamás he lastimado a ninguno de ellos».*

Ahora Moisés se dirige a los dos hijos de Rubén. Parece que no estaban presentes cuando los demás presentaron su queja y cuando Moisés los llamó, ¡se niegan a venir! Su desprecio por él es obvio. Hay varias cosas que los están molestando:

- Habían sufrido como esclavos en Egipto y Moisés les recuerda a sus amos egipcios. No han superado la desconfianza general hacia la autoridad ni han aprendido a distinguir entre la autoridad Dios-ordenada y la autoridad egipcia abusiva.

- De alguna manera, tenían la idea de que Moisés maltrataba a la gente y les robaba cosas para su propio beneficio.

- Han olvidado, convenientemente, por qué no heredarán los campos y viñedos prometidos. En cambio, acusan a Moisés de no darles una tierra que fluye leche y miel. Además de eso, acaban de enterarse de que van a vagar cuarenta años en el desierto, donde morirán. Tienen que hacer algo para mejorar la vida.

- Ellos totalmente confunden los hechos (como a menudo sucede cuando estamos en rebelión). Por supuesto, el engañador está siempre dispuesto a ayudarlos. De alguna manera se olvidan de cómo era la vida en Egipto. ¡Lo llaman una tierra que fluye leche y miel! Por supuesto, Moisés es culpable de sacarlos de esa buena vida y ahora los está llevando a la muerte.

Esto fue demasiado, incluso para Moisés. Está enfadado y le pide a Dios que no acepte la ofrenda que planeaban hacer en alguna exhibición hipócrita de espiritualidad.

El desafío

[16] *Y Moisés le dijo a Coré: «Tú y tus seguidores deberán venir aquí mañana y presentarse ante el Señor. Aarón también estará presente.* [17] *Tú y cada uno de tus doscientos cincuenta seguidores deberán preparar un incensario y ponerle incienso para que todos puedan presentarlos ante el Señor. Aarón también llevará el suyo».*

¿Qué esperaban que sucediera? No sabemos si Dios le mandó a Moisés que hiciera esto o si Moisés tomó la iniciativa de organizarlo. Veamos si obedecen sus instrucciones y vienen preparados con sus incensarios:

18 *Así que cada hombre preparó un recipiente para quemar incienso, lo encendió y le puso incienso. Después se presentaron a la entrada del tabernáculo con Moisés y Aarón.* **19** *Mientras tanto, Coré había incitado a toda la comunidad contra Moisés y Aarón, y todos se reunieron a la entrada del tabernáculo. Entonces la gloriosa presencia del Señor se apareció ante toda la comunidad.* **20** *Y el Señor les dijo a Moisés y a Aarón:* **21** *—¡Aléjense de todas estas personas para que pueda destruirlas en el acto!*

Sorprendentemente, lo hicieron exactamente conforme a la palabra de Moisés. Imagina a 254 hombres con sus incensarios frente a Moisés y Aarón, cuando, de repente, la gloria del Señor aparece. No sucedió en silencio ni en secreto; toda la asamblea esperaba ver qué pasaría. Probablemente muchos querían ver a Moisés apartado de su posición elevada. No está claro si todos escucharon la voz de Dios; parece que el Señor solo habló con Moisés y Aarón. Dios está enojado; esta es, al menos, la tercera vez que quiere destruir a toda la nación. Solo Moisés y Aarón se quedarían; de no alejarse de la asamblea, también podrían ser consumidos.

Moisés intercede por la asamblea

22 *Pero Moisés y Aarón cayeron rostro en tierra y rogaron: —¡Oh Dios, tú eres el Dios que da aliento a todas las criaturas! ¿Tienes que enojarte con todo el pueblo cuando solo un hombre peca?*

¿Viste eso? Otra vez Moisés y Aarón se postraron sobre sus rostros, esta vez en respuesta a lo que Dios dijo. ¿Por qué no dejar que Dios los elimine? ¿Cómo te sientes al escuchar profecías de juicio? ¿Estás feliz de que esos "pecadores" finalmente reciban lo que se merecen? ¿O caes rostro en tierra, pidiendo la misericordia de Dios para tu país?

Creo que nadie culparía a Moisés si aceptara esta oferta de Dios y se deshiciera de todo este grupo problemático. ¡Tendría cuarenta años más con ellos! ¿Cómo te sentirías atrapado con tus críticos más feroces durante los próximos cuarenta años? Pero Moisés es consistente y muy justo. Sabía que Coré era el cabecilla y lo fácil que es engañar a la gente, por lo que rogó a Dios que no juzgara a toda la asamblea por el pecado de un solo hombre.

Debemos aprender de su ejemplo y no clasificar a un grupo o a una iglesia entera por el pecado de una persona. Pide discernimiento para determinar quién es responsable. Escudriña tu corazón para ver cuánto amor tienes por los perdidos. ¿Eres más apto para juzgar o para rogar por la misericordia de Dios? ¿Podría ser que Dios quisiera poner a prueba el compromiso de Moisés con su pueblo? ¿Podría ser que Dios esté probándote?

Juicio

23 Y el Señor le dijo a Moisés: *24 —Entonces dile a todo el pueblo que se aleje de las carpas de Coré, Datán y Abiram.*

25 Así que Moisés se levantó y fue a toda prisa hasta las carpas de Datán y Abiram, seguido por los ancianos de Israel. 26 «¡Rápido! —le dijo a la gente—, aléjense de las carpas de estos hombres perversos y no toquen ninguna de sus pertenencias. De lo contrario, serán destruidos por el pecado de ellos». 27 Entonces todo el pueblo se alejó de las carpas de Coré, Datán y Abiram. Pero Datán y Abiram salieron y esperaron de pie a la entrada de sus carpas, junto con sus esposas, sus hijos y sus pequeños.

Finalmente aparecen Datán y Abiram; es posible que deliberadamente no hayan participado en el desafío del incensario como otro signo de su rebelión. La gente se agolpaba para ver lo que sucedería. Eso puede ser una reacción natural, pero ten cuidado con la curiosidad. Aléjate de los rebeldes. No toques sus cosas, o podrías ser destruido junto con ellos por su pecado. Trágicamente, la familia no tiene esa opción; cuando la cabeza peca, toda la familia sufre.

¿Estás cerca de gente que Dios va a juzgar? ¿Tienes curiosidad por las vidas de los pecadores? ¿Te fascinan? ¿Hasta ver programas y leer artículos en Internet sobre ellos?

²⁸ *Y Moisés les dijo: «Esta es la manera en que sabrán que el Señor me ha enviado a realizar todas estas cosas, pues no las he hecho por mi propia cuenta. ²⁹ Si estos hombres mueren de muerte natural o si nada fuera de lo común les sucede, entonces el Señor no me ha enviado; ³⁰ pero si el Señor hace algo totalmente nuevo y la tierra abre su boca y se los traga con todas sus pertenencias y descienden vivos a la tumba, entonces ustedes sabrán que estos hombres mostraron desprecio por el Señor».*

El escenario está listo y es dramático. No solo trataban a Moisés con desprecio, sino que también irritaban y menospreciaban a Dios. No sabemos si Dios le dijo a Moisés lo que estaba a punto de hacer, o si Moisés caminó tan cerca de Dios que conocía su corazón y, en fe, proclamó lo que Dios haría. De cualquier manera, es una declaración audaz; si tú haces tal declaración, asegúrate de que realmente sea de Dios y no solo de tu invención.

³¹ *Apenas Moisés terminó de decir estas palabras, la tierra repentinamente se abrió debajo de ellos.* ³² *La tierra abrió la boca y se tragó a los hombres, junto con todos los de su casa y todos sus seguidores que estaban junto a ellos y todo lo que poseían.* ³³ *Así que descendieron vivos a la tumba, junto con todas sus pertenencias. La tierra se cerró encima de ellos y desaparecieron de entre el pueblo de Israel;* ³⁴ *y toda la gente que los rodeaba huyó cuando oyó sus gritos. «¡La tierra nos tragará a nosotros también!», exclamaron.*

Esto debería convencer a la gente de que Moisés fue escogido por Dios y hacerla pensar dos veces antes de rebelarse contra la autoridad delegada por Dios. ¡Parece que puso el temor de Dios en ellos!

Cuando contemples hacer algo estúpido, imagina a las esposas e hijos de estos hombres (y sus perros y todos sus bienes) siendo tragados. Escucha sus gritos. Aun si no le temes a Dios, por amor a tu familia, arrepiéntete y busca a Dios.

³⁵ Entonces un fuego ardiente salió del Señor y consumió a los doscientos cincuenta hombres que ofrecían incienso.

Apenas empezó la masacre; el fuego que consumió a los 250 hombres fue tan dramático como el de los líderes tragados.

³⁶El Señor le dijo a Moisés: ³⁷ «Dile a Eleazar, hijo del sacerdote Aarón, que saque todos los incensarios del fuego, porque son santos. También dile que esparza los carbones encendidos. ³⁸ Toma los incensarios de estos hombres que pecaron a costa de sus vidas, y de ese metal elabora láminas a martillo para recubrir el altar. Como estos incensarios se usaron en la presencia del Señor, ya son santos. Que sirvan como advertencia al pueblo de Israel».

³⁹ Así que Eleazar, el sacerdote, recuperó los doscientos cincuenta incensarios de bronce usados por los hombres que murieron en el fuego y del bronce se elaboró una lámina a martillo para recubrir el altar. ⁴⁰ Esta lámina serviría de advertencia a los israelitas para que nadie que no fuera autorizado —nadie que no fuera descendiente de Aarón— entrara jamás a la presencia del Señor para quemar incienso. Si alguien lo hiciera, les sucedería lo mismo que a Coré y a sus seguidores. Entonces cumplieron las instrucciones que el Señor le dio a Moisés.

Los incensarios se convirtieron en un recordatorio permanente para Israel de lo serio que resulta rebelarse contra Dios y sus autoridades.

¡Más murmullos!

41 *Sin embargo, tan pronto como la mañana siguiente, toda la comunidad de Israel comenzó de nuevo a murmurar contra Moisés y Aarón diciendo: «¡Ustedes mataron al pueblo del Señor!».*

¡Me asombra que la gente pueda hacer esto! Después de que Dios reivindicó y ratificó su liderazgo de manera tan convincente, ¿cómo podrían atreverse a murmurar contra Moisés y Aarón? ¿Cómo podrían acusarlos de matar gente? ¿Por qué es tan fácil para nosotros dudar y desobedecer, siendo testigos del poder de Dios y conociendo su voluntad?

42 *Cuando la comunidad se congregaba para protestar contra Moisés y Aarón, la gente se dio vuelta hacia el tabernáculo y vio que la nube lo había cubierto y que había aparecido la gloriosa presencia del Señor.*

43 *Entonces Moisés y Aarón fueron al frente del tabernáculo,* **44** *y el Señor le dijo a Moisés:* **45** *«¡Aléjate de toda esta gente para que la destruya inmediatamente!». Pero Moisés y Aarón cayeron rostro en tierra.*

Esto ya suena demasiado familiar: Moisés y Aarón están de nuevo con los rostros en tierra. Dios está harto, de nuevo. Pero esta vez hay algo diferente; la matanza ya comenzó. Esto es una emergencia. ¿Qué hará Moisés?

Expiación para el pueblo

46 *Y Moisés le dijo a Aarón: «Rápido, toma un recipiente para quemar incienso y ponle carbones encendidos del altar. Agrégale incienso y llévalo entre el pueblo para purificarlos y hacerlos justos ante el Señor. El enojo del Señor ya arde contra ellos y la plaga ha comenzado».*

⁴⁷ *Entonces Aarón hizo como Moisés le dijo y corrió entre el pueblo. La plaga ya había comenzado a matar a la gente, pero Aarón quemó el incienso y purificó al pueblo.*

De alguna manera tienen que hacer expiación por este pecado. Moisés sabe que orar por el pueblo no será suficiente esta vez. No estoy exactamente seguro de cómo, pero el incienso y los carbones encendidos del altar hicieron expiación. Moisés no pudo hacerlo, pero como sumo sacerdote, Aarón tenía la autoridad para interceder por el pueblo. Hasta ahora, Aarón no ha sido muy impresionante, pero ya ha visto lo suficiente como para saber que debe hacer lo que le dice su hermano. Mientras corría entre la multitud (que ya estaba cayendo muerta), se hizo expiación. Parece que esta experiencia fue muy importante para la formación de Aarón como varón de Dios.

⁴⁸ *Se puso entre los vivos y los muertos y se detuvo la plaga.* **⁴⁹** *Aun así, 14.700 personas murieron por esa plaga, además de los que habían muerto por la rebelión de Coré.* **⁵⁰** *Entonces, debido a que la plaga se detuvo, Aarón regresó donde estaba Moisés a la entrada del tabernáculo.*

Coré y todos sus compañeros ya están muertos; ahora casi 15,000 murieron de una plaga. Eso debería llamar su atención, pero Dios quiere hacer aún más para mostrar su apoyo a Moisés y Aarón. En el capítulo 17 de Números (un capítulo inusualmente breve para el Pentateuco, solo tiene 13 versos), el líder de cada una de las doce tribus tuvo que colocar su vara, con su nombre escrito en ella, delante del arca en el tabernáculo. La que brotó pertenecería al hombre que Dios escogió. ¿El propósito de Dios? *"Finalmente pondré fin a las murmuraciones y a las quejas de este pueblo en contra de ustedes"* (v. 5).

Bueno, adivina: ¿cuál vara retoñó? ¡La de Aarón! No solo retoñó, sino que floreció y salieron almendras. La vara se colocó en el arca como un recordatorio permanente para los israelitas, y parece que esta vez recibieron el mensaje. Por alguna razón, esto realmente los asustó: «¡*Estamos perdidos!* ¡*Moriremos!* ¡*Estamos arruinados! Cualquiera que tan siquiera se acerque al tabernáculo del Señor morirá. ¿Acaso estamos todos condenados a morir?*» No hay registro de la respuesta de Moisés, pero parece que las quejas terminaron por un tiempo. Los siguientes capítulos detallan los deberes del sacerdocio.

La rebelión ha sido un golpe mortal para esta joven nación y la ha privado de la Tierra Prometida. Ha tocado a casi todo el mundo, excepto a Moisés, Josué y Caleb. En un último acto de rebeldía, va a tocar al gran líder también.

37

Un error costoso para Moisés

Números 20

Moisés ha sido un gran ejemplo de humildad, fe, obediencia y servicio sacrificial. Él se mantuvo firme ante la rebelión de casi todo el pueblo de Israel. Parece que su recompensa mínima sería disfrutar un poco de las riquezas de la Tierra Prometida. ¿No pensarías que Moisés sería el último en perder su recompensa por su rebelión?

¹El primer mes del año, toda la comunidad de Israel llegó al desierto de Zin y acampó en Cades. Mientras estaban allí, Miriam murió y la enterraron.

Han pasado muchos años; pronto entrarán en la Tierra Prometida. Se registra muy poco sobre esos años de vagancia en el desierto. La última vez que se mencionó a Miriam, ella lideró una rebelión contra su hermano Moisés. Ahora está muerta. No sabemos cómo fue su relación con Moisés después de la rebelión, pero conociendo a Moisés, creo que la perdonó. Él ahora está de luto; lo último que necesita es más problemas del pueblo.

Un problema común: No hay agua

² Como la gente no tenía agua, se reunieron todos para protestar contra Moisés y Aarón, ³ y le dijeron a Moisés: —¡Ojalá hubiéramos muerto junto con los otros israelitas que hizo morir el Señor! ⁴ ¿Para qué trajeron ustedes al pueblo del Señor a este desierto? ¿Acaso quieren que muramos nosotros y nuestro ganado?* *⁵¿Para qué nos sacaron de Egipto y nos trajeron a este lugar tan horrible? Aquí no se puede sembrar nada; no hay higueras, ni viñedos, ni granados; ¡ni siquiera hay agua para beber!*

Algunas cosas nunca cambian, especialmente en el desierto. ¡Todavía hay falta de agua! Pero Dios siempre ha provisto agua; nadie había muerto de sed. Lástima que esos milagros no resultaran en una fe firme de que Dios la supliría otra vez. ¡Y después de casi 40 años, todavía están pensando en Egipto! ¿Qué hacen en su desesperación? Se juntan contra Moisés y Aarón y protestan y culpan a Moisés por estar en ese lugar seco. Están desilusionados, sedientos y desesperados. Les parece mejor morir.

¿Y somos nosotros tan diferentes? En situaciones desesperadas es tan fácil para nosotros olvidar la fidelidad de Dios.

- ¿Estás decepcionado con Dios por un pastor o líder que no cumplió sus promesas? ¿Has aprendido a diferenciar entre las promesas de Dios y las promesas que los hombres pueden hacer a la ligera?

- ¿Tienes miedo de lo que te pueda pasar a ti o a tu familia?

- ¿Has perdido la voluntad de vivir o incluso has pensado en suicidarte?

- ¿Estás en un lugar horrible en este momento?

- ¿Crees que Dios aún te llevará a un lugar con higos, viñas y granadas?

La gente desesperada tiende a reunirse en oposición a quien le hace la vida difícil. ¿Eres parte de un grupo de quejicos? ¿Hay alguien a quien culpes por tus luchas?

La provisión de Dios

⁶Entonces Moisés y Aarón se apartaron del pueblo y fueron a la entrada del tabernáculo, donde cayeron rostro en tierra. Allí la presencia gloriosa del Señor se les apareció, ⁷y el Señor le dijo a Moisés: ⁸«Tú y Aarón tomen la vara y reúnan a toda la comunidad. En presencia de todo el pueblo, háblale a la roca y de ella brotará agua. De la roca proveerás suficiente agua para satisfacer a toda la comunidad y a sus animales».

Aarón ha tenido sus momentos difíciles, como el becerro de oro y la rebelión de Miriam, pero después de todo, se acercó a Moisés y ahora hacen todo juntos. Ya están acostumbrados a caer rostro en tierra. Ellos hacen lo correcto: van al Señor y se humillan ante su presencia. Otra vez más su gloria apareció y dio instrucciones claras para resolver el problema: Moisés tiene que tomar su vara, pero esta vez no hace nada con ella. Solo debe hablar a la roca en presencia de todo Israel y el agua brotará. Dios quiere que toda la asamblea sea testigo de este milagro. En Éxodo 17, cuando Moisés golpeó la roca, solo los ancianos estaban presentes.

¿No sería genial si siempre fuese tan fácil? ¿Has hecho lo que parece correcto, pero la gloria de Dios nunca aparece? ¿O has pedido su dirección, pero no has recibido respuesta?

⁹Así que Moisés hizo lo que se le dijo. Tomó la vara del lugar donde se guardaba en la presencia del Señor. ¹⁰Luego él y Aarón mandaron a llamar al pueblo a reunirse frente a la roca.

Suena bien. Como siempre, Moisés hace exactamente lo que Dios le manda. Casi se convierte en una rutina. Haces todo lo correcto;

has manejado otras crisis y esta no parece tan grande. ¿Y el agua de una roca? No hay problema. Es solo un día más en el camino del Éxodo. Pero no tengas demasiada confianza, porque cuando la tienes, dejas espacio para lo que puede parecer un error pequeño.

La rebelión tonta de Moisés

«¡*Escuchen, ustedes rebeldes!* —*gritó*—. *¿Acaso debemos sacarles agua de esta roca?*». [11] *Enseguida Moisés levantó su mano y golpeó la roca dos veces con la vara y el agua brotó a chorros. Así que toda la comunidad y sus animales bebieron hasta saciarse.*

Varias veces Dios quiso destruir a todo el pueblo. Ésta no es la primera vez que Moisés se ha irritado por ellos. Tantas veces los había salvado por su intercesión y todavía no estaban agradecidos. Moisés sabe que los cuarenta años casi han terminado; tal vez finalmente se sienta libre de expresar su frustración y su enojo. Él los llama rebeldes, como son. Pero luego desobedece a Dios y golpea la roca dos veces con la misma vara que Dios santificó y ha usado tantas veces. La golpea con ira y mucha fuerza.

Al principio, no parece ser un gran problema: brotó agua en abundancia y todos bebieron. El problema se resolvió. Por alguna razón, tal vez porque el pecado de Moisés no tuvo nada que ver con la comunidad, Dios todavía obra el milagro. Pero el hecho de que alguien haga milagros no implica necesariamente que esté haciendo la voluntad de Dios. Dios puede contestar sus oraciones por el bien de la persona que recibe el milagro.

Es cierto que en el pasado Dios le mandó a Moisés golpear la roca para que brotara agua, pero este es un nuevo día. A Dios le gusta mantenernos alertas, cambiando la forma en que hace las cosas. Puede que la comunidad no sepa que Moisés hizo mal, pero Dios los llama a Moisés y a Aarón a rendir cuentas, y las consecuencias son devastadoras.

Las consecuencias de su rebelión

¹² Sin embargo, el Señor les dijo a Moisés y a Aarón: «¡Puesto que no confiaron lo suficiente en mí para demostrar mi santidad a los israelitas, ustedes no los llevarán a la tierra que les doy!».

Para Dios, la desobediencia de Moisés fue una falta de confianza o de fe. ¿No le creyó que hablar a la roca produciría agua? ¿Se olvidó de quién manda? La ira es poderosa y tal vez fue la fuente del pecado de Moisés.

Honramos a Dios como santo cuando le obedecemos y mostramos su amor y su cuidado a la gente. Moisés estaba muy consciente de la importancia de honrar a Dios; en el incidente del "fuego extraño" en Levítico 10 (capítulo 35 en este libro), compartió con Aarón esta palabra que Dios le había dado:

En los que a mí se acercan me santificaré, y en presencia de todo el pueblo seré glorificado.

Moisés era el rostro de Dios para ese pueblo y tenía que modelar el carácter de Dios. En cambio, aquí toda la nación lo vio deshonrar a Dios. Los líderes tienen una mayor responsabilidad y enfrentan un castigo más fuerte por traer mala fama a su Señor.

Todavía me estremezco al leer esto. ¿Cómo puede Dios ser tan severo con un hombre que hizo un trabajo casi imposible tan bien? Para mí sería devastador no poder entrar en la tierra que le había prometido a la gente durante cuarenta años. No creas que puedes desobedecer a Dios sin consecuencias severas solo porque lo has servido durante muchos años.

¹³ Por eso este lugar se conoce como las aguas de Meriba (que significa «discusión») porque allí el pueblo de Israel discutió con el Señor y él demostró su santidad entre ellos.

Anteriormente discutieron con Moisés, pero ahora dice que discutieron con el Señor. Los dos estaban tan unidos que discutir con Moisés era discutir con Dios, lo que vuelve el pecado de Moisés tan grave.

¿Y cómo mostró Dios su santidad? Al mostrar su poder al suministrar agua y ni siquiera permitir que un sirviente especial como Moisés se rebele. Eso sería una violación de su santidad y justicia, y no hay acepción de personas ante Dios.

La muerte de Aarón

Poco después de ese fuerte golpe, Aarón murió. ¡Moisés perdió a su hermana y a su hermano en el mismo capítulo! Dios les negó la entrada a la Tierra Prometida tanto a Aarón como a Moisés, pero Aarón era más prescindible; su hora llegó antes.

²² Toda la comunidad israelita partió de Cades y llegó al monte Hor. ²³ Allí, en la frontera de la tierra de Edom, el Señor les dijo a Moisés y a Aarón: ²⁴ «Ha llegado el momento en que Aarón se reúna con sus antepasados al morir. Él no entrará a la tierra que le daré al pueblo de Israel, porque ustedes dos se rebelaron contra mis instrucciones con respecto al agua en Meriba. ²⁵ Lleva a Aarón y a su hijo Eleazar y suban al monte Hor. ²⁶ Ahí le quitarás las vestiduras sacerdotales a Aarón y se las pondrás a su hijo Eleazar. Aarón morirá allí y se reunirá con sus antepasados».

No parece una despedida muy apropiada para el primer sumo sacerdote y uno de los mayores líderes de Israel. Parece que Aarón pagó por el pecado de su hermano. Dios se dirige a ambos, pero habla de Aarón en tercera persona. No le agradece lo que ha hecho ni le asegura el perdón por sus fracasos. Moisés tiene que escalar una montaña más, quitarle la ropa a Aarón y ponérsela a su hijo y sucesor como sumo sacerdote. *²⁷ Así que Moisés hizo lo que el Señor le ordenó. Los tres subieron juntos al monte Hor, mientras toda la comunidad observaba. ²⁸ En la cumbre, Moisés le quitó las vestiduras sacerdotales a Aarón y se las puso a Eleazar, hijo de Aarón. Entonces Aarón murió en la cima de la montaña y Moisés y Eleazar descendieron. ²⁹ Cuando el pueblo se dio cuenta de que Aarón había muerto, todo Israel lo lloró por treinta días.*

Una vez más, Moisés hace exactamente lo que Dios le manda. No sabemos qué dijeron estos tres hombres en esa montaña. Después de la muerte de Aarón, todo se detuvo durante treinta días de luto. Moisés sabía que sería el próximo. Hay una escena conmovedora en Números 27 cuando se acerca al final:

¹² Cierto día el Señor le dijo a Moisés: —Sube a una de las montañas al oriente del río, y contempla la tierra que le he dado al pueblo de Israel. ¹³ Después de verla, al igual que tu hermano Aarón, morirás; ¹⁴ pues los dos se rebelaron contra mis instrucciones en el desierto de Zin. Cuando los israelitas se rebelaron, ustedes no les demostraron mi santidad junto a las aguas.

Otra subida de montaña. En lo que sería muy agridulce, Moisés ve la tierra que fluye leche y miel, pero nunca entrará en ella. No habrá misericordia para Moisés. Él no discute con Dios, sino que acepta su destino. ¿Qué más puede hacer? A veces, debido a nuestro pecado, perdemos las bendiciones que el Señor había planeado para nosotros; un hijo u otro líder puede recibir los beneficios de nuestro duro trabajo.

Moisés unge a su sucesor

15 Entonces Moisés le dijo al Señor: **16** —Oh Señor, tú eres el Dios que da aliento a todas las criaturas. Por favor, nombra a un nuevo líder de la comunidad. **17** Dales a alguien que los guíe dondequiera que vayan y que los conduzca en batalla, para que la comunidad del Señor no ande como ovejas sin pastor.

Moisés ya es muy mayor. Ha experimentado mucho en su vida. Ya está listo para dejar este mundo y todas sus tribulaciones, para morar eternamente en la presencia de su Señor, pero hay una cosa que le preocupa antes de su muerte: un pastor que lo guíe y cuide a este pueblo que ha pastoreado con tanto amor.

¿Eres consciente de que no vas a estar aquí para siempre? ¿Estás preparando a alguien para continuar el trabajo que Dios te ha dado? Puede que Dios te traslade a otro lugar o que mueras, pero no dejes al pueblo de Dios sin pastor.

18 El Señor le respondió: —Toma a Josué, hijo de Nun, en quien está el Espíritu, y pon tus manos sobre él. **19** Preséntalo al sacerdote Eleazar ante toda la comunidad y públicamente encárgale que dirija al pueblo. **20** Entrégale de tu autoridad para que toda la comunidad de Israel lo obedezca. **21** Cuando se necesite dirección del Señor, Josué se presentará ante el sacerdote Eleazar, quien usará el Urim —uno de los sorteos sagrados que se hacen ante el Señor— para determinar su voluntad. De esta manera Josué y el resto de la comunidad de Israel decidirán todo lo que deben hacer.

Parece obvio que Josué sería el elegido, pero Moisés quiere la confirmación del Señor. Hubo pasos específicos que tuvo que seguir en su ordenación como líder:

- El Espíritu Santo moraba en muy pocas personas en aquel entonces. La presencia del Espíritu era esencial

- para el liderazgo y, de alguna manera, Josué ya estaba lleno del Espíritu.
- Moisés pone su mano sobre él, una práctica que todavía seguimos cuando ordenamos y comisionamos a los líderes.
- Lo hace públicamente, frente al sumo sacerdote y a todo el pueblo. Es importante que las transiciones de liderazgo se hagan públicamente y no sorprendan a la asamblea.
- Moisés delegó parte de su autoridad en Josué— cómo lo hizo no está claro. Si Dios lo ha ordenado, puede transmitirse su autoridad de un hombre a otro. Esa autoridad era esencial. Sin ella, Israel no tendría que obedecer a Josué. Con ella estarían en pecado si no lo hicieran.
- Moisés había hablado directamente con el Señor para pedirle dirección, pero para Josué esa palabra vendría por medio del sumo sacerdote, Eleazar.

[22] Así que Moisés hizo lo que el Señor le ordenó y presentó a Josué ante el sacerdote Eleazar y ante toda la comunidad. [23] Luego Moisés impuso sus manos sobre él y le entregó el cargo de dirigir al pueblo, tal como el Señor había ordenado por medio de Moisés.

Como había hecho tantas veces, Moisés hizo exactamente lo que Dios le mandó. Muy pronto pagará el precio de su rebelión. Él está listo para irse. Ha visto la tierra y su sucesor está listo. Ahora Moisés quiere escuchar esas palabras que cada siervo del Señor anhela: "Hiciste bien, buen siervo y fiel."

La palabra de Dios para ti

¿Y tú? Este pasaje tiene enseñanzas que te ayudarán a ser un siervo bueno y fiel y terminar bien:

- Cuando estás en la voluntad de Dios y encuentras un problema, Él te dará una solución. No intentes resolverlo por tu cuenta ni entrar en discusiones con la gente. Ve directamente a Dios, cae sobre tu rostro y espera sus instrucciones.

- Moisés dudó si el agua brotaría de una roca a su palabra. Hay mucho poder en proclamar la palabra que Dios te da. Confía en Él.

- Haz exactamente lo que Él te manda hacer. No hay lugar para improvisar ni mejorar su plan. Tal vez por esa razón, aquellos que hicieron grandes cosas en Mateo 7 fueron rechazados por Jesús: no estaban haciendo la voluntad del Padre.

- Cuidado con la ira y la frustración; pueden nublar tu juicio y hacerte caer en problemas muy graves.

- Ten cuidado cuando estés casi en casa; casi en la Tierra Prometida. Es fácil aflojar un poco; las consecuencias pueden ser devastadoras.

- Honra a Dios como santo en todo lo que hagas. Nunca hagas algo que traiga desprecio a su nombre. Muestra tu fe y confía en Él, haciendo lo que Él te manda hacer.

Si un gran hombre como Moisés perdió la oportunidad de entrar en la Tierra Prometida debido a lo que parece ser una desobediencia relativamente menor, ¿qué pasará con aquellos que flagrantemente y constantemente violan la santidad de Dios y hacen el ministerio a su manera?

38

Salvación a través de una serpiente
Números 21

¿Hasta cuándo continuará Israel en su rebelión? ¿Jamás se acabará? Hemos visto cómo nuestro Dios se enfureció, se entristeció y se cansó por ella. Y, si somos honestos, tenemos que confesar que también somos profundamente afectados por nuestra naturaleza caída. Somos propensos a la misma incredulidad, a los murmullos y a la desobediencia. Sin embargo, nos resistimos a confesar "Yo soy un rebelde". Queremos justificar y minimizar su gravedad. ¿Has examinado tu corazón en busca de evidencia de esa rebelión?

Sin embargo, recuerda que en este éxodo hablamos de un período de cuarenta años. Es posible que hayan pasado muchos meses pacientemente soportando los viajes interminables, la misma comida y las duras condiciones. Es cierto que leemos sobre mucha rebelión en las Escrituras, pero es posible que solo haya una rebelión grave cada año, aunque eso no minimiza su gravedad ante Dios ni las consecuencias graves para la nación.

Impaciencia en el viaje

⁴ Luego el pueblo de Israel salió del monte Hor y tomó el camino hacia el mar Rojo para bordear la tierra de Edom; pero el pueblo se impacientó con tan larga jornada ⁵ y comenzó a hablar contra Dios y Moisés: «¿Por qué nos sacaron de Egipto para morir aquí en el desierto? —se quejaron—. Aquí no hay nada para comer ni agua para beber. ¡Además, detestamos este horrible maná!».

Tantas veces hemos escuchado la misma queja: No hay nada para beber ni para comer, excepto el maná, y están hartos de él. Tienen razón al lamentar que van a morir en el desierto. Fue el castigo por su rebelión cuando los espías volvieron de la Tierra Prometida. Al final de los cuarenta años, no tenían nada que mostrar por todo ese tiempo que habían pasado caminando por el desierto. Incluso la esclavitud en Egipto les resultaba atractiva, aunque casi ninguno de ellos la había experimentado; solo habían escuchado historias romantizadas sobre la vida allí.

Al principio, eran reacios a quejarse de Dios; dirigían sus quejas a Moisés. Pero ahora también hablan en contra del Señor.

"¿Cuándo llegaremos?"

Cuando viajamos en automóvil durante varias horas, es común que los chiquillos lloren una y otra vez: "¿Cuándo llegaremos?" ¡Todos queremos llegar! ¡Queremos las bendiciones prometidas ya! Pero Dios usa el viaje, el proceso, para formarnos y prepararnos para nuestro destino, que no está aquí en la tierra. Cuando nos impacientemos y refunfuñemos, somos vulnerables al pecado.

- ¿Estás impaciente con el largo viaje?
- ¿Sientes que andas perdido?
- ¿Piensas mucho en los buenos tiempos del pasado?
- ¿Te parece inadecuada la provisión de Dios en el desierto?
- ¿Estás cansado del maná, sobre todo cuando ves a otros disfrutar de una comida rica?
- ¿Tienes dudas sobre si sobrevivirás?
- ¿Recuerdas cómo se siente Dios ante las quejas?

¡Serpientes!

⁶ *Entonces el Señor envió serpientes venenosas entre el pueblo y muchos fueron mordidos y murieron.*

Esto es diferente; parece que al Señor le gusta mantenernos vigilantes. Lástima que tengamos que ser mordidos o incluso morir para recibir el mensaje de que estamos desagradando a Dios. ¿Qué podría pasar contigo si Dios enviase serpientes venenosas a los murmuradores hoy? Las serpientes no sabían quiénes eran los culpables; mordieron a todos. Probablemente, algunas personas contentas con su maná también murieron porque se encontraron en el lugar equivocado. ¡Cuídate con tus amigos! ¡Quejarse es contagioso y peligroso!

⁷ Así que el pueblo acudió a Moisés y clamó: «Hemos pecado al hablar contra el Señor y contra ti. Pide al Señor que quite las serpientes». Así pues, Moisés oró por el pueblo.

¿Recuerdas a otra persona que llamó a Moisés para pedirle a Dios que detuviera las plagas? ¿Crees que Moisés recordó cómo el faraón se arrepintió de su corazón endurecido? Es interesante que el pueblo nunca haya clamado directamente a Dios. Como siempre, Moisés intercede por ellos y espera en Dios la solución; nunca sabía cuál sería.

⁸ Entonces el Señor le dijo a Moisés: «Haz la figura de una serpiente venenosa y átala a un poste. Todos los que sean mordidos vivirán tan solo con mirar la serpiente».⁹ Así que Moisés hizo una serpiente de bronce y la ató a un poste. ¡Entonces los que eran mordidos por una serpiente miraban la serpiente de bronce y sanaban!

En este caso, la solución fue tan única como el juicio.

Dios no quitó las serpientes. Todavía mordieron a la gente. Pero una vez mordida, el Señor provee la curación. Simplemente tienen que mirar a una réplica de lo que los afligió. ¡Qué interesante que la sanidad provenga de una serpiente, la misma criatura que al principio trajo el pecado a nuestra raza!

Una vez más, el papel de Moisés fue crítico: fue el blanco de sus críticas y lleva todo el peso de la crisis. Alguien tenía que escuchar de Dios cómo salvar al pueblo de una situación desesperada. Moisés fue el único que escuchó su voz confiablemente. Luego tuvo que obedecer una orden extraña: hacer la serpiente y levantarla sobre un poste. ¿Te imaginas su prisa al hacer la serpiente, con tantas personas muriendo a su alrededor?

El Hijo del hombre tiene que ser levantado

Jesús se refiere a este incidente en su famoso diálogo con Nicodemo en Juan 3:14-15. Al hacerlo, el Hijo de Dios validó el relato bíblico del éxodo y el liderazgo de Moisés del pueblo:

> *Como levantó Moisés la serpiente en el desierto, así también tiene que ser levantado el Hijo del hombre, para que todo el que crea en él tenga vida eterna.*

Al principio parece extraño que se compare a sí mismo con una serpiente de bronce en un poste, pero es la idea de ser levantado y la fe sencilla para buscar la provisión de Dios para la salvación.

Así como la mordedura de la serpiente fue mortal, el legado duradero del pecado en nuestra raza, como resultado de escuchar a la serpiente, también es mortal. En el éxodo trajo la muerte física; para nosotros es una muerte espiritual. Pero en ambos casos, Dios proporciona vida y sanidad.

Salvarse por una mirada a una serpiente puede parecernos extraño. Tal como para alguien que no conoce el Evangelio, encontrar la salvación a través de un hombre ensangrentado colgado en una cruz parece extraño. Pero la persona agonizando por la mordedura de una serpiente está dispuesta a hacer cualquier cosa para curarse y salvar su vida. Cuando te das cuenta del impacto mortal del pecado en tu vida, estás listo para abrazar la locura de la cruz. Si nunca has mirado a Jesús, lee los Evangelios (Mateo, Marcos, Lucas o Juan) con el simple deseo de verlo. Si estás listo para creer que su muerte pagó el precio de tu pecado y te dio nueva vida, díselo. Pídele que te perdone y te sane. Si ya has confiado en Jesús, tómate el tiempo para maravillarte ante el prototipo de la cruz que Moisés levantó en el desierto y ante cómo la simple fe en Jesús puede salvarte y darte vida eterna.

Jesús hizo una declaración más acerca de los resultados de ser levantado en la cruz, en Juan 12:32:

> *Y yo, si fuere levantado de la tierra, a todos atraeré a mí mismo.*

En el desierto, Moisés levantó la serpiente, pero la gente tenía que mirarla para vivir. Todavía tenemos que dar ese paso de fe, pero cuando Jesús fue levantado, se desató un poder sobrenatural. Él está atraigiendo a la gente hacia sí. Ellos pueden resistirlo, pero Jesús desea que todos vengan a Él y vivan. Aprovecha eso y créelo para tus seres queridos que vagan descarriados en este momento. Ora para que Él atraiga a tu familia y a tu comunidad hacia sí mismo. Cuando tú les hables acerca de Jesús, confía en que Él está trabajando junto contigo. Levanta a Jesús en tus palabras y acciones y proclámalo con la urgencia de Moisés al elevar la serpiente de bronce. Han sido mordidos letalmente por la serpiente y, sin Jesús, se enfrentan a un futuro brutal que solo comienza con la muerte. Tú tienes la llave de su salvación en tus manos. Sería criminal para Moisés no levantar la serpiente y ofrecerles sanidad, y es criminal para ti retener a Jesús de los que perecen.

39

El sexo como un arma
Números 25 y 31

Sexo. La trampa número uno para muchos hombres. Y cuando un varón cae en el pecado sexual, su familia y su comunidad también sufren. Hasta ahora, el sexo no ha sido un gran problema durante el éxodo, pero están acercándose a la Tierra Prometida. A pesar de tanta rebelión, la nación ha sobrevivido. Satanás sabe que le queda poco tiempo para descarrilar el plan de Dios para ellos y que una mujer siempre es útil para hacer caer al hombre. También encontró un siervo disponible en el infame Balán; el diablo y su "profeta" casi instigaron a Dios a destruir la nación.

No coquetees con el desastre
¹Mientras los israelitas acampaban en la arboleda de Acacias, algunos hombres se contaminaron al tener relaciones sexuales con las mujeres moabitas del lugar.

¿Por qué es tan difícil para muchos hombres estar satisfechos con la mujer que Dios les ha dado? ¿Por qué, para muchos de ellos, las mujeres del mundo son tan atractivas? El adulterio y las relaciones con mujeres paganas estaban claramente prohibidos por la ley. Dios estaba muy consciente del peligro potencial; por eso les mandó destruir por completo a las naciones paganas en Canaán, al igual que tú tienes que destruir cualquier pornografía que tengas y asegurarte de que no puedas acceder a ella por Internet. Si está solo un clic de distancia, será una tentación constante. Corta cualquier relación que pueda conducir al adulterio y destruye cualquier ídolo. No coquetees con el desastre.

² Estas mujeres los invitaron a los sacrificios a sus dioses, así que los israelitas festejaron con ellas y rindieron culto a los dioses de Moab. ³ De ese modo Israel se unió al culto a Baal de Peor, lo cual encendió el enojo del Señor contra su pueblo.

El pecado sexual conduce a la idolatría
Para Dios, la idolatría era peor que el pecado sexual, aunque en realidad las mujeres y el sexo a menudo se convierten en ídolos. En lugar de ayudar a estas mujeres a conocer al verdadero Dios, los hombres israelitas cayeron rápidamente en la religión pagana. Parece ser la norma cuando nos relacionamos con una mujer incrédula: rara vez acude al Señor. Por supuesto, la eficacia de tu evangelismo se ve limitada cuando ya estás en pecado. De hecho, cuando caes en pecado sexual, Satanás ya tiene una entrada en tu vida y comienza a edificar una fortaleza; de allí, muchas veces, conduce al abuso de drogas o alcohol, a una religión falsa y a muchas prácticas corruptas.

Si la ira de Dios está ardiendo contra ti por el pecado sexual o la idolatría, no esperes a arrepentirte. Confiesa tu pecado y vuelve a Dios. El pecado puede resultar placentero en el momento y no parecer tan grave, pero te destruirá.

⁴ Entonces el Señor le dictó a Moisés la siguiente orden: «Detén a todos los cabecillas y ejecútalos delante del Señor, a plena luz del día, para que su ira feroz se aleje del pueblo de Israel».

Acción drástica requerida
Pobre Moisés, ya tiene unos 120 años y tiene que reunir y ejecutar a estos hombres. La plaga ya ha comenzado. En el pasado, Moisés ya estaba intercediendo por el pueblo, pero por alguna razón guardaba silencio. En lugar de buscar al Señor, Dios

viene a él y le dice cómo detener la matanza: ejecutar a todos los cabecillas. Los hombres que los siguieron se salvarán, pero Moisés debe actuar con rapidez para evitar una masacre aún mayor.

⁵ Así que Moisés les ordenó a los jueces de Israel: «Cada uno de ustedes debe quitarles la vida a los hombres bajo su autoridad que se han unido a rendir culto a Baal de Peor».

Moisés había aprendido a delegar y, sabiamente, ordenó a cada juez que matara a los hombres bajo su autoridad que habían pecado. La palabra "juez" se utiliza aquí en el mismo sentido que en el libro de Jueces: eran quienes tenían autoridad, inicialmente para resolver disputas comunitarias. ¡Tal vez estas ejecuciones fueron una nueva adición a la descripción de su trabajo! Para cumplir con este mandato, tenían que conocer a los hombres a su cargo y saber dónde encontrarlos. Podría llevar mucho tiempo encontrar a todos y matarlos. Parece que Moisés fue más allá del mandato de Dios e incluyó a todos los que participaron en la adoración de ídolos. Pero antes de que los jueces actuaran, surgió un problema mayor.

Pecado feo y un hombre celoso

⁶ En ese momento, mientras todos lloraban a la entrada del tabernáculo, un israelita llevó a una madianita a su carpa ante los ojos de Moisés y de todo el pueblo. ⁷ Cuando Finees, hijo de Eleazar y nieto del sacerdote Aarón, los vio, se levantó de un salto y salió de la asamblea. Fue y tomó una lanza ⁸ y corrió detrás del hombre hasta su carpa. Con la lanza, Finees atravesó el cuerpo del hombre y perforó hasta el estómago de la mujer. Entonces se detuvo la plaga contra los israelitas, ⁹ pero ya habían muerto veinticuatro mil personas.

La plaga ya había matado a 24,000 personas. Probablemente no fue selectiva, por lo que también murió gente inocente. Como siempre, nuestro pecado impacta a quienes nos rodean. Todos vinieron llorando y se unieron a Moisés en el tabernáculo. Y luego, increíblemente, ¡frente a todos, un hombre lleva a una mujer madianita a su tienda! ¿Quién responderá? Moisés no hace nada. ¡Todos están en shock!

Excepto Finees. Él tenía celo por el Señor y corrió tras ellos. Al parecer, su padre Eleazar, el sumo sacerdote, lo criaba bien. Mientras la pareja tuvo relaciones, Finees irrumpió en su tienda y clavó su lanza a través de ambos. No hay indicios de que ninguna de las demás cabecillas haya sido asesinada en obediencia al mandato de Dios, pero ese acto audaz fue suficiente para detener la plaga.

10 Así que el Señor le dijo a Moisés: *11* «Finees, hijo de Eleazar y nieto del sacerdote Aarón, alejó mi enojo de los israelitas porque demostró entre ellos el mismo celo que yo. Así que dejé de destruir a todo Israel, como pensaba hacerlo a causa del enojo de mi celo. *12* Ahora dile que establezco con él mi especial pacto de paz, *13* por medio del cual doy a él y a sus descendientes el derecho perpetuo al sacerdocio. Pues en su celo por mí, su Dios, él purificó al pueblo de Israel y los hizo justos ante mí».

Ya tenemos el sentido de que el tiempo de Moisés es corto; una nueva generación está haciendo la obra del Señor. Es Finees quien es celoso y purifica al pueblo. Ya está asumiendo su papel de sacerdote e intercede como lo había hecho Moisés tantas veces. Él está dispuesto a dar un paso audaz para librar a la nación del pecado y hacerla justa ante Dios. Una vez más, un solo hombre dispuesto a ponerse de pie y actuar salvó multitudes.

Aunque sus días están contados, Moisés sigue siendo quien recibe la palabra de Dios, y ahora se revela la verdad: Una vez más, Dios estaba listo para destruir a toda la nación, pero encontró a alguien con el mismo celo que Él tenía. Alguien tuvo que hacer algo. Gracias a Dios por Finees.

Esta historia no justifica algo tan extremo como matar a un pecador. Sin embargo, la lección fundamental es clara: Tenemos que tratar el pecado de manera decisiva, tal como Jesús abogó por cortar la mano o sacar el ojo si te hace pecar (Mateo 5:30; 18:8; Marcos 9:43). Tenemos que mantener nuestras vidas, familias e iglesias puras.

¿Estás celoso de Dios y de su santidad? ¿Dispuesto a tomar una posición audaz? ¿Te darías cuenta de si Dios estuviera enojado con tu iglesia? ¿O con tu país? ¿Crees que es posible que tú puedas alejar su ira, purificar al pueblo y hacerlo justo ante Dios? Eso es lo que hizo Jesús, ¿verdad? ¿Crees que Él podría utilizarte? Utilizó Finees, y el joven fue recompensado con un pacto especial de paz: sus descendientes heredarían un sacerdocio permanente.

14 El israelita que murió con la madianita se llamaba Zimri, hijo de Salu, jefe de una familia de la tribu de Simeón. 15 La mujer se llamaba Cozbi, hija de Zur, jefe de un clan madianita.

Los transgresores eran personas prominentes de Israel y de Madián. Israel ya está bien, pero ahora otros van a morir.

La última batalla de Moisés

16 Entonces el Señor le dijo a Moisés: 17 «Ataca a los madianitas y destrúyelos, 18 porque los agredieron con artimañas y los engañaron para que rindieran culto a Baal de Peor, y también por causa de Cozbi, hija de un jefe madianita, que murió durante la plaga debido a lo que ocurrió en Peor».

Ahora los madianitas pagarán. Israel tenía un buen ejército. Tenía mucho tiempo para prepararse durante esos cuarenta años en el desierto, y los demás países ya habían oído hablar de ellos. Eran tan numerosos que tenían a todos aterrorizados. Pero, más importante aún, el favor de Dios estaba con ellos y Él bendijo sus esfuerzos. Los madianitas habían utilizado artimañas para enfrentarse a Israel; ahora morirán por su propio engaño.

La batalla como se registra en Números 31

¹Entonces el Señor le dijo a Moisés: ² «En nombre del pueblo de Israel, toma venganza en contra de los madianitas por haber conducido a mi pueblo a la idolatría. Después morirás y te reunirás con tus antepasados».

Dios estaba decidido a vengarse de Madián y a mantener a Moisés con vida para la batalla. Esta sería su última, y podría resultarle muy dolorosa. Su esposa era madianita; su familia vivía en Madián. Puede que no haya estado en la misma zona y, sin duda, ellos no estaban involucrados en la adoración de Baal, pero es una amarga ironía que el último gran acto de Moisés consistiera en supervisar la devastación de un pueblo que conocía íntimamente.

³ Así que Moisés le dijo al pueblo: «Escojan a algunos hombres y ármenlos para pelear la guerra de venganza del Señor contra Madián. ⁴ De cada tribu de Israel envíen mil hombres a la batalla». ⁵ Entonces escogieron a mil hombres de cada tribu de Israel, en total reunieron a doce mil hombres armados para la batalla. ⁶ Así que Moisés envió a mil hombres de cada tribu, y Finees, hijo del sacerdote Eleazar, los dirigió en la batalla. Llevaban los objetos sagrados del santuario y las trompetas para dar la orden de ataque.

¡Mira quién está dirigiendo la batalla! Moisés es demasiado viejo, pero Finees está listo para pelear. El que está ausente de toda esta historia es Josué, quien pronto asumirá el liderazgo de Moisés y los llevará a la tierra prometida. No tenemos idea de dónde pudo haber estado.

⁷ Así que atacaron a Madián, tal como el Señor le había ordenado a Moisés, y mataron a todos los hombres. **⁸** Los cinco reyes madianitas —Evi, Requem, Zur, Hur y Reba— murieron en la batalla. También mataron a espada a Balán, hijo de Beor.

Balán

Así terminó la historia de Balán (o Balaam). Tú puedes leer acerca de su vida conflictiva en Números, los capítulos 22 a 24:

Pero cuando Balán se dio cuenta de que al Señor le complacía que se bendijera a Israel, no recurrió a la hechicería, como otras veces, sino que volvió su rostro hacia el desierto. Cuando Balán alzó la vista y vio a Israel acampando por tribus, el Espíritu del Señor vino sobre él; entonces pronunció su oráculo (Números 24: 1-3).

¡Ahora, finalmente, aprendemos quién fue el responsable de todo este fiasco! Un hombre que al principio parecía un siervo de Dios, pero que está condenado en toda la Biblia. Moab y Madián se habían unido por temor a Israel y contrataron a Balan para maldecir a Israel. Cuando eso no funcionó, recurrieron al sexo y casi tuvieron éxito. ¡Si Dios hubiera destruido todo Israel como Él quería, Moab y Madián podrían haber celebrado una gran victoria!

La historia de Balán nos recuerda la vigilancia necesaria ante los "profetas". Alguien puede sonar bien, pero eso no necesariamente significa que sea del Señor. Jesús advirtió sobre muchos falsos profetas en los últimos días. Estén atentos al "Balán" en nuestro medio. Parece que alguien puede hablar la palabra de Dios y tener el Espíritu, pero aun así ser un hechicero.

¡No maten a las mujeres!

⁹ El ejército israelita capturó a las mujeres y a los niños madianitas y tomó como botín el ganado y los rebaños y toda su riqueza. **¹⁰** Quemaron todas las ciudades y las aldeas donde los madianitas habían vivido. **¹¹** Después que reunieron el botín y a los cautivos, tanto personas como animales, **¹²** llevaron todo a Moisés, al sacerdote Eleazar y a toda la comunidad de Israel que acampaba en las llanuras de Moab, al lado del río Jordán frente a Jericó.

Israel estaba a punto de entrar en la Tierra Prometida. Estaban al final de su viaje. Parece que el ejército le fue muy bien, pero cuando Moisés sale a su encuentro, le espera una gran sorpresa:

¹³ Entonces Moisés, el sacerdote Eleazar y todos los jefes de la comunidad salieron a su encuentro afuera del campamento. **¹⁴** Pero Moisés se enfureció con los generales y los capitanes que volvieron de la batalla.

¹⁵ «¿Por qué dejaron con vida a las mujeres? —les reclamó—. **¹⁶** Precisamente son ellas las que, siguiendo el consejo de Balán, incitaron al pueblo de Israel a rebelarse contra el Señor en el monte Peor. Son ellas las que causaron la plaga que hirió al pueblo del Señor. **¹⁷** Así que maten a todos los niños varones y a todas las mujeres que hayan tenido relaciones sexuales. **¹⁸** Dejen con vida únicamente a las niñas vírgenes; pueden quedarse con ellas.

¡Guarda a las vírgenes!

¿Qué? Matar mujeres y niños, ¿pero guarda a las niñas vírgenes? ¡El versículo 35 nos dice que había 35,000 de ellas! Habría muchas que se puedan integrar en la comunidad judía. ¿Crees que podrían causar celos entre las mujeres judías? ¿Y gozo para muchos hombres judíos? Parece una acomodación extraña para los hombres que apenas salieron del pecado sexual y de la idolatría. ¡Casi como recompensarlos por su pecado!

El resto del capítulo describe la purificación necesaria y el botín de la batalla. Este fue un gran comienzo del ganado y de los suministros para su traslado a la Tierra Prometida: ¡alrededor de 675,000 ovejas! Sorprendentemente, el verso 49 afirma que ni un solo israelita murió en esta gran batalla. ¡Dios realmente estaba con ese ejército! ¡Y eso es lo último que la Biblia dice sobre todo este asunto extraño!

Es un final trágico y siniestro para un viaje plagado de quejas y rebeliones. Después de tanto tiempo caminando con Moisés, resulta triste ver su evidente declive. No hay duda de que ha hecho un trabajo increíble y es alentador que haya alguien tan celoso como Finees. Sin embargo, parece que el diablo, la idolatría y nuestra propia naturaleza pecaminosa (especialmente la tentación sexual) siempre están al acecho, deseando destruirnos. ¿Estás involucrado en algún pecado que, con el tiempo, podría devastar a tu familia? ¿O resultar en tu propia muerte? ¿Hay un pecado a tu alrededor que debes desafiar? ¡Que Dios te dé el celo y la fuerza de Finees para ponerte de pie e interceder por el pueblo de Dios!

Parte 6

Deuteronomio

Moisés reflexiona sobre sus 40 años de liderar a Israel y da su último discurso a la nación

40

Aspectos destacados de la jornada
Deuteronomio 2 y 3

Moisés está casi terminando su misión. Dos veces ha llevado al pueblo a la frontera de la Tierra Prometida. Hace casi cuarenta años, no podían entrar por su rebelión. ¿Lamenta Moisés haber aceptado un trabajo que le consumió el resto de su vida? ¿Le molesta que la gente le haya robado una jubilación con su familia en la tierra que fluye leche y miel? Parece que no. Fielmente ha hecho un buen trabajo. La batalla contra Moab y Madián fue su última. Ahora Israel está acampado en las llanuras de Moab, esperando cruzar el Jordán. Allí Moisés tiene una última oportunidad para hablar con ellos: él da un resumen de su viaje, comparte su preocupación urgente de que caminen en obediencia a Dios y, finalmente, asciende al Monte Nebo para morir.

Deuteronomio contiene sus últimas palabras. El capítulo dos aborda algunos de los aspectos más destacados del viaje.

La fidelidad de Dios
7 »Bien saben que el Señor su Dios los ha bendecido en todo lo que han emprendido, y los ha cuidado por todo este inmenso desierto. Durante estos cuarenta años, el Señor su Dios ha estado con ustedes y no les ha faltado nada.

Tantas veces Dios quería destruir al pueblo por sus quejas y rebeliones. Solo la intercesión de Moisés lo salvó. Ciertamente no merecían el favor del Señor, pero seguían siendo su pueblo. Y a pesar de nuestro pecado y sus consecuencias, Dios es bueno. Mira todo lo que hizo por ellos:

- Los bendijo por todo lo que hicieron. Cada vez que pusieron la mano a trabajar, Él lo prosperó.

- Los cuidaba durante todo el viaje: *"cada paso que han dado por este inmenso desierto"* (NTV).

- Durante cuarenta años los ha acompañado, noche y día, sin fallar. Nunca los había dejado, aunque a veces quería hacerlo.

- No les faltaba nada; es decir, nada de lo que necesitaban para sobrevivir. Ellos dirían que les faltan la comida selecta de Egipto y muchas de las comodidades de la vida cotidiana. Sufrieron días sin agua. Pero Dios siempre proporcionó lo que era realmente necesario.

Si Dios lo hizo por estos refunfuñados y rebeldes israelitas, ¿no crees que hará lo mismo, y mucho más, por ti? Te ha adoptado como su hijo por tu fe en Jesús. Ha prometido que nunca te dejará ni te desamparará. Reflexiona sobre tu experiencia con Cristo: ¿Alguna vez te ha dejado? Él te cuida, y tu viaje probablemente no será tan áspero como esa peregrinación por el desierto. Dios te promete todo lo que realmente necesitas y quiere bendecir la obra de tus manos.

Las luchas de Israel durante esos cuarenta años nos sirven de ejemplo. ¡Llegaron a la Tierra Prometida! Eso debería animarte. ¡Tú también lo harás!

Toma posesión de lo que Dios te ha dado
9 »El Señor también me dijo: "No ataquen a los moabitas, ni los provoquen a la guerra, porque no les daré a ustedes ninguna

porción de su territorio. A los descendientes de Lot les he dado por herencia la región de Ar.

Dios les mandó que eliminaran a las naciones paganas de la Tierra Prometida y les prometió ayudarlos en la batalla, pero debían escucharlo a Él y luchar cuando Él les mandó. Aunque Lot, el sobrino de Abraham, no era necesariamente piadoso, Dios, por amor de Abraham, apartó una tierra para sus descendientes. Los moabitas estaban justo a las afueras de la Tierra Prometida. Israel podría haber sido tentado a codiciar parte de su territorio. En realidad, como hemos visto en Números 31, los moabitas trajeron sobre sí mismos su propia destrucción. La lección esencial fue hacer todo en el tiempo de Dios y a su manera.

¿Qué es la "tierra" que Dios te ha dado? ¿Cuál es la tuya para poseerla? No intentes tomar lo que pertenece a otro hombre, especialmente a su esposa. Si Dios te ha dado "territorio" para una iglesia o un ministerio, no codicies los dones ni el ministerio de otro hombre. Ocúpate de lo que Dios te ha dado y escucha su dirección y qué hacer. Si intentas entrar en algo que no te ha dado, te frustrarás y sufrirás pérdidas. Por otro lado, confía en que Dios guardará celosamente lo que es tuyo. Si alguien se mete con tu esposa o con tu territorio, Dios se levantará y ellos sufrirán.

14 Habían pasado treinta y ocho años desde que salimos de Cades Barnea hasta que cruzamos el arroyo Zéred. Para entonces ya había desaparecido del campamento toda la generación de guerreros, tal como el Señor lo había jurado. 15 El Señor atacó el campamento hasta que los eliminó por completo.

16 »Cuando ya no quedaba entre el pueblo ninguno de aquellos guerreros, 17 el Señor me dijo: 18 "Hoy van a cruzar la frontera de Moab por la ciudad de Ar. 19 Cuando lleguen a la frontera de los amonitas, no los ataquen ni los provoquen a la guerra, porque no les daré a ustedes ninguna porción de su territorio. Esa tierra se la he dado por herencia a los descendientes de Lot."

Parece contradictorio: Dios acaba de decir que estaba con ellos y los cuidaría, pero la mano del Señor también estaba en contra de toda una generación. Nada más ocurriría hasta que todos muriesen. ¿No habría sido más fácil matar a todos a la vez? Probablemente, pero eso no dejaría a nadie para criar a la próxima generación.

Puede haber cosas que deben suceder en tu vida o en la de tu familia antes de que pases al siguiente nivel. Eso puede ser frustrante. Podrías ver a otros que ni siquiera caminan con Dios disfrutando de su tierra. Confía en Dios, que Él sabe lo que está haciendo, aunque puede llevar más tiempo del esperado. Sigue su plan con mucho cuidado. Si la mano de Dios está en tu contra por alguna razón, pide misericordia, acepta el juicio y ayuda a tus hijos y a otros creyentes a evitar tus errores. No te sientas resentido con Dios, sino sigue alabándolo y buscándolo aun en las dificultades.

Dios infunde terror de ti entre tus enemigos
^{24}»Después nos dijo el Señor: "Emprendan de nuevo el viaje y crucen el arroyo Arnón. Yo les entrego a Sijón el amorreo, rey de Hesbón, y su tierra. Láncense a la conquista. Declárenle la guerra.^{25} Hoy mismo comenzaré a infundir entre todas las naciones que hay debajo del cielo terror y espanto hacia ustedes. Cuando ellas escuchen hablar de ustedes, temblarán y se llenarán de pánico."

Ahora están libres para guerrear. Hay un tiempo para dejar en paz a tu enemigo y otro para declarar la guerra. Qué bueno saber que Dios es soberano sobre nuestras batallas. En su tiempo te dará tus enemigos en tu mano. Antes de cruzar el arroyo o entrar en Sijón, Dios ya había determinado el resultado, pero todavía tenían que luchar y tomar posesión de la tierra. Puede que no sea con espadas ni con armas, pero ¿hay alguna batalla en la que tengas que luchar para tomar posesión de algo que Dios te prometió?

¡Dios conoce la guerra psicológica! Las naciones estarán en terror y espanto ante Israel. A veces puede ser apropiado orar para que quienes se opongan al Evangelio tiemblen y caigan en pánico por nosotros. Demasiadas veces se burlan de nosotros. ¡Dios no quiere eso!

Nuestra lucha es, por lo general, contra principados y potestades; contra el diablo. Cuando caminamos en santidad y en el poder del Espíritu, esos demonios temblarán. Temen la oración de un hombre piadoso. Tiemblan ante el nombre de Jesús. También saben si nuestra espiritualidad no es real y pueden lastimarnos si estamos luchando en la carne. Cuando Dios nos guía, podemos hacer daño al reino de las tinieblas y tomar territorio para el Rey de reyes.

Capítulo 3: Sé contento con lo que Dios te ha dado

¹²»Una vez que nos apoderamos de esa tierra, a los rubenitas y a los gaditas les entregué el territorio que está al norte de Aroer y junto al arroyo Arnón, y también la mitad de la región montañosa de Galaad con sus ciudades. ¹³ El resto de Galaad y todo el reino de Og, es decir, Basán, se los entregué a la media tribu de Manasés.

Moisés no pudo cruzar a la Tierra Prometida, pero el ejército tomó tierra en Transjordania, el área al este del río Jordán, y varias tribus se asentaron allí.

Tenían mucha oportunidad en el éxodo de aprender a estar contentos con lo que Dios les dio, pero yo puedo imaginar sus quejas:

- Estamos separados de nuestros parientes por el río.
- La tierra del otro lado es mejor.
- No queremos morar en las montañas.
- La distribución no fue justa.
- Queremos la libertad de vivir donde queramos.

¿Recuerdas la columna de nube y fuego? Vamos adonde Dios nos envía y lo aceptamos con alegría y acción de gracias. Aprende a estar contento con lo que Dios te ha dado.

Trabajen juntos hasta que todos reciban su herencia

^{18}»En aquel tiempo les di esta orden: "El Señor su Dios les ha dado posesión de esta tierra. Ustedes, los hombres fuertes y guerreros, pasen al otro lado al frente de sus hermanos israelitas. ^{19} En las ciudades que les he entregado permanecerán solamente sus mujeres, sus niños y el mucho ganado que yo sé que ustedes tienen. ^{20} No podrán volver al territorio que les he entregado hasta que el Señor haya dado reposo a sus hermanos, como se lo ha dado a ustedes, y hasta que ellos hayan tomado posesión de la tierra que el Señor su Dios les entregará al otro lado del Jordán."

Algunas tribus ya tenían sus tierras. Las mujeres, los niños y el ganado podrían permanecer allí y establecer hogares, pero no habría descanso para los hombres sanos hasta que todos tuviesen su territorio. Así que no habría hombres para proteger a sus familias, excepto, tal vez, algún hombre discapacitado que no pudiera luchar. Pero Dios los protegería. Sí, sería difícil para un hombre dejar a su familia en una tierra extraña, pero nadie podría descansar hasta que todos tuviesen lo que Dios les asignó.

Esto también se aplica al cuerpo de Cristo. Antes de que podamos descansar, somos responsables ante nuestros hermanos de asegurarnos de que tengan lo que Dios les ha dado. Todos luchamos y trabajamos juntos para tomar posesión de él. Está mal que los privilegiados se olviden de quienes todavía luchan. Por nuestra naturaleza somos egoístas, pero Dios obra a través de su cuerpo. Estamos en esto juntos. Esa ha sido una lección clave del éxodo. También podemos aplicar el principio al nivel mundial. Tenemos que estar realmente preocupados por nuestros hermanos en todo el mundo para que reciban lo que Dios ha planeado para ellos antes de que nosotros descansemos. ¡Eso puede significar que no habrá descanso hasta que lleguemos al cielo!

Moisés tiene mucho más que compartir con ellos, pero deben recibirlo desde la perspectiva de lo que ya han aprendido y experimentado. Con demasiada frecuencia repetimos nuestros errores. No aprendemos de la historia. A pesar de nuestra determinación de no ser como nuestros padres, cometemos los mismos errores.

- ¿Cuáles son las lecciones principales que Dios te ha enseñado?
- ¿Qué errores has cometido? ¿Estás cayendo en los mismos patrones destructivos?
- ¿Estás contento con lo que Dios te ha dado?

No te conformes con menos de lo que Dios tiene planeado para ti. Sigue luchando para tomar posesión de ello. Y recuerda que eres parte de la familia de Dios. Ten cuidado con el individualismo.

41

Rescatado del horno
Deuteronomio 4:1-40

Cada cristiano probablemente ha soportado un sermón que parecía interminable. Por otro lado, algunos predicadores son tan buenos que el tiempo pasa volando. No sabemos cuánto duraron los mensajes finales de Moisés; es obvio que tenía mucho que decir. Su mayor preocupación, dado que había pasado cuarenta años sufriendo las quejas y la rebelión del pueblo, fue la importancia de la obediencia a Dios y las graves consecuencias de la desobediencia.

Hemos caminado con este gran hombre a través de muchas experiencias. Ahora es viejo y sabe que su muerte está cerca. Escúchalo como a un padre. Escucha a su corazón:

¹»Ahora, Israel, escucha con atención los decretos y las ordenanzas que estoy a punto de enseñarte. Obedécelos para que vivas y para que puedas entrar y poseer la tierra que el Señor, Dios de tus antepasados, te da. ² No agregues ni quites nada a estos mandatos que te doy. Simplemente obedece los mandatos del Señor tu Dios que te doy.

Sus primeros consejos

- Escucha la Palabra de Dios. Alguien tiene que escuchar y luego enseñar lo que ha escuchado. No es la opinión de Moisés, sino los mandatos del Dios todopoderoso.

- Es interesante que él diga "*Yo estoy a punto de enseñar*" estas leyes, dado que lleva casi cuarenta años enseñándolas.

- Ten cuidado de no agregar ni quitar nada de lo que Dios ha dicho. Cada palabra es importante. Es muy presuntuoso para nosotros pensar que podemos cambiar la Palabra de Dios.

- El próximo paso es sencillo, pero muy difícil: hazlo. Sigue el corazón de Dios tal como se revela en su Palabra. Guarda todos sus mandamientos.

- Cuando lo hacemos, Dios tiene recompensas para nosotros. Él tiene algo que dar: la vida. Él tiene planes para nosotros. Si caminamos con Él, podemos entrar en esos planes y tomar posesión de todo lo que Dios ha preparado para nosotros.

³»Tú viste con tus propios ojos lo que el Señor te hizo en Baal-peor. Allí, el Señor tu Dios destruyó a todos los que habían rendido culto a Baal, el dios de Peor. ⁴ Sin embargo, ustedes, todos los que fueron fieles al Señor su Dios, todavía siguen vivos; todos y cada uno de ustedes.

Están recibiendo sus mandatos en el contexto de los milagros que han experimentado (como el maná diario) y saben que cuando Dios habla, está en serio. La idolatría trae devastación. La memoria viva de toda la gente que murió en Baal-peor (Números 25) debería impulsarlos a obedecer e inculcarles un temor sano de Dios.

Un testimonio a las naciones

⁵»Mira, ahora te enseño decretos y ordenanzas tal como me lo encargó el Señor mi Dios, para que los obedezcas en la tierra donde estás a punto de entrar y que vas a poseer. ⁶ Síguelos al pie de la letra y darás a conocer tu sabiduría y tu inteligencia a las naciones vecinas. Cuando esas naciones se enteren de todos estos decretos, exclamarán: "¡Qué sabio y prudente es el pueblo de esa gran nación!". ⁷ Pues, ¿qué gran nación tiene un dios que esté tan cerca de ellos de la manera que el Señor nuestro Dios está cerca de nosotros cada vez que lo invocamos? ⁸¿Y qué gran nación tiene decretos y ordenanzas tan justas e imparciales como este conjunto de leyes que te entrego hoy?

Moisés ha hecho su parte. Ha sido obediente al enseñar lo que Dios le ha dado. Esos mandatos no eran solo para el Éxodo; ese fue un período de formación para que siguieran a Dios en la Tierra Prometida, pero Dios tiene un propósito más allá de bendecirlos. Aunque el Antiguo Testamento parece centrarse en Israel, desde el principio Dios quería a todas las naciones para su posesión. Israel era el medio que Dios quería usar para mostrar su grandeza.

- Otros que nunca han oído hablar del verdadero Dios se impresionarán con la sabiduría y el entendimiento que provienen de vivir su Palabra.

- El pueblo de Dios debe tener una reputación de ser sabio y entendido. Será tan evidente que se anunciará en toda la tierra que hay algo especial en este país.

- Dios también responde a la oración para que otros puedan ver que está vivo y cerca de su pueblo.

- Nadie más en ese momento tuvo el gran privilegio de recibir esta enseñanza y la bendición del Dios todopoderoso en sus vidas como resultado de su obediencia.

¿Cuándo fue la última vez que escuchaste a alguien maravillarse de los cristianos porque es tan obvio que la Palabra de Dios es viva y eficaz en el mundo de hoy? ¿Vivimos de tal manera que otros se impresionen de que Dios nos haya confiado su Palabra?

Puede parecer contradictorio que Dios quisiera a Israel como testigo ante las naciones, cuando estaba a punto de destruir a toda la gente de la Tierra Prometida. Pero eso sirvió para asegurar un testimonio puro (no contaminado por la idolatría ni por ningún otro pecado) para el resto del mundo.

Recuerda lo que Dios ha hecho

9 »¡Pero cuidado! Asegúrate de nunca olvidar lo que viste con tus propios ojos. ¡No dejes que esas experiencias se te borren de la mente mientras vivas! Y asegúrate de transmitirlas a tus hijos y a tus nietos. 10 Jamás te olvides del día que estuviste ante el Señor tu Dios en el monte Sinaí, donde él me dijo: "Convoca al pueblo para que se presente ante mí, y yo mismo lo instruiré. Entonces ellos aprenderán a temerme toda su vida y les enseñarán a sus hijos que también me teman".

11 »Ustedes se acercaron y se pararon al pie del monte mientras las llamas de fuego se elevaban hacia el cielo. El monte estaba envuelto en nubes negras y en una densa oscuridad. 12 Entonces el Señor les habló desde en medio del fuego. Ustedes oyeron el sonido de sus palabras pero no vieron ninguna figura; solo había una voz. 13 Él proclamó su pacto, los diez mandamientos, los cuales escribió en dos tablas de piedra y les ordenó que los cumplieran. 14 Fue en esa ocasión que el Señor me ordenó que les enseñara sus decretos y ordenanzas, para que ustedes los obedecieran en la tierra donde están a punto de entrar y que van a poseer.

¿Qué experiencias especiales has tenido con el Señor?

- ¿Su increíble amor y perdón al recibir a Jesús?
- ¿Tu bautismo? ¿O el bautismo en el Espíritu?

- ¿La primera vez que presentaste a alguien al Señor o que fuiste utilizado por Dios para ministrar sanidad?

La mayor parte de lo que Moisés los llama a recordar sucedió cuando eran niños. Todos los adultos que salieron de Egipto ya habían muerto, pero el recuerdo de Dios hablando del fuego en medio de la oscuridad sería inolvidable.

Las instrucciones de Moisés a los israelitas también se aplican a ti:

- Ten cuidado
- Guárdate, y guarda tu alma con diligencia
- No te olvides de lo que has visto
- No borres de tu mente tus experiencias en el Señor
- Cuéntalas y enséñalas a tus hijos y nietos

¿Por qué Moisés tiene que decir esto? ¡Porque tenemos memorias cortas! Sin un esfuerzo consciente, puedes olvidar lo que fue tan real para ti ese día en que aceptaste a Cristo. Por eso, las fiestas como la Pascua eran tan importantes: son un recordatorio eterno de las grandes obras de Dios. Por eso los altares y los monumentos eran tan comunes. ¡Qué pérdida que muchos creyentes hoy minimicen las celebraciones del nacimiento, la muerte y la resurrección de Jesús! ¡Necesitamos que nos recuerde todo lo que Jesús hizo por nosotros!

- ¿Mantienes un diario?
- ¿Tienes fotos de eventos importantes de tu vida cristiana en Facebook o en casa?
- ¿Hablas de esas experiencias con tu familia y tus hermanos cristianos?
- ¿Dedicas tiempo a enseñar a tus hijos y nietos lo que Dios te ha enseñado?

Rescatado del horno

15 »¡Pero tengan mucho cuidado! Ustedes no vieron una figura del Señor el día que les habló desde en medio del fuego, en el monte Sinaí. 16 Así que no se corrompan haciendo ídolos de ninguna clase, sea con figura de hombre o de mujer, 17 de animales de la tierra o de aves del cielo, 18 de animales pequeños que corren por el suelo o de peces de las profundidades del mar. 19 Además, cuando miren hacia los cielos y vean el sol, la luna y las estrellas —todas las fuerzas del cielo—, no caigan en la tentación de rendirles culto. El Señor su Dios se los dio a todos los pueblos de la tierra. 20 Recuerden que el Señor su Dios los rescató de ese horno de fundir hierro que es Egipto, para convertirlos en su propio pueblo y en su posesión más preciada, y eso es lo que ahora son.

¿En qué tipo de "horno de fundir hierro" estabas? ¿Qué hizo Dios para rescatarte de ello? Israel pasó más tiempo en el horno (en esclavitud) de lo que consideraban soportable. Dios hizo grandes prodigios para convencer al faraón de dejarlos ir, y los rescató. Probablemente lo hizo por ti también. Si todavía estás en ese horno, Dios tiene un propósito para que leas esto. ¡No te quedes en el horno más tiempo del necesario! ¡Busca a Dios! Si tienes seres queridos en el horno, ora y confía en que el mismo Dios que te sacó también los rescatará. ¡Dios hace todo esto para que Él tenga herederos! ¡Somos su propio pueblo y su posesión más preciada!

La idolatría y la adoración del sol y de la luna eran muy comunes en aquella época. A los hombres les gusta tener algo tangible para adorar. Están listos para dejar la relación con el Dios vivo y para seguir un ídolo hecho por el hombre. Podemos menospreciar a los adoradores de ídolos, pero un ídolo es cualquier cosa que ocupa un lugar central en la vida y que absorbe más de nuestro tiempo, energía y cariño que Dios. El teléfono celular, la computadora, los deportes, incluso tus hijos y la mujer que amas pueden convertirse en ídolos.

Dios es un fuego consumidor

²¹ »Sin embargo, el Señor se enojó conmigo por culpa de ustedes. Juró que yo no cruzaría el río Jordán para entrar en la buena tierra que el Señor su Dios les da como su preciada posesión. ²² Ustedes cruzarán el Jordán para apoderarse de la tierra, pero yo no. En cambio, moriré aquí, al oriente del río. ²³ Así que asegúrense de no romper el pacto que el Señor su Dios hizo con ustedes. No se hagan ídolos de ninguna imagen ni de ninguna forma, porque el Señor su Dios lo ha prohibido. ²⁴ El Señor su Dios es un fuego devorador; él es Dios celoso.

Después de tantos años de servicio fiel, Moisés aprendió la dura lección que su pueblo ya había aprendido: no se puede jugar con Dios. En un momento de ira, golpeó la roca en lugar de hablarle para que brotara agua y, como castigo, no pudo entrar en la tierra. Nos centramos en el amor y las bendiciones de Dios, pero sigue siendo un fuego consumidor. Y es celoso; no hagas nada que despierte sus celos.

Busca a Dios con todo el corazón y toda el alma

²⁵ »En el futuro, cuando tengan hijos y nietos, y hayan vivido en esa tierra por mucho tiempo, no se corrompan haciendo ídolos de ninguna clase. Esa práctica es mala a los ojos del Señor su Dios y provocará su enojo.

²⁶ »Hoy pongo al cielo y a la tierra como testigos contra ustedes. Si rompen mi pacto, pronto desaparecerán de la tierra que poseerán al cruzar el Jordán. Vivirán allí poco tiempo y después serán destruidos por completo. ²⁷ Pues el Señor los dispersará entre las naciones, donde solo unos pocos sobrevivirán. ²⁸ Allí, en tierra extraña, rendirán culto a ídolos hechos de madera y de hierro, a dioses que no ven, ni oyen, ni comen, ni huelen. ²⁹ Sin embargo, desde allí, buscarán nuevamente al Señor su Dios. Y si lo buscan con todo el corazón y con toda el alma, lo encontrarán. ³⁰ »En un futuro lejano, cuando estén sufriendo todas esas cosas, finalmente regresarán al Señor su Dios y escucharán lo que él les dice.³¹ Pues el Señor su Dios es Dios compasivo; no los abandonará, ni los destruirá, ni se olvidará del pacto solemne que hizo con sus antepasados.

Con tiempo y comodidad tendemos a la complacencia. Con entusiasmo, los hebreos afirmaron el pacto mientras Moisés estaba vivo, pero cuando se sientan cómodos en sus hogares, disfrutando de la vida buena y fácil, se corromperán con facilidad. ¿Pueden simplemente descansar en la seguridad de las promesas pasadas de Dios? ¡No! Si dejan a Dios:

- Desaparecerán de la tierra y serán destruidos.
- Se dispersarán entre las naciones con pocos sobrevivientes.
- Allí tendrán muchas oportunidades de rendir culto a ídolos.

Moisés está hablando proféticamente. Eso es precisamente lo que sucedió. Y nosotros a menudo pasamos por el mismo ciclo: Dios bendice, caemos en la complacencia, nos olvidamos de Él y sufrimos una gran pérdida en su juicio. Dios nos da el libre albedrío; podemos perseguir el "ídolo" tan importante para nosotros, pero tocamos fondo y hacemos lo que Moisés profetizó: buscamos al Señor y le obedecemos de nuevo.

¿Te has apartado de Dios? ¿Estás experimentando su disciplina? ¿Estás comenzando a buscarlo de nuevo? ¿Te preguntas por qué no lo has encontrado? La promesa de encontrarlo es para quienes lo buscan con todo su corazón y con toda su alma. Eso significa que no hay nada más importante. Es más que orar por el alivio de las dificultades. Te dedicas a sumergirte en su palabra y en su presencia y aprovechas cada oportunidad para acercarte a Él. He visto a muchas personas que se desaniman y abandonan la búsqueda de Dios porque lo buscan a medias y luego se quejan cuando Él no lo arregla todo de inmediato.

Dios es un fuego consumidor, pero también es misericordioso y fiel a su pacto. Incluso en medio de nuestro pecado no nos abandona. Tú tienes un pacto con Dios sellado con la sangre de Jesús, que reafirmas cada vez que compartes la Cena del Señor. ¿Eres fiel a tu parte del pacto?

En el versículo 26 Moisés dijo que *serían* destruidos; en el 31, dice que *no* serán destruidos. ¿Es una contradicción? No, es cierto que Dios destruirá a los individuos, pero no a su pueblo. Él recuerda su pacto y siempre tendrá un remanente.

El único Dios verdadero

[32] »Investiga toda la historia, desde el momento en que Dios creó a los seres humanos sobre la tierra hasta ahora, y busca desde un extremo del cielo hasta el otro. ¿Alguna vez se ha visto u oído algo tan grande como esto?[33] ¿Hay alguna otra nación que haya escuchado la voz de Dios hablar desde el fuego —tal como la escuchaste tú— y haya sobrevivido?[34] ¿Existe algún otro dios que se haya atrevido a sacar a una nación de otra nación y hacerla suya con mano fuerte y brazo poderoso por medio de pruebas, señales asombrosas, milagros, guerras, y hechos aterradores? Eso fue precisamente lo que el Señor tu Dios hizo por ti en Egipto, frente a tus propios ojos.

Somos parte de lo que se llama la historia de la salvación: la historia de la obra de Dios con nosotros desde la creación. Hoy existe una ignorancia espantosa de la historia de la iglesia y de lo que Dios hizo en los siglos anteriores a Cristo. Hay muchas religiones en competencia y muchos creen que todas son caminos válidos para alcanzar a Dios. Pero reflexiona sobre todo lo que sucedió en el Antiguo Testamento y sobre la vida y la muerte sacrificial de Jesús. Estos son absolutamente únicos. La integridad de la Biblia debe fortalecer tu fe. También es importante leer acerca de cómo Dios sigue trabajando en su pueblo hoy.

La obediencia: lo más importante

[35] *»Él te mostró esas cosas, para que supieras que el Señor es Dios y que no hay ningún otro.* [36] *Él te permitió oír su voz desde el cielo para instruirte. Te permitió ver su fuego poderoso aquí, en la tierra, para hablarte desde allí.* [37] *Debido a que él amó a tus antepasados, quiso bendecir a sus descendientes, así que él mismo te sacó de Egipto con un gran despliegue de poder.* [38] *Expulsó a naciones mucho más poderosas que tú para establecerte en la tierra de esas naciones y dártela a ti como preciada posesión, así como sucede hoy.*

[39] *»Entonces recuerda lo siguiente y tenlo siempre presente: el Señor es Dios en los cielos y en la tierra, y no hay otro.* [40] *Si obedeces todos los decretos y los mandatos que te entrego hoy, les irá bien en todo a ti y a tus hijos. Te doy estas instrucciones para que disfrutes de una larga vida en la tierra que el Señor tu Dios te da para siempre».*

La conclusión de reflexionar sobre todos estos hechos poderosos debe ser una fe sólida en que solo el Señor es Dios. Él nos amó y nos eligió, nos libró de la esclavitud y nos disciplina como padre. Él nos ha bendecido y nos ha dado una herencia. Él desea que todo nos vaya bien y que disfrutemos de una larga vida. Esa bendición fluirá entonces a tus hijos. ¿Cuál es tu parte?

- Reconocer quién es Dios y adorarlo. La RVR dice *reflexiona en tu corazón*. Deja que pase del conocimiento cerebral a tu corazón en una relación viva.
- Guarda sus decretos y órdenes. Obedécelo.

Hemos seguido a Israel durante cuarenta largos años. Finalmente, están a punto de tomar posesión de la Tierra Prometida, que fluye leche y miel. Moisés ha hecho todo lo posible por prepararlos. Dios les ha provisto de todo lo que necesitan para hacerlo. Si conoces la historia, las cosas no salieron muy bien. Sea cual sea la situación de tu horno, puede que hayas sufrido por tu rebelión y por tu pecado. Ahora tienes la oportunidad de crecer en tu fe y vivir en la abundancia que Dios tiene para ti. Moisés está compartiendo su corazón con ellos. Toma sus palabras en serio.

42

El *Shemá*; el corazón de la religión judía

Deuteronomio 6:4-19

Puede que Moisés no haya sido consciente de esto, pero este es el corazón de la religión judía. Si no tienes en cuenta las divisiones de capítulos (insertadas mucho más tarde), queda claro que el versículo cuatro marca el inicio de un nuevo mensaje en esta serie de discursos finales. Los versículos 4 a 9 constituyen el famoso *Shemá* (en hebreo, *"oye"*). Los judíos devotos aún recitan el versículo 4 cada mañana y cada tarde, y a menudo dicen el *Shemá* cuando se acerca la muerte. La *mezuzá*, que está fijada junto a la puerta de la mayoría de los hogares judíos, también la contiene. Jesús estaba muy familiarizado con el *Shemá* y lo consideró el mandamiento más importante.

Dios es uno

4 *Oye, Israel: Jehová nuestro Dios, Jehová uno es.* (RVR)

Como la única religión monoteísta del mundo en ese momento, el judaísmo estaba en marcado contraste con la multitud de ídolos y dioses paganos. Dios es uno, el *único* Dios. Él no es una de muchas opciones, sino el único Dios verdadero. El politeísmo y el sincretismo (la combinación de la adoración de Dios con otra religión) están prohibidos. Él es *nuestro* Dios. Lo hace personal y le otorga a Israel un lugar especial como el pueblo escogido de

Dios. Ahora, por su gracia, todos los creyentes pueden decir que Él es nuestro Dios.

En una referencia impresionante a la Trinidad, la palabra hebrea (*echad*, traducida como "uno"), puede aludir a "unidad en la diversidad". Las diversas partes del tabernáculo hicieron *una* tienda de campaña (Éxodo 26:6), y el esposo y la esposa son *una sola* carne (Génesis 2:24). Dios dijo: "**Hagamos** al hombre a **nuestra** imagen" en Génesis. De hecho, la misma palabra usada aquí para Dios (*Elohim*) es el plural de *El*. Dios existe en tres personas distintas, pero es claramente un solo Dios, no tres. La Trinidad es un misterio confirmado por las Escrituras y (sin saberlo) por los judíos cada vez que dicen el *Shemá*.

Con esa declaración clara de quién es Dios, Moisés presenta nuestra respuesta requerida, el mandamiento que resume la ley:

⁵ Ama al Señor tu Dios con todo tu corazón y con toda tu alma y con todas tus fuerzas.

Dios un padre amoroso

La relación precede a la obediencia legalista. El mayor es el amor, incluso bajo la ley. Puede que no pensemos que el amor sea una parte importante del Antiguo Pacto, pero Dios también era un dios de amor en aquel entonces. Como padre amoroso, los guió por la columna de nube y fuego y les proveyó maná y agua. Él los protegió y prometió bendiciones increíbles, si solo fuesen fieles a Él y a sus mandamientos:

El Señor su Dios marcha al frente y peleará por ustedes, como vieron que lo hizo en Egipto y en el desierto. Por todo el camino que han recorrido, hasta llegar a este lugar, ustedes han visto cómo el Señor su Dios los ha guiado, como lo hace un padre con su hijo."

El Shemá; el corazón de la religión judía

A pesar de eso, ninguno de ustedes confió en el Señor su Dios, que se adelantaba a ustedes para buscarles dónde acampar. De noche lo hacía con fuego, para que vieran el camino a seguir, y de día los acompañaba con una nube (Deuteronomio 1:30-33).

Dios quería un pueblo para sí mismo, una novia; al igual que un hombre corteja a una dama y anhela su amor a cambio. Él espera que ellos respondan a su cuidado con amor y fe, pero no hemos visto mucha evidencia de amor por parte de los hebreos hacia Dios durante estos cuarenta años en el desierto. Se quejaron de Él y caminaron en temor de su juicio. Necesitarán más que la obediencia a regañadientes para prosperar espiritualmente en la Tierra Prometida. Como muchos cristianos han descubierto, eso no dura mucho; da lugar al resentimiento y luego a la rebelión. La obediencia debe fluir del amor.

Amor total e incondicional

La palabra hebrea usada para amor (*'ahebh*) se refiere a la obligación de cuidar y valorar a alguien, por lo general en el contexto de la relación de esposo/esposa o de padre/hijo. No hay sentido de amor ni sexual ni romántico. Cuando el Antiguo Testamento fue traducido al griego (la Septuaginta), se usó una forma de *ágape* (el amor incondicional de Dios) en este versículo.

Dios exige nuestro amor total:

- El espíritu: con todo nuestro corazón. Nuestras emociones y la parte más profunda de quienes somos. Nuestra devoción debe ser indivisa.

- El alma: Con toda nuestra alma. La voluntad.

- El cuerpo: con todas nuestras fuerzas. El amor se manifiesta en la obediencia y en las acciones. No solo con palabras, sino con total dedicación en todo lo que hacemos.

La importancia de este mandato fue afirmada fuertemente por Jesús:

Acercándose uno de los escribas, que los había oído disputar, y sabía que les había respondido bien, le preguntó: ¿Cuál es el primer mandamiento de todos?

Jesús le respondió: El primer mandamiento de todos es: Oye, Israel; el Señor nuestro Dios, el Señor uno es. Y amarás al Señor tu Dios con todo tu corazón, y con toda tu alma, y con toda tu mente y con todas tus fuerzas. Este es el principal mandamiento. Y el segundo es semejante: Amarás a tu prójimo como a ti mismo. No hay otro mandamiento mayor que éstos.

Entonces el escriba le dijo: Bien, Maestro, verdad has dicho, que uno es Dios, y no hay otro fuera de él; y el amarle con todo el corazón, con todo el entendimiento, con toda el alma, y con todas las fuerzas, y amar al prójimo como a uno mismo, es más que todos los holocaustos y sacrificios.

Jesús entonces, viendo que había respondido sabiamente, le dijo: No estás lejos del reino de Dios. Y ya ninguno osaba preguntarle (Marcos 12:28-34).

Jesús cita directamente el *Shemá* y agrega: "*con toda tu mente*". Para el segundo mandamiento (ama a tu prójimo), Jesús cita Levítico 19:18. En el pasaje paralelo de Mateo 22:40, Jesús hace la notable afirmación: "*De estos dos mandamientos depende toda la ley y los profetas.*" En la parábola del buen samaritano, el escriba los cita como el resumen de la ley, y Jesús dice: "*Haz esto y vivirás.*"

¿Cómo te va con tu amor por Dios? ¿Tienes algún concepto de lo que significa el amor para Dios? Si es tan importante, creo que si pides sinceramente, Dios te ayudará a comprender y vivir ese amor. Por naturaleza, somos egocéntricos, por lo que una de las lecciones clave de la vida es aprender a amar con amor ágape (no con el amor romántico o erótico que vemos en el cine y en la televisión). Dios a menudo te trae personas difíciles de amar para que te enseñen a amar. El matrimonio, la familia y la iglesia son buenos lugares para aprender sobre el amor.

El lugar central de la Palabra

⁶ Grábate en el corazón estas palabras que hoy te mando.

El primer paso esencial para el éxito es amar a Dios. El segundo es llevar la Palabra de Dios de la cabeza al corazón. Medita en ella. Manténla siempre delante de ti, central en tus pensamientos, para moldear tu vida y guiar tus decisiones diarias.

⁷ Incúlcaselas continuamente a tus hijos. Háblales de ellas cuando estés en tu casa y cuando vayas por el camino, cuando te acuestes y cuando te levantes. ⁸ Átalas a tus manos como un signo; llévalas en tu frente como una marca; ⁹ escríbelas en los postes de tu casa y en los portones de tus ciudades.

Si conoces a un judío, es posible que hayas visto su *mezuzá* (en hebreo, "poste de la puerta"). Contiene una copia del pergamino de estos mismos versos (4 a 9), el *Shemá*. Para atar la ley a sus manos y frente, las filacterias (hebreo: *tefilín*; pequeñas cajas de escrituras) están atadas con correas de cuero. Por lo general, los judíos devotos los usan solo en oración. ¿Es eficaz? Honestamente, yo no lo creo y no creo que fuera la intención de Dios en este mandamiento. Ellas mantienen la ley externa en una caja. Es como nosotros, con una hermosa Biblia en la mesa o en el estante. Jesús habló del peligro de una demostración externa en Mateo 23:5, al condenar a los escribas y fariseos: *Todo lo hacen para que la gente los vea: Usan filacterias grandes y adornan sus ropas con borlas vistosas.* En cambio, la Palabra debe guiar todo lo que hacemos con nuestras manos y actuar como filtro de todo lo que entra en nuestras mentes.

La palabra de Dios debe ocupar un lugar destacado en nuestros hogares y familias. Debe ser un tema central de la conversación con nuestros hijos. Es mucho más que una lectura bíblica; tienes que explicarla y vivirla. Ellos deben vernos dar prioridad a la palabra en la vida cotidiana. Cuando nos reunimos con otros creyentes, gran parte de nuestra comunión debe girar en torno a la Palabra.

¿Qué hay de ti? ¿Qué papel desempeñan las Escrituras en tu vida familiar? Con el teléfono celular omnipresente y el entretenimiento sin fin, resulta difícil para muchos dedicar más de unos minutos a la Palabra de Dios. Pero si en serio vamos a amar a Dios, tenemos que tomar en serio lo que Él ha dicho.

Ese es el final del *Shemá*, pero no el fin del mensaje de Moisés.

El peligro de la prosperidad

[10] »*El Señor tu Dios te hará entrar en la tierra que les juró a tus antepasados Abraham, Isaac y Jacob. Es una tierra con ciudades grandes y prósperas que tú no edificaste,* [11] *con casas llenas de toda clase de bienes que tú no acumulaste, con cisternas que no cavaste, y con viñas y olivares que no plantaste. Cuando comas de ellas y te sacies,* [12] *cuídate de no olvidarte del Señor, que te sacó de Egipto, la tierra donde viviste en esclavitud.*

Ellos nunca conocían esa abundancia. Sufrieron esclavitud bajo los egipcios durante cientos de años y pasaron los últimos cuarenta años vagando por el desierto. ¡Imagina pensar en ciudades grandes y prósperas! ¡Es como alguien de un pequeño pueblo de otro país que viaja a Nueva York! ¡Casas llenas de todo tipo de cosas buenas! ¡Algo más que maná para comer! ¡Dios tiene una vida buena preparada para ellos!

Dios quiere bendecirnos, no de la manera avara y excesiva que prometen los predicadores de la prosperidad, sino con una vida buena. Dios aún puede saquear cosas del mundo para nosotros. Nada de lo que Israel recibiría aquí provendría del trabajo de sus manos. Tienen que luchar por ello, pero otros hicieron el trabajo: construyeron las ciudades y las casas encantadoras amuebladas, cavaron los pozos y plantaron todo tipo de plantas frutales. Ahora Israel va a cosechar los beneficios.

¡No olvides a Dios en los tiempos buenos!

Hay mucho peligro en las cosas del mundo; es fácil olvidar quién nos las dio y de dónde vinimos. Podemos empezar a sentirnos orgullosos y pensar que las conseguimos gracias a la obra de nuestras manos. Y podemos ocuparnos tanto de los placeres que olvidamos las prioridades que Moisés acaba de presentar: amar a Dios y hacer que su Palabra sea central. Si obedecemos esos mandamientos, vamos a mantener una perspectiva saludable sobre las cosas buenas de esta vida, pero es una lucha constante no caer en la trampa del materialismo y el placer. No es suficiente cantar cuánto amamos a Dios, fervientemente proclamando "Te amo, Señor" en la iglesia y leer la Biblia durante unos quince minutos con la familia. Me temo que gran parte de la iglesia está en esa situación: Dios nos ha bendecido y lo hemos olvidado.

Algunos consejos

[13] »*Teme al Señor tu Dios, sírvele solamente a él, y jura solo en su nombre.*

- ¿Tienes un temor saludable de Dios?
- ¿Te das cuenta de que Dios puede quitar todas esas bendiciones si quisiera?
- ¿Le sirves a Dios? ¿Participas activamente en su obra, incluso si tienes un trabajo secular a tiempo completo? "Servir" también puede traducirse como "adorar".

Nuestro servicio a Dios es adoración, tal vez más importante que cantar alabanzas.

14 No sigas a esos dioses de los pueblos que te rodean, *15* pues el Señor tu Dios está contigo y es un Dios celoso; no vaya a ser que su ira se encienda contra ti y te borre de la faz de la tierra.

- ¿Cuáles son los dioses de las personas que te rodean?
- ¿Qué implicaría seguirlos?
- ¿Has hecho algo que haya provocado la ira de Dios?

¿No estamos protegidos de la ira de Dios por el amor de Cristo? Podemos pensar que la amenaza de destrucción fue solo para los hebreos, y es cierto que la vemos en el Antiguo Testamento. Pero no te dejes engañar: hay un juicio venidero (aunque puede retrasarse) en el que tendremos que dar cuenta de todo lo que hemos hecho.

16 »No pongas a prueba al Señor tu Dios, como lo hiciste en Masá.

Israel probó (o tentó) a Dios en Masá, quejándose de la falta de agua. Refunfuñar y quejarse son formas de tentar a Dios o de ponerlo a prueba, y Él los odia. Otra forma es probar hasta dónde podemos pecar y, aun así, mantener su favor. Jesús citó este versículo contra Satanás en sus tentaciones. ¿Está el diablo tentándote para poner a prueba a Dios? ¿Estás poniendo a prueba a Dios ahora?

17 Cumple cuidadosamente los mandamientos del Señor tu Dios, y los mandatos y preceptos que te ha dado. *18* Haz lo que es recto y bueno a los ojos del Señor, para que te vaya bien y tomes posesión de la buena tierra que el Señor les juró a tus antepasados. *19* El Señor arrojará a todos los enemigos que encuentres en tu camino, tal como te lo prometió.

El Shemá; el corazón de la religión judía

Es tan importante que Moisés lo repita muchas veces: Obedece los mandamientos de Dios. Cuando lo hagamos, nos irá bien. Vamos a experimentar las bendiciones de las promesas de Dios, reclamaremos más de lo que pertenecía al diablo y echaremos fuera a todos nuestros enemigos mediante el poder de Dios.

Seguir a Cristo es muy simple, pero también muy difícil, por lo que muchas personas prefieren una religión de obras. Si podemos marcar las casillas (fui a la iglesia, leo la Biblia todos los días, oro quince minutos cada mañana) y evitar los peores pecados (porno, alcohol, malas palabras), sentimos que estamos bien. Es mucho más difícil tratar con el corazón y aprender lo que significa amar a Dios y al prójimo, pero es infinitamente más gratificante. Durante miles de años, el *Shemá* ha recordado a los judíos, a diario, lo que es más importante. Síguelo para que te vaya bien.

43

Hermosas promesas de Dios y sus condiciones

Deuteronomio 7

¿Cuál es? ¿La soberanía absoluta de Dios? ¿O el libre albedrío del hombre? ¿O ambos? La Biblia habla claramente de Dios trabajando poderosamente a nuestro favor, pero también queda claro que se requiere una respuesta. La maravilla es que el Dios del universo ha elegido trabajar en colaboración con nosotros. La oración es una de las expresiones más claras de esa realidad. Qué bueno saber que Dios tiene planes que nada ni nadie puede cambiar. Por ejemplo, a pesar de toda la incredulidad y oposición que Jesús enfrentó, nada podría detener el plan de salvación de Dios. Y a pesar de la rebelión persistente de Israel durante el éxodo, Dios va a establecer a un pueblo en la Tierra Prometida. Solo podrían ser Caleb y Josué y sus familias, pero va a levantar a alguien para hacerlo.

Sí, Dios es soberano y todopoderoso. Esta porción de los mensajes finales de Moisés a los hebreos comienza con una afirmación alentadora y dramática al respecto.

La cuestión es "cuándo", no "si" sucederá

¹»El Señor tu Dios te hará entrar en la tierra que vas a poseer, y expulsará de tu presencia a siete naciones más grandes y fuertes que tú, que son los hititas, los gergeseos, los amorreos, los cananeos, los ferezeos, los heveos y los jebuseos. ²Cuando el Señor tu Dios te las haya entregado y tú las hayas derrotado...

La palabra "si" nunca aparece en estos versos. En cambio, vemos las palabras "cuando", "hará" y "expulsará".

Dios no los libró de Egipto ni los guió cuarenta años por el desierto para dejarlos sin cruzar el río Jordán y entrar en la tierra que Él les prometió. Él se asegurará de que la consigan:

- Él los hará entrar en ella.
- Entregará a sus habitantes.
- Expulsará a esas naciones paganas.
- Él luchará por Israel y derrotará al enemigo.

Se trata totalmente de Dios. Solos, la tarea sería desalentadora. Cada una de estas siete naciones era más grande y más fuerte que Israel, pero eso no supone un problema. Puedo ver a Dios sonriendo cuando Él dice eso, porque será obvio para todos que la única manera de vencerlos sería el poder de Dios.

¿Hay cosas que Dios claramente ha prometido que tú has colocado en la categoría de "si"? ¡Deja esa incredulidad! Cuando Dios dice "cuando", ¡lo dice en serio! ¡Sucederá! ¿A qué te enfrentas que puede ser más grande y más fuerte que tú? ¿Has dejado que te intimide? Alaba a Dios y espera un milagro. ¡Él entregará a esos enemigos en tu mano! No se trata de si, ¡sino de cuando! Solo asegúrate de estar en la voluntad de Dios y de que estás entrando en una tierra que Él te ha prometido y que enfrentas a un verdadero enemigo de Dios. Dios establece la agenda. Es *su* plan; nosotros no decidimos lo que queremos y luego declaramos que Dios nos lo dará.

Esta parte es buenísima. ¿No te anima ser recordado del poder de Dios y de sus planes soberanos? Pero hay más. Ahora llegamos a nuestra parte.

Hermosas promesas de Dios y sus condiciones

Un llamado a la santidad

²*Deberás destruirlas por completo. No harás ningún pacto con ellas, ni les tendrás compasión.* ³*Tampoco te unirás en matrimonio con ninguna de esas naciones; no darás tus hijas a sus hijos ni tomarás sus hijas para tus hijos,* ⁴*porque ellas los apartarán del Señor y los harán servir a otros dioses. Entonces la ira del Señor se encenderá contra ti y te destruirá de inmediato.*

⁵*»Esto es lo que harás con esas naciones: Destruirás sus altares, romperás sus piedras sagradas, derribarás sus imágenes de la diosa Aserá y les prenderás fuego a sus ídolos.* ⁶*Porque para el Señor tu Dios tú eres un pueblo santo; él te eligió para que fueras su posesión exclusiva entre todos los pueblos de la tierra.*

Dios ha hecho su parte. Él murió en la cruz para perdonar tu pecado, y te dio su Espíritu Santo para ayudarte a obedecerlo. Eso es genial. Ahora te toca a ti levantarte y hacer tu parte. Comparado con lo que Dios ha hecho, no parece tan difícil.

- El enemigo fue derrotado. Ahora cada rastro de él debe ser destruido. Es como destruir cada célula cancerosa. Solo una puede matarte. No dejes nada que el diablo pueda utilizar en tu contra. Satanás fue vencido en la cruz, pero por ahora todavía anda alrededor como un león rugiente, buscando a quien devorar. Ahora que estamos en Cristo, tenemos que limpiar la casa y destruir todo lo que le pertenecía. ¿Hay algo que tengas que botar?

- Este no es el momento del amor ni de la misericordia. No se pueden hacer concesiones al pecado ni al diablo. Él se aprovechará de la menor vacilación de tu parte. Ten cuidado de no poner estas típicas excusas:
    o "Una sola cerveza estará bien."

- o "Películas con sexo no hay problema para mí."
- o "Esta chica es tan agradable. ¡Si fuese mi novia, llegaría a conocer a Cristo!"
- o "Nadie sabrá si tomo esto de mi trabajo."
- Casarse con una no creyente está prohibido. No salgas con ella; no importa cuán maravillosa pueda ser. No importa si está "espiritualmente abierta".
- Haz todo lo posible por asegurarte de que tus hijos solo se casen con creyentes. A la gente que no conoce a Cristo la apartarán del Señor.
- Limpia la casa. Quita cualquier rastro de idolatría o de falsa religión. ¿La televisión se ha convertido en un ídolo para ti? ¿Eres incapaz de resistir la sensualidad de Internet? ¿Tienes que deshacerte de alguna película, libro, revista o foto?

Tú puedes ser salvo, pero aún puedes incitar a la ira del Señor al hacer concesiones al mundo y no vivir en santidad:

¡Oh almas adúlteras! ¿No sabéis que la amistad del mundo es enemistad contra Dios? Cualquiera, pues, que quiera ser amigo del mundo, se constituye enemigo de Dios (Santiago 4:4).

»Nadie puede servir a dos señores, pues menospreciará a uno y amará al otro, o querrá mucho a uno y despreciará al otro. No se puede servir a la vez a Dios y a las riquezas (Mateo 6:24).

Si no tomas a Dios en serio, Él puede convertirse en tu enemigo y destruirte. No te engañes. Estudia la historia de Israel. Muchas veces culpamos al diablo cuando, en realidad, puede tratarse del juicio de Dios por nuestro pecado.

¡Es duro ser conocido como fanático! ¡Queremos ser como todos los demás! ¡Pero tú no eres como ellos! ¡Tú eres cristiano! ¡Eres parte del pueblo santo de Dios! Él te compró con su sangre y le perteneces a Él si de verdad has entregado tu vida a Cristo.

Dios te ha escogido

El concepto de elección no cae bien a muchos cristianos, pero ahí está, claramente, en el versículo 6: Dios los eligió. No estaban buscando a Dios; Él vino a ellos. ¡Él los escogió para ser su posesión exclusiva, su tesoro! ¿Crees que es demasiado controlador? ¿Te hace retorcer un poco? ¿Buscas argumentos en contra de la elección? ¡Espera un minuto! ¿Qué podría ser mejor que ser la posesión atesorada de Dios? ¿Quién no quiere ser elegido por Dios? ¡Alábale porque eres elegido!

La elección no debe ser una fuente de vanidad ni de orgullo. Mira lo que dice a continuación:

[7] »*El Señor se encariñó contigo y te eligió, aunque no eras el pueblo más numeroso sino el más insignificante de todos.* [8] *Lo hizo porque te ama y quería cumplir su juramento a tus antepasados; por eso te rescató del poder del faraón, el rey de Egipto, y te sacó de la esclavitud con gran despliegue de fuerza.*

[9] »*Reconoce, por tanto, que el Señor tu Dios es el Dios verdadero, el Dios fiel, que cumple su pacto generación tras generación, y muestra su fiel amor a quienes lo aman y obedecen sus mandamientos,* [10] *pero que destruye a quienes lo odian y no se tarda en darles su merecido.* [11] *Por eso debes obedecer los mandamientos, los preceptos y las normas que hoy te mando que cumplas.*

¿Es porque tú eres tan especial que Dios te elige, te llama y te guarda? No, e Israel tampoco fue especial. Era una tribu pequeña e insignificante. Su última ocupación fue esclavo. Ninguno de los patriarcas —Abraham, Jacob y sus hijos— era perfecto. Abraham tenía sus defectos, pero creyó en Dios y caminó con Él. Dios lo amaba y le era fiel.

¿No es maravilloso que Dios se haya encariñado contigo? Si lo amas y guardas sus mandamientos, esas bendiciones fluirán a tus hijos y a sus descendientes. Pero si odias y rechazas a Dios y vives a tu manera, Él traerá una maldición sobre tus hijos y habrá devastación en tu vida.

No por tu justicia

Más tarde, en otro mensaje, Moisés vuelve al mismo tema (9:4-6):

»Cuando el Señor tu Dios los haya arrojado lejos de ti, no vayas a pensar: "El Señor me ha traído hasta aquí, por mi propia justicia, para tomar posesión de esta tierra." ¡No! El Señor expulsará a esas naciones por la maldad que las caracteriza. De modo que no es por tu justicia ni por tu rectitud por lo que vas a tomar posesión de su tierra. ¡No! La propia maldad de esas naciones hará que el Señor tu Dios las arroje lejos de ti. Así cumplirá lo que juró a tus antepasados Abraham, Isaac y Jacob. Entiende bien que eres un pueblo terco, y que tu justicia y tu rectitud no tienen nada que ver con que el Señor tu Dios te dé en posesión esta buena tierra.

¡Tres veces dice "No fue por tu justicia"! El mensaje es muy claro: la elección no se basa en nuestras obras. Dios nos elige y nos salva; luego nosotros respondemos con buenas obras. Nuestra justicia es como trapos de inmundicia. No somos mucho mejores que los tercos hijos de Israel de dura cerviz.

Dios no fue arbitrario al destruir las naciones en la Tierra Prometida; se merecían su juicio. Era su maldad, y no la justicia de Israel, lo que provocó su destrucción. Y si se enorgullecen porque Dios los eligió, en los versos siguientes Moisés les recuerda el becerro de oro.

Ahora volvemos al capítulo 7:

Bendiciones condicionales

12 »Si prestas atención a estas normas, y las cumples y las obedeces, entonces el Señor tu Dios cumplirá el pacto que bajo juramento hizo con tus antepasados, y te mostrará su amor fiel. 13 Te amará, te multiplicará y bendecirá el fruto de tu vientre, y también el fruto de la tierra que juró a tus antepasados que les daría. Es decir, bendecirá el trigo, el vino y el aceite, y las crías de tus ganados y los corderos de tus rebaños. 14 Bendito serás, más que cualquier otro pueblo; no habrá entre los tuyos hombre ni mujer estéril, ni habrá un solo animal de tus ganados que se quede sin cría. 15 El Señor te mantendrá libre de toda enfermedad y alejará de ti las horribles enfermedades que conociste en Egipto; en cambio, las reservará para tus enemigos. 16 Destruye a todos los pueblos que el Señor tu Dios entregue en tus manos. No te apiades de ellos ni sirvas a sus dioses, para que no te sean una trampa mortal.

Si... prestan atención a la Palabra de Dios y la guardan.

Si... destruyen a todos los habitantes de la tierra y cualquier rastro de su religión.

Entonces...tienen asegurada una gran bendición. Pero está condicionada a su obediencia. Casi todos los pactos de la Biblia son condicionales. Dios siempre será fiel a su parte, pero si no siguen a Dios por completo, caerán en una trampa mortal. Demasiados cristianos viven con esas trampas debido a una obediencia incompleta.

¿Realmente vale la pena aferrarte a las cosas del mundo? Mira lo que está prometido si hacen cosas a la manera de Dios:

- Su amor.
- Sus bendiciones.
- Números aumentados.
- Sin infertilidad ninguna; el fruto del vientre será bendecido, ¡tanto humano como animal!
- Sus cultivos y rebaños serán altamente productivos.
- ¡Dios los mantendrá libres de toda enfermedad! No estamos hablando solo de curación, ¡esto es el verdadero cuidado preventivo! ¡Dios puede protegerte de la enfermedad!

Por otro lado, Dios va a afligir a sus enemigos con enfermedades. ¿Qué? ¿Dios puede causar enfermedad? Eso es lo que dice, como un juicio sobre quienes lo aborrecen.

Estas escrituras sobre tantas bendiciones encantan a los predicadores de la prosperidad. Por desgracia, pasan por alto la necesidad de vivir conforme a toda la palabra de Dios, lo que elimina la avaricia y la vida egocéntrica. Pero ¡gloria a Dios! Como buen padre, Dios se deleita en bendecir a quienes son fieles a Él. Nosotros tenemos que mantener un equilibrio.

¡No tengas miedo!

[17] *»Tal vez te preguntes: "¿Cómo podré expulsar a estas naciones, si son más numerosas que yo?"* [18] *Pero no les temas; recuerda bien lo que el Señor tu Dios hizo contra el faraón y contra todo Egipto.* [19] *Con tus propios ojos viste las grandes pruebas, señales y prodigios milagrosos que con gran despliegue de fuerza y de poder realizó el Señor tu Dios para sacarte de Egipto, y lo mismo hará contra todos los pueblos a quienes ahora temes.* [20] *Además, el Señor tu Dios enviará contra ellos avispas, hasta que hayan perecido todos los sobrevivientes y aun los que intenten esconderse de ti.* [21] *No te asustes ante ellos, pues el Señor tu Dios, el Dios grande y temible, está contigo.*

¿Hay algún enemigo morando en tu "tierra" que resulte imposible de expulsar? ¿Has fracasado una y otra vez en tus esfuerzos por cambiar tu vida con programas de pastillas, autoayuda y psicoterapia? ¿Vives con temor del enemigo? ¿Estás dominado por el alcohol? ¿Atado por las drogas? ¿Adicto a la pornografía? ¿Es el dinero un ídolo? ¿Eres mujeriego?

No pienses en ti ni en tu capacidad para superar ese pecado. ¡Piensa en Dios! Él está contigo, como lo estaba con Israel. Pero tú tienes mucho más: ¡su Espíritu mora en ti! ¡Piensa en lo grande e impresionante que es Dios! ¡Piensa en su amor por ti! Ese amor perfecto echará fuera todo el temor. Confía en Él y en su promesa de entrar en la tierra de tu enemigo y echar fuera lo que te esclaviza. Lee la Biblia de nuevo para ver todo lo que Dios ha hecho en el pasado. Lee testimonios y alimenta tu alma con comunión y enseñanza sólida en una buena iglesia. Lo que Dios ha hecho para los demás, ¡lo hará por ti!

La santificación cuesta tiempo y esfuerzo

[22] El Señor tu Dios expulsará a las naciones que te salgan al paso, pero lo hará poco a poco. No las eliminarás a todas de una sola vez, para que los animales salvajes no se multipliquen ni invadan tu territorio. [23] El Señor tu Dios entregará a esas naciones en tus manos, y las llenará de gran confusión hasta destruirlas. [24] Pondrá a sus reyes bajo tu poder, y de sus nombres tú borrarás hasta el recuerdo. Ninguna de esas naciones podrá resistir tu presencia, porque tú las destruirás. [25] Pero tú deberás quemar en el fuego las esculturas de sus dioses. No codicies la plata y el oro que las recubren, ni caigas en la trampa de quedarte con ellas, pues eso aborrece el Señor tu Dios. [26] No metas en tu casa nada que sea abominable. Todo eso debe ser destruido. Recházalo y detéstalo por completo, para que no seas destruido tú también.

Sería genial si Dios pudiera eliminar de inmediato todo deseo pecaminoso y darnos una victoria completa. Sería más fácil para Israel despertarse una mañana y encontrar la tierra libre de sus habitantes y lista para la cosecha. Pero habría muchas batallas y mucho trabajo duro, sembrando y cosechando.

Dios revela aquí un principio muy importante de santificación: Él nos libera del pecado poco a poco, lo que nos mantiene humildes y dependientes de Él, pero también nos permite desarrollar nuevos hábitos y profundizar en nuestra comprensión de quién es Él y de lo que quiere para nosotros. En este caso, si las naciones fueran eliminadas de inmediato, podrían llenarse de animales salvajes. En tu vida, si cada rastro del enemigo fuese eliminado al instante, es probable que no estarías listo para caminar en ese nivel de santidad; eso puede abrir una puerta al diablo.

Confía en el tiempo de Dios. Trabaja con Él. Confía en Él; nadie puede enfrentarse a ti. ¡Qué tremenda promesa!

Hay dos advertencias importantes sobre cosas que fácilmente pueden hacernos tropezar:

- Ten cuidado con el oro y la plata. Sobre todo, el dinero sucio y el codicio del dinero. Ten en cuenta que Dios no les promete riquezas, sino buenas cosechas y grandes rebaños. Plata y oro, no. No caigas en la trampa del dinero.

- Ten cuidado con lo que traigas a tu casa, sobre todo con lo que llegue por medio de la tele o de Internet. Sé vigilante con quien ingresa a tu casa, sobre todo con cómo se relaciona con tus hijos pequeños. Mira los tipos de alimentos que dejas entrar. Sé un atalaya para tu familia.

¿Es este el momento?

Era casi la hora en Israel. Finalmente van a cosechar después de años de preparación. Dios anhelaba un pueblo que le diera gloria y fuera su posesión. El camino no ha sido fácil. El único hombre fiel a Dios durante todos esos años estaba a punto de morir. Pero Dios había hecho su parte; pronto se manifestarían los frutos de sus labores.

¿Es este tu momento? ¿Ha sido duro el camino? ¿Puedes ver la mano de Dios en tu vida a lo largo de los años? ¿Es este el momento de tomar la obediencia en serio y empezar a aprovechar todas las bendiciones de Dios? La Palabra de Dios está llena de promesas para ti. No se trata de si, sino de cuándo. Tal vez este sea el momento.

44

El peligro de la prosperidad

Deuteronomio 8

Hemos leído sobre las grandes bendiciones que Dios prometió a Israel. Ellos ya saben que hay gigantes en la tierra: siete naciones más grandes y más fuertes que ellos. Sin Dios sería imposible derrotarlas. ¿Cómo podría Israel olvidar al Señor? Pues Moisés sabe lo fácil que sería: ya tiene cuarenta años de experiencia con este pueblo rebelde.

¡Nosotros tenemos mucho más de lo que tenía Israel! ¿Cómo podría un cristiano olvidar jamás a Dios? Pues, lo he visto con demasiada frecuencia. Cuando la vida es dura y sentimos que no podemos soportarlo más, vamos a la iglesia, leemos la Biblia y clamamos a Dios. Y Él responde de maneras maravillosas y nos libera, nos cura y derrama sus bendiciones. De hecho, experimentamos la comunión más rica con Dios en los momentos más difíciles. Pero entonces, cuando todo está bien, ya no tenemos tiempo para Él. No hay tanta urgencia por estar en la iglesia ni por ser fortalecido por el Señor. Claro que nunca diríamos que nos olvidamos de Dios, pero lo tomamos con calma...hasta la próxima crisis.

Moisés estaba muy consciente de los peligros de la prosperidad. Él sabía que no se trata solo de recibir la bendición, de conseguir el dinero y de comenzar una familia. Es cómo cuidas a esa mujer, cómo manejas el dinero y cómo caminas con Dios en los buenos y en los malos momentos. La cuestión no es tanto cómo comienzas, sino cómo terminas.

¡Obediencia!

¹»Cumple fielmente todos los mandamientos que hoy te mando, para que vivas, te multipliques y tomes posesión de la tierra que el Señor juró a tus antepasados.

Ahí está otra vez: la prioridad es la obediencia. ¿Qué significa eso? Tener a Cristo como Señor, someter tu voluntad a la suya y poner en práctica su palabra. Ese es el fundamento de la vida cristiana. Aunque ahora estamos bajo la gracia, la obediencia es tan importante como lo fue para Israel. Nuestra gran ventaja es el poder del Espíritu Santo que nos ayuda a obedecer.

Humillación y pruebas en el desierto

² Recuerda que durante cuarenta años el Señor tu Dios te llevó por todo el camino del desierto, y te humilló y te puso a prueba para conocer lo que había en tu corazón y ver si cumplirías o no sus mandamientos.

Ya hemos visto que a los hebreos no les fue muy bien en la prueba. Prometieron obedecer a Dios, pero luego fracasaron miserablemente. Moisés sabe que si continúan con este patrón, serán destruidos.

- ¿Has estado en un desierto? ¿Por más tiempo de lo que crees necesario?
- ¿Puedes aceptar que pudo haber sido Dios quien te llevó a ese desierto y te mantiene allí?
- ¿Has visto a Dios guiándote en ese desierto?
- ¿Puedes ver cómo Dios te está humillando en las tribulaciones?
- ¿Cómo te va en la prueba? ¿Qué ha revelado acerca de tu corazón?

Si somos honestos, la mayoría de nosotros tiene mucha oscuridad en el corazón. Cuanto más orgulloso estés y cuanto más importante sea la tarea que Dios tiene para ti, más probable es que Él tenga que humillarte.

¿Sigues obediente aunque parezca que no pasa nada? ¿Puedes ser fiel a tu esposa (y a Dios) cuando parece que tu matrimonio está muerto? ¿Cuándo no hay intimidad ni sentimientos de amor? ¿O cuando ella está gravemente enferma? ¿Todavía confías en Dios cuando eres rechazado una y otra vez por un trabajo y el dinero se acaba? ¿Qué sucede cuando todas las puertas del ministerio se cierran y te sientes malentendido por todos?

No solo de pan vive el hombre

³ Te humilló y te hizo pasar hambre, pero luego te alimentó con maná, comida que ni tú ni tus antepasados habían conocido, con lo que te enseñó que no sólo de pan vive el hombre, sino de todo lo que sale de la boca del Señor.

Dios los hizo pasar hambre; a propósito los puso en un lugar donde no había comida. Era parte de humillarlos. Si el refrigerador siempre está lleno, no necesitamos el maná de Dios. Es humillante para un hombre no poder alimentar a su propia familia y depender de limosnas — o salir a recoger maná cada mañana.

¿Te ha hecho Dios pasar hambre (problemas económicos) últimamente? ¿Te ha puesto en un lugar de escasez para que ordenes tus prioridades y te des cuenta de que las cosas materiales no son lo más importante? ¡El Señor no permitirá que mueras de hambre! ¿Estás dispuesto a salir y conseguir el maná necesario para sostenerte? Estas pruebas pueden ser para humillarte. Cuanto antes recibas ese mensaje y dejes de exaltarte y de vivir a tu manera, más pronto terminará la humillación.

Este es un verso que Jesús usó para resistir la tentación de Satanás de convertir las piedras en pan. No caigas en esa trampa del diablo; hoy en día la comida se ha convertido en un ídolo para muchas personas. Viven para comer en vez de comer para vivir.

El verdadero pan para nuestras almas, lo que realmente nos alimenta, es la Palabra de Dios. Cada palabra que Él ha hablado es importante; no solo los versos que siempre citamos, sino también toda palabra que ha salido de su boca. No te conformes con el pan que Satanás intenta darte: el materialismo del mundo o lo espectacular. Aprende a alimentarte de la Palabra de Dios.

Una garantía extendida

4 *Durante esos cuarenta años no se te gastó la ropa que llevabas puesta, ni se te hincharon los pies.*

Eso es milagroso. ¡De alguna manera Dios guardó su ropa intacta durante cuarenta años! Ellos caminaban por el desierto, ¡y no tenían tenis Nike ni botas de senderismo! Sin embargo, sus pies no se hincharon. Eso debería demostrarles el amor de Dios e inculcarles una profunda confianza en su provisión.

¿Has experimentado a Dios milagrosamente mantener un carro viejo en buen funcionamiento? ¿O te ha protegido de la enfermedad? He visto a cristianos obtener años de servicio de dispositivos que se descomponen para los demás. Parte de su bendición no siempre es darnos la última moda, sino hacer durar lo que tenemos. Seguramente la moda cambió mucho en esos cuarenta años, pero no somos esclavos de ella, ¿verdad? Nosotros no tiramos buena ropa solo porque puede estar un poco anticuada. No compramos un nuevo carro o refrigerador solo porque el nuestro no tiene las últimas características. Eso sería un insulto a Dios, quien, graciosamente, nos da una garantía extendida, ¡gratis!

La disciplina de Dios

⁵ Reconoce en tu corazón que, así como un padre disciplina a su hijo, también el Señor tu Dios te disciplina a ti.

¿Eres padre? ¿Cuál es tu experiencia al disciplinar a tu hijo? Por desgracia, eso es un reto para muchos hombres. Tendemos a una mano muy dura o a retirarnos y dejar que su madre lo haga. La disciplina no significa corrección o castigo; significa acercarse al muchacho y andar con él para aconsejarlo y suavemente corregirlo y, sí, administrarle las consecuencias cuando sea necesario. Muchos de nosotros carecíamos de la disciplina amorosa de nuestros padres y no sabíamos cómo disciplinar a nuestros hijos. Dios tiene la intención de que aprendamos de nuestros padres, pero si nunca conociste la verdadera disciplina de tu padre, ahora puedes reflexionar sobre cómo Dios te disciplina y aplicar esos principios a tus hijos.

¿Es posible que el Señor esté disciplinándote por algo que has experimentado recientemente? Una cosa es estar de acuerdo con eso en la mente, pero Moisés dice que es necesario *"en tu corazón"*. Eso significa que el amor de papá Dios te toca. La disciplina no es agradable por lo general, pero ayuda si entiendes lo que está sucediendo y reconoces que la mano amorosa del Padre está detrás de ella.

En la lucha que ustedes libran contra el pecado, todavía no han tenido que resistir hasta derramar su sangre. Y ya han olvidado por completo las palabras de aliento que como a hijos se les dirige:

«Hijo mío, no tomes a la ligera la disciplina del Señor
  ni te desanimes cuando te reprenda,
porque el Señor disciplina a los que ama,
  y azota a todo el que recibe como hijo.»

Lo que soportan es para su disciplina, pues Dios los está tratando como a hijos. ¿Qué hijo hay a quien el padre no disciplina? Si a ustedes se les deja sin la disciplina que todos reciben, entonces son bastardos y no hijos legítimos. Después de todo, aunque nuestros padres humanos nos disciplinaban, los respetábamos. ¿No hemos de someternos, con mayor razón, al Padre de los espíritus, para que vivamos? En efecto, nuestros padres nos disciplinaban por un breve tiempo, como mejor les parecía; pero Dios lo hace para nuestro bien, a fin de que participemos de su santidad. Ciertamente, ninguna disciplina, en el momento de recibirla, parece agradable, sino más bien penosa; sin embargo, después produce una cosecha de justicia y paz para quienes han sido entrenados por ella (Hebreos 12:4-11).

Dios lo hace con mucho amor. Eso debería animarte. Sométete a su disciplina, y deja que Dios haga esa obra profunda en tu vida.

¡Bendiciones están por venir!

6 Cumple los mandamientos del Señor tu Dios; témelo y sigue sus caminos. 7 Porque el Señor tu Dios te conduce a una tierra buena: tierra de arroyos y de fuentes de agua, con manantiales que fluyen en los valles y en las colinas; 8 tierra de trigo y de cebada; de viñas, higueras y granados; de miel y de olivares; 9 tierra donde no escaseará el pan y donde nada te faltará; tierra donde las rocas son de hierro y de cuyas colinas sacarás cobre.

¡Qué refrescante! ¡Qué bendición! Después de cuarenta años en el desierto, comiendo maná, es un toque del cielo, lo que anhelamos y nos motiva a seguir caminando en obediencia. Dios quiere derramar estas bendiciones sobre nosotros, pero Él espera hasta que sepa que podemos manejarlas.

Tú puedes estar en un desierto ahora mismo, muriendo de sed y anhelando alivio. Sigue caminando en obediencia y en el temor del Señor. Dios quiere llevarte a una tierra que también fluye leche y miel. ¿Pero sabes qué? No parece lógico, pero la prueba más difícil puede ser cuando lleguen esas bendiciones.

No olvides a Dios

^{10}»Cuando hayas comido y estés satisfecho, alabarás al Señor tu Dios por la tierra buena que te habrá dado.

Para proteger tu corazón, primero reconoce que esas bendiciones son un regalo de Dios. Adóralo. Dale las gracias por ellas. Alábale por su bondad. Fija tus ojos en Él.

^{11}Pero ten cuidado de no olvidar al Señor tu Dios. No dejes de cumplir sus mandamientos, normas y preceptos que yo te mando hoy. ^{12}Y cuando hayas comido y te hayas saciado, cuando hayas edificado casas cómodas y las habites, ^{13}cuando se hayan multiplicado tus ganados y tus rebaños, y hayan aumentado tu plata y tu oro y sean abundantes tus riquezas, ^{14}no te vuelvas orgulloso ni olvides al Señor tú Dios, quien te sacó de Egipto, la tierra donde viviste como esclavo.

Las riquezas y el éxito pueden oscurecer nuestros sentidos espirituales. Cuando empezamos a experimentar las bendiciones materiales, queremos más. Estamos tan encantados con los regalos que nos olvidamos de dónde vienen y de dónde vinimos. Nos olvidamos de todo lo que Dios ha hecho por nosotros y el corazón se enorgullece. Empezamos a ser flojos en la obediencia. Antes, queríamos hacer todo conforme a lo que nos pedía para ganar el favor de Dios y experimentar su ayuda y sus bendiciones, pero ya que lo tenemos, no parece tan urgente.

Si tú estás en ese lugar de bendiciones abundantes en este momento, ¿te has vuelto perezoso en tu caminar con Dios? ¿Ha entrado el orgullo sutilmente en tu corazón? Si eres honesto, ¿Dios es una de las últimas cosas en tu mente? Por supuesto, vas a la iglesia y das tu diezmo y haces lo requerido. ¿Pero te sientes muy satisfecho contigo mismo? ¡Cuidado!

Humillación y pruebas
15 El Señor te guio a través del vasto y horrible desierto, esa tierra reseca y sedienta, llena de serpientes venenosas y escorpiones; te dio el agua que hizo brotar de la más dura roca; 16 en el desierto te alimentó con maná, comida que jamás conocieron tus antepasados. Así te humilló y te puso a prueba, para que al fin de cuentas te fuera bien.

Ahí está de nuevo: la aflicción sirve para humillarnos y ponernos a prueba. Puedes pasar la prueba y experimentar las bendiciones de Dios, pero si te olvidas de Él, probablemente habrá otra ronda de humillación. La prosperidad puede ser una prueba más grande que la escasez.

Mira las palabras que Moisés usa para recordarles lo malas que eran las cosas: vasto, horrible, reseca, sedienta, serpientes venenosas, escorpiones, roca y dura. Cuando piensas en tu vida vieja, ¿hay algunas palabras feas que la describan? Tendemos a olvidarnos de lo malo que fue y a empezar a dar por sentado las bendiciones de Dios.

Si Dios te está humillando y probando en este momento, recuerda que tiene una perspectiva de largo alcance sobre tu vida. Él sabe que, al final, la disciplina tendrá un buen resultado; te irá bien, pero Él te ama tanto que permitirá el malestar por un tiempo.

Orgullo
17 No se te ocurra pensar: "Esta riqueza es fruto de mi poder y de la fuerza de mis manos." 18 Recuerda al Señor tu Dios, porque es él quien te da el poder para producir esa riqueza; así ha

confirmado hoy el pacto que bajo juramento hizo con tus antepasados.

El engaño es que las bendiciones nos llegan por nuestra inteligencia, nuestro duro trabajo, nuestra astucia y nuestra fortaleza. Pero la inteligencia y las capacidades físicas que tengas fueron dadas por Dios. ¡Cuidado con el orgullo! Dale la gloria y las gracias a Dios por esas bendiciones. Cuando lo olvidamos y empezamos a reclamar toda la gloria para nosotros, estamos entrando en un territorio muy peligroso.

[19] »Si llegas a olvidar al Señor tu Dios, y sigues a otros dioses para adorarlos e inclinarte ante ellos, testifico hoy en contra tuya que ciertamente serás destruido. [20] Si no obedeces al Señor tu Dios, te sucederá lo mismo que a las naciones que el Señor irá destruyendo a tu paso.

El resultado final del orgullo y el olvido de Dios es la destrucción. Una vez que lo olvidamos, tendemos a reemplazarlo por otros dioses, normalmente los del placer, la sensualidad y el materialismo. Israel se convertiría en las naciones que Dios arrojó de la tierra. Seguirían el camino natural del hombre caído en un mundo pecaminoso.

¿Has permitido que otros dioses entraran en tu vida? ¿Puedes recordar cómo era cuando Jesús primero te salvó y transformó tu vida?

- Él derramó sus bendiciones sobre ti.
- La obediencia era una alegría.
- Siempre tenías hambre de la Biblia y de la comunión con el pueblo de Dios.

¿Es un recuerdo lejano ahora? Si eres honesto, ¿tendrías que admitir que te has olvidado de Dios y que realmente no eres diferente de la gente del mundo?

Tal vez tú estés apenas empezando esta peregrinación y Jesús sea muy real para ti. Tómate estas advertencias en serio. Recibe la prueba, la humillación y la disciplina que Dios tiene para ti. Tú puedes evitar mucho dolor.

Cuidado con la prosperidad y la vida buena; se requiere madurez para manejarlas y mantenerse humilde y centrado en Cristo. No te olvides de Dios.

45

¿Por qué te encomendaría Dios matar a "tu esposa amada"?

Deuteronomio 13 y 18

Nuestro mundo está lleno de profetas. Muchos señalan milagros y prodigios en su ministerio, pero ¿a quién puedes creer? A veces, uno contradice directamente a otro. Las cosas no siempre son lo que parecen. En Deuteronomio 13, Moisés nos ayuda a discernir un falso profeta y nos presenta la posibilidad de que algún día tengas que escoger entre Dios y la persona que más amas. Luego, en el capítulo 18, en otro mensaje de otro día, nos ofrece otra enseñanza sobre los profetas.

La atracción peligrosa de la profecía y los milagros
[1]»Cuando en medio de ti aparezca algún profeta o visionario, y anuncie algún prodigio o señal milagrosa, [2] si esa señal o prodigio se cumple y él te dice: "Vayamos a rendir culto a otros dioses", dioses que no has conocido, [3] no prestes atención a las palabras de ese profeta o visionario. El Señor tu Dios te estará probando para saber si lo amas con todo el corazón y con toda el alma.

Otra prueba. En el capítulo 8 fue: ¿Van a obedecer los mandamientos de Dios? Ahora, es: ¿Realmente aman a Dios conforme al requisito del mayor mandamiento?

Imagina una prueba del amor de tu esposa por ti: un hombre llega y le ofrece la vida de sus sueños; él es todo lo que tú no eres. Si ella te ama, no hará caso a sus palabras; sabe que Dios ya le ha dado su hombre y que el verdadero amor exige que ella te siga. Para Israel, el amor significaba seguir a Dios cuando no tenía sentido y no había milagros. La peregrinación en el desierto parecía interminable.

Aquí, es la persona que dice ser profeta o visionario. La prueba es más difícil porque las señales o prodigios que profetizan se cumplen, pero ahora sabemos que no son prueba de su autenticidad. Lamentablemente, muchos de nosotros descartamos nuestro sentido común si alguien afirma ser profeta o recibir visiones. Y si sus predicciones se cumplen, junto con señales y prodigios, podemos creer que tiene que ser de Dios. El apóstol Pablo trató de abrir los ojos de los corintios, que fueron engañados por falsos profetas: *Aguantáis incluso a cualquiera que os esclaviza, os explota, se aprovecha de vosotros, se comporta con altanería y os da bofetadas* (2 Corintios 11:20).

Los falsos profetas pueden ser muy convincentes, pero luego empiezan a alejarte de Dios y a buscar otros dioses. En aquel entonces, podría haber sido una de la multitud de deidades locales. Nosotros somos demasiado sofisticados para eso, aunque podríamos sentirnos tentados por algún nuevo movimiento "cristiano". Nuestro "otro dios" puede ser mucho más sutil. Puede ser el profeta mismo o alguna doctrina que él enseña. Puede ser una iglesia que ha perdido su primer amor y está enamorada de su propio éxito. Si tienes que preguntarte "¿Dónde está Jesús aquí?", ya es tiempo de escudriñar el ministerio. Hoy más que nunca estos dioses nos engañarán:

- Jesús dijo en Mateo 24:24: *Porque surgirán falsos Cristos y falsos profetas que harán grandes señales y milagros para engañar, de ser posible, aun a los elegidos.*

- *Queridos hermanos, no crean a cualquiera que pretenda estar inspirado por el Espíritu, sino sométanlo a prueba para ver si es de Dios, porque han salido por el mundo muchos falsos profetas* (1 Juan 4:1).

- *Les ruego, hermanos, que se cuiden de los que causan divisiones y dificultades, y van en contra de lo que a ustedes se les ha enseñado. Apártense de ellos. Tales individuos no sirven a Cristo nuestro Señor, sino a sus propios deseos. Con palabras suaves y lisonjeras engañan a los ingenuos* (Romanos 16:17-18).

Protección contra el engaño
4 *Solamente al Señor tu Dios debes seguir y rendir culto. Cumple sus mandamientos y obedécelo; sírvele y permanece fiel a él.*

¿Cuál es el remedio? ¿Tenemos que ser detectives para exponer a los charlatanes? No, aunque puede haber un tiempo para eso. Pero en lugar de centrarse en lo negativo, el remedio crítico en estos días postreros es un enfoque vigoroso y de todo corazón en Jesús. Moisés nos ofrece seis maneras de protegernos del engaño:

- **Sigue al Señor.** No sigas a ningún hombre ni a ninguna doctrina. No sigas ningún programa de televisión, ninguna radioemisora ni ningún sitio web. Sigue a Jesús. Estudia los Evangelios para ver qué significaba eso para los primeros discípulos y haz lo mismo. Tú no eres la cabeza. No corras delante de Jesús. Siempre mantén tus ojos en Él mientras caminas tras Él. Jesús prepara el camino. Tú no puedes tropezar si lo estás siguiendo. El apóstol Juan confirmó la necesidad de rechazar decisivamente a quien no sigue a Jesús: *Todo el que se descarría y no permanece en la enseñanza de Cristo, no tiene a Dios; el que permanece en la enseñanza sí tiene al Padre y al Hijo. Si alguien os visita y no lleva esta enseñanza, no lo recibáis en casa ni le déis la* *bienvenida, pues quien le da la bienvenida se hace cómplice de sus malas obras* (2 Juan 9-11).

- **Tener reverencia (o temor) a Dios.** Ten un respeto saludable hacia su señorío y su poder. Recuerda que es un juez y juzgará más a quienes guían a otros por el camino equivocado. Qué bueno es tener a Jesús como amigo, pero también es Dios todopoderoso. No pierdas esa reverencia por Él. Muchos cultos en la iglesia hoy en día se han vuelto muy casuales: envían mensajes de texto, chatean con amigos y van y vienen a su gusto. ¿Dónde está la reverencia a Dios?

- **Guardar sus mandamientos.** Para guardarlos, se tiene que conocerlos, y eso requiere bastante tiempo para estudiar la Biblia y recordar los mandamientos, tanto a nosotros mismos como a los demás. Examina tu diario andar para ver cómo te va. No se trata de cuánto conocimiento tienes de la Biblia, sino de lo que pones en práctica. ¿Cómo respondería la iglesia si comenzáramos a predicar que Dios requiere algo de nosotros?

- **Obedecerlo.** La obediencia es mucho más que una esclavitud legalista a cada palabra de la Biblia. Jesús habló de las implicaciones más profundas de los mandamientos contra el adulterio y el homicidio (Mateo 5). Tenemos que obedecer la voz del Espíritu Santo momento a momento. Algunos hablan orgullosamente de su obediencia legalista a las Escrituras, pero pueden tener corazones perversos.

- **Servirle.** No estamos hablando de una religión que se practica mediante rituales en un templo. Una de las mejores protecciones contra el engaño y el pecado es servir activamente al Señor. Es cuando el Espíritu Santo fluye con mayor libertad. Por supuesto, si de verdad estás siguiendo a Jesús, vas a servirlo. Y no tiene que ser a tiempo completo; en tu empleo secular debes trabajar como para el Señor y estar disponible para ser utilizado por Él.

- **Aferrarte a Él.** Para salvarte a ti mismo, con un amor profundo. Eso significa estar en comunión con Él y vivir en su presencia. No dejes que nada se interponga entre ustedes.

¿Cómo está tu iglesia? ¿Cuál es tu impresión de los cristianos en general? ¿Estamos engañados? ¿Cómo te va en cada una de estas áreas? ¿Qué puedes hacer para poner las cosas en orden?

Quita el mal

5 Condenarás a muerte a ese profeta o visionario por haberte aconsejado rebelarte contra el Señor tu Dios, que te sacó de Egipto y te rescató de la tierra de esclavitud. Así extirparás el mal que haya en medio de ti, porque tal profeta habrá intentado apartarte del camino que el Señor tu Dios te mandó que siguieras.

Ahora nos toca a nosotros juzgar. En el contexto de la autoridad ejercida por los líderes llamados por Dios en la iglesia, debemos escudriñar a los profetas. Ya se hace en algunas iglesias, pero Internet está lleno de herejías. Tenemos que examinar nuestras bibliotecas, aplicaciones y favoritos de Internet. Si hay una duda, quítala. Y como el Cuerpo de Cristo, tenemos que establecer algún tipo de rendición de cuentas por la proliferación de profetas.

Ya no vamos a matar a nadie. Han matado a muchos en la historia de la iglesia, a menudo hombres piadosos en manos de los mismos engañadores. Con razón, no tenemos prisa por decir que alguien está incitando a la rebelión solo porque no estamos de acuerdo con su enseñanza. Pero Moisés aclara la rebelión como cualquier cosa que pueda intentar desviarnos del camino que el Señor nos ha ordenado seguir.

Aquí son los falsos profetas que tienen que eliminar, pero Dios nos llama a eliminar todo mal de nuestras vidas. Me parece que hay mucho mal que eliminar. Lamentablemente, eso puede generar situaciones muy incómodas con hermanos cristianos, amigos e incluso con nuestros familiares más cercanos.

¿Apedrear a tu esposa?

6 »Si tu propio hermano, o tu hijo, o tu hija, o tu esposa amada, o tu amigo íntimo, trata de engañarte y en secreto te insinúa: "Vayamos a rendir culto a otros dioses", dioses que ni tú ni tus padres conocieron, 7 dioses de pueblos cercanos o lejanos que abarcan toda la tierra, 8 no te dejes engañar ni le hagas caso. Tampoco le tengas lástima. No te compadezcas de él ni lo encubras, 9 ni dudes en matarlo. Al contrario, sé tú el primero en alzar la mano para matarlo, y que haga lo mismo todo el pueblo. 10 Apedréalo hasta que muera, porque trató de apartarte del Señor tu Dios, que te sacó de Egipto, la tierra donde eras esclavo. 11 Entonces todos en Israel oirán esto y temblarán de miedo, y nadie intentará otra vez cometer semejante maldad.

Para mí, este es uno de los pasajes más duros de la Biblia. Sí, aún peor que quitar el ojo que me hace pecar, o que Israel destruya las naciones paganas en Canaán. ¿En serio? ¿Dios me ordena ser el primero en alzar la mano para matar a mi esposa o a mi hijo si intentan apartarme del Señor? No hay oportunidad de arrepentirse. No hay misericordia. Con Dios no hay tolerancia ni la posibilidad de escoger otro camino. No. Mátalos. No los protejas. No hagas caso a ellos. ¡Sé el primero en arrojar la piedra! Tenemos que dar ejemplo e infundir un temor saludable al Señor.

Jesús predijo problemas familiares para sus seguidores: *Ustedes serán traicionados aun por sus padres, hermanos, parientes y amigos, y a algunos de ustedes se les dará muerte* (Lucas 21:16). Ten en cuenta que no dice matarlos; eso fue para el antiguo pacto, pero tenemos que mantenernos firmes y no permitir que nos alejen de Jesús. Aférrate a Él, incluso si tu esposa amenaza con dejarte o matarte.

¿Cuándo fue la última vez que recibiste una enseñanza equilibrada sobre cómo responder a los hijos que persigan a otros dioses? La iglesia tiene que orientar a los hermanos, ya que hay mucha rebelión y muchos dioses.

Dios se enoja con todos a causa de una sola ciudad rebelde

^{12}»Si de alguna de las ciudades que el Señor tu Dios te da para que las habites llega el rumor de ^{13} que han surgido hombres perversos que descarrían a la gente y le dicen: "Vayamos a rendir culto a otros dioses", dioses que ustedes no han conocido, ^{14} entonces deberás inquirir e investigar todo con sumo cuidado. Si se comprueba que tal hecho abominable ha ocurrido en medio de ti, ^{15} no dudes en matar a filo de espada a todos los habitantes de esa ciudad. Destrúyelos junto con todo lo que haya en ella, incluyendo el ganado. ^{16} Lleva todo el botín a la plaza pública, y préndele fuego a la ciudad y a todo el botín. Será una ofrenda totalmente quemada para el Señor tu Dios. La ciudad se quedará para siempre en ruinas, y no volverá a ser reedificada. ^{17} No te apropies de nada que haya sido consagrado a la destrucción. De ese modo, el Señor alejará de ti el furor de su ira, te tratará con misericordia y compasión, y hará que te multipliques, tal como se lo juró a tus antepasados. ^{18} Así será, siempre y cuando obedezcas todos estos mandamientos que te ordeno hoy, y hagas lo recto ante el Señor tu Dios.

Puede ser una sola ciudad de todo el país o una sola iglesia de todo un concilio; si se apartan del Dios de la Biblia y de sus enseñanzas, tendrían que matarlos. Claro que no vamos a matar a una iglesia entera, pero tenemos que romper públicamente la comunión con ellos. Pero primero tenemos que examinar cuidadosamente la situación y contar con pruebas del delito; la Biblia dice que un solo rumor puede iniciar el proceso. Si somos fieles a la Palabra, tenemos que tomar en serio la disciplina de la iglesia.

Fue una limpieza total: no podían separar a los fieles. Todos murieron, incluso el ganado. Luego quemaron todo como una ofrenda al Señor. No importa cuán hermoso sea un artículo religioso; no pueden tomar nada. Tiene que permanecer en ruinas para siempre, como ejemplo para quienes están tentados a apartarse del Señor.

¿Y qué pasa si no mantienen la pureza de la nación y permiten la rebelión? Dios derramará su ira sobre todo el país y ellos perderán su misericordia y compasión. Todos van a sufrir porque los líderes no estaban dispuestos a obedecer a Dios.

Capítulo 18: Otro día, otro mensaje sobre profetas

Si conoces el Antiguo Testamento, ya sabes lo importantes que fueron los profetas en la historia de Israel: grandes hombres como Samuel, Elías, Isaías y Jeremías. Su función ha cambiado después de Cristo, pero no hay indicación alguna de que los profetas desaparecerían. Afortunadamente, el oficio de profeta ha sido restaurado en la iglesia hoy, después de haber sido ignorado durante siglos. Por supuesto, siempre ha habido profetas; simplemente no se llamaban así. Hoy parece que todos quieren ser profetas. Hay que tomar muy en serio la advertencia de Jesús sobre los falsos profetas en los últimos días, porque resulta difícil encontrar a los verdaderos.

Dios levantará a un profeta como Moisés

¹⁴ »*Las naciones cuyo territorio vas a poseer consultan a hechiceros y adivinos, pero a ti el Señor tu Dios no te ha permitido hacer nada de eso.* **¹⁵** *El Señor tu Dios levantará de entre tus hermanos un profeta como yo. A él sí lo escucharás.* **¹⁶** *Eso fue lo que le pediste al Señor tu Dios en Horeb, el día de la asamblea, cuando dijiste: "No quiero seguir escuchando la voz del Señor mi Dios, ni volver a contemplar este enorme fuego, no sea que muera."*

La persona que habla palabras que no son de Dios está practicando brujería o adivinación. No se les debe escuchar porque nos llevarán por el mal camino. Estudia a los falsos profetas del Antiguo Testamento y verás que suenan muy bien. Estaban en la mayoría. Por lo general, pronunciaban las palabras que la gente quería escuchar, mientras el verdadero profeta era perseguido.

Israel, incluso aquí, al inicio de su caminar con Dios, era consciente de la importancia de escuchar al Señor. Estaban aterrorizados por su impresionante presencia en Horeb y le rogaron a Dios que no les hablase directamente, porque temían morir. Parece que Dios quería hablar directamente con ellos, pero honró su petición y habló a través de los profetas. Dios quiere hablarnos. Él no está callado; le encanta revelarse y quiere comunicarse contigo.

Algunos creen que Moisés profetizó aquí acerca del Mesías y es cierto que en Cristo tenemos la mejor revelación y comunicación de Dios. Pero este profeta era de *entre sus hermanos israelitas*. En la iglesia de hoy, Dios a menudo levanta profetas entre los propios hermanos de la iglesia. No tengas prisa por correr tras el famoso profeta.

[17]»Y me dijo el Señor: "Está bien lo que ellos dicen. [18] Por eso levantaré entre sus hermanos un profeta como tú; pondré mis palabras en su boca, y él les dirá todo lo que yo le mande.[19] Si alguien no presta oído a las palabras que el profeta proclame en mi nombre, yo mismo le pediré cuentas. [20] Pero el profeta que se atreva a hablar en mi nombre y diga algo que yo no le haya mandado decir, morirá. La misma suerte correrá el profeta que hable en nombre de otros dioses."

Instrucciones para los profetas

- Dios pone sus palabras en la boca del profeta. Eso no implica que se dicte; el profeta puede verse influido por su experiencia o cultura, pero no preparamos mensajes proféticos de antemano. El profeta espera en Dios y aprende a discernir las palabras que Dios pone en su boca.

- El profeta tiene que decir *todo* lo que Dios manda que diga. ¡Ay de aquel que no dice todo lo que Dios le ha hablado por temor a una respuesta negativa!

- Cuando un verdadero profeta habla en nombre de Dios, estamos obligados a escuchar sus palabras. Tenemos que rendir cuentas a Dios si no lo hacemos. Eso significa que es muy importante discernir quién es verdadero y luego escuchar con atención y actuar según lo que habla. El internet está lleno de palabras proféticas. Muchas personas las escanean y agarran la que les gusta, diciendo que es la palabra de Dios para ellos. Eso es peligroso.

- Ser un profeta es una enorme responsabilidad. La pena por fracasar era la muerte. Aunque hoy no matamos a profetas, el falso profeta debe sufrir una consecuencia severa. ¡Ay del profeta que Dios usaba en el pasado que cae en la presunción y habla algo que Dios no ha mandado! Si Dios te usa proféticamente, ¡ten cuidado!

- Menos común hoy en día es el profeta que habla en nombre de otros dioses, pero la pena de muerte también se aplicaba allí. Lee Jeremías 23 para obtener más información sobre los falsos profetas.

[21] »*Tal vez te preguntes: "¿Cómo podré reconocer un mensaje que no provenga del Señor?"* [22] *Si lo que el profeta proclame en nombre del Señor no se cumple ni se realiza, será señal de que su mensaje no proviene del Señor. Ese profeta habrá hablado con presunción. No le temas.*

Se pueden encontrar mensajes muy alarmantes en Internet. Esa alarma puede ser necesaria, si el mensaje es de Dios. Pero algunos pueden haberse dado bajo presunción. ¿Cómo lo sabes? ¿Se cumple? Moisés ya impuso el castigo por proclamar algo que no es del Señor. De alguna manera, todas estas palabras actuales sobre desastres económicos y naturales deben archivarse y verificarse cuidadosamente como la verdad. Ten cuidado de no señalar un terremoto reciente para justificar una palabra sobre un terremoto. Siempre habrá terremotos. Pero si dicen que una ciudad específica será destruida por un terremoto, debe ser destruida si la palabra es de Dios. Claro que hay palabras que el Señor nos da para despertarnos; si nos arrepentimos y oramos, puede ser posible evitar el juicio. A fin de cuentas, solo la operación del don de discernimiento de espíritus puede aclarar si es de Dios. Qué bueno sería si toda la iglesia pudiera ponerse de acuerdo sobre cómo evaluar y responder a los profetas, y bregar con quienes no hablan del Señor.

La prueba de Jesús para los profetas

Las cosas no siempre son lo que parecen. Hay que mirar más allá de la superficie y saber algo sobre la vida de la persona que está profetizando:

»*Cuidaos de los falsos profetas. Vienen a vosotros disfrazados de ovejas, pero por dentro son lobos feroces. Por sus frutos los conoceréis. ¿Acaso se recogen uvas de los espinos, o higos de los cardos? Del mismo modo, todo árbol bueno da fruto bueno, pero el árbol malo da fruto malo. Un árbol bueno no puede dar fruto malo, y un árbol malo no puede dar fruto bueno. Todo árbol que no da buen fruto se corta y se arroja al fuego. Así que por sus frutos los conoceréis* (Mateo 7:15-20).

Por eso es tan peligroso confiar demasiado en las palabras proféticas en Internet o en las de alguien que no conoces. Es por eso que Dios nos coloca en una iglesia, donde podemos observar el fruto del profeta y su ministerio, y los líderes, así como quienes tienen el don de discernimiento de espíritus, pueden evaluar la palabra.

Sí, servir a Dios y hablar por Él son una gran responsabilidad y un privilegio. Él es un Dios celoso y santo, y su palabra debe tomarse muy en serio. Tenemos que mantener nuestras vidas e iglesias libres del pecado y estudiar y aplicar cuidadosamente esta enseñanza para la iglesia de Jesucristo hoy.

Parte 7
El final del camino

46

Nunca te abandonaré

Deuteronomio 31

Las prédicas de Moisés han terminado. Él tiene que entregar el liderazgo a Josué, cantar una canción y bendecir a las tribus. Luego él subirá al monte una vez más para morir e ir a la presencia de su Señor.

El sucesor anunciado
Hoy tenemos una tendencia alarmante a hacer de superestrellas a pastores, profetas, cantantes y otras celebridades cristianas. Es tan fácil centrarse en el hombre. Moisés los salvó de la destrucción y, fielmente, los guió a través de algunos de sus momentos más difíciles. Naturalmente nos apegamos a un pastor que caminó con nosotros por el valle de la sombra. A veces Dios hace algo drástico para llamar nuestra atención y recordarnos que debemos seguirlo y confiar en Él.

Nunca habrá otro hombre como Moisés. Josué sería un buen líder militar, pero ahora los sacerdotes y los ancianos tendrán un papel cada vez más importante. El pueblo ha escuchado la Palabra de Dios y ha aprendido a caminar con Él. Su atención se centrará más en el Señor y menos en el hombre que los guía. Ya es hora de que Moisés se mueva a un lado.

¹*De nuevo habló Moisés a todo el pueblo de Israel, y les dijo:* ² *«Ya tengo ciento veinte años de edad, y no puedo seguir siendo su líder. Además, el Señor me ha dicho que no voy a cruzar el*

Jordán, *³pues ha ordenado que sea Josué quien lo cruce al frente de ustedes. El Señor su Dios marchará al frente de ustedes para destruir a todas las naciones que encuentren a su paso, y ustedes se apoderarán de su territorio. ⁴El Señor las arrasará como arrasó a Sijón y a Og, los reyes de los amorreos, junto con sus países. ⁵Cuando el Señor los entregue en sus manos, ustedes los tratarán según mis órdenes. ⁶Sean fuertes y valientes. No teman ni se asusten ante esas naciones, pues el Señor su Dios siempre los acompañará; nunca los dejará ni los abandonará.»*

En algún momento que solo Dios sabe, cada uno de nosotros llega al final de esta vida. Dios mediante, saldremos en paz y en su presencia. Es hermoso ver a alguien que ama a Jesús hacer esa transición a la vida eterna. También he visto el tormento y el terror de aquellos que no conocen a Cristo cuando la muerte se acerca. Moisés es viejo. Ya no es capaz de dirigir la nación y Dios ya dijo que su tiempo ha terminado. Todavía le resulta difícil aceptar que no podría entrar en la Tierra Prometida, pero al menos sabe que está dejando a su pueblo en buenas manos.

En primer lugar, las manos del Señor. Dios los trajo a este momento y cruzará el río con ellos y seguirá mostrándoles su gran poder.

En la entrega de sus enemigos, Dios:

- **Cruzará por delante de ellos.** Ya sea que estés cruzando a una nueva etapa en tu vida (matrimonio, bebé, nuevo trabajo), un nuevo país (enviado por Dios como misionero) o el cruce final de la muerte, qué bueno es saber que Dios cruza por delante de ti. Él prepara el camino.

- **Destruirá las naciones ante ellos.** Los enemigos que les esperan, las fortalezas y el hombre fuerte. ¿A qué enemigo te enfrentas hoy? ¿Crees que Dios puede destruirlo?

- **Hablará.** Si has tenido momentos en que Dios pareció callar, ya sabes lo terrible que puede ser. Especialmente con la inminente partida de Moisés, ellos podrían temer que ya no oyeran de Dios, pero Moisés menciona dos veces lo que Dios ha dicho. No hay razón para pensar que Él dejará de hablarles.

- **Hará lo que ha hecho en el pasado.** Habían visto su poder en Egipto y, últimamente, en Sijón y Og. Pueden confiar en que Dios no cambia. ¿Cómo has visto el poder de Dios en el pasado? Él todavía hace milagros.

- **Irá con ellos.** Si Dios es por mí, ¿quién contra mí? Si Él está conmigo, no tengo nada que temer.

- **Nunca los dejará ni los abandonará.** No siempre se puede sentir su presencia, pero Él siempre está contigo. ¡Jesús está a tu lado y su Espíritu mora en ti! ¿Temes que Dios te haya dejado? Tal vez tu pecado ha creado un muro. Confiésalo y busca al Señor. ¡Él está esperando! ¡Él no te ha abandonado!

- **Levantará a alguien para guiarlos.** Fue Dios quien señaló a Josué. Dios levantará a un pastor y a líderes para tu iglesia. En las transiciones del liderazgo es importante esperar al Señor para su elección.

Pueden contar con que Dios hará su parte, pero ya es tiempo de que el pueblo se levante y haga la suya.

Israel tiene que:
- **Tomar posesión de su tierra.** Ya les fue dada. Dios destruirá a sus habitantes, pero todavía tienen que

entrar y tomar posesión de ella. ¿Hay algo que Dios te ha dado que tienes que reclamar con fe? ¡No te quedes ahí sentado, pensando que de alguna manera te llegará! Puede que tengas que luchar por ello. ¡A veces tienes que levantarte y, por fe, agarrar lo que es tuyo!

- **Destruir a los enemigos que Dios le entrega en la mano.** Ellos tienen que eliminar todos los rastros de sí mismos. Puede que tú hayas experimentado liberación o la necesites. Dios puede librarte de un espíritu inmundo de pornografía que te esclaviza, pero para evitar el acceso a esos sitios, hay que asegurarse de que tu Internet tenga un filtro que no puedas invalidar y destruir cualquier revista o DVD que tengas.

- **Ser fuerte y valiente.** El cobarde lo pasará mal. Hay muchos cristianos débiles que no se alimentan de la Palabra ni fortalecen su fe al congregarse. Hay pocos hombres valientes, pero más que nunca tenemos que ser fuertes para enfrentar los desafíos de esta vida y ser valientes ante la persecución y la intimidación. Dios te respaldará.

- **Rechazar el temor.** ¿Hay algo que te asuste en este momento? ¿El miedo se apodera de tu corazón cuando te despiertas en medio de la noche y piensas en algún desafío al que te enfrentas? Ese temor va a destruir tu fe y paralizarte. Lucha contra eso. Medita en todo lo que Dios ha prometido hacer por ti y deja que su amor te rodee y eche fuera el temor. Tú puedes echarlo fuera en el nombre de Jesús.

El cargo a Josué

⁷ *Llamó entonces Moisés a Josué, y en presencia de todo Israel le dijo: «Sé fuerte y valiente, porque tú entrarás con este pueblo al*

territorio que el Señor juró darles a sus antepasados. Tú harás que ellos tomen posesión de su herencia. ⁸ El Señor mismo marchará al frente de ti y estará contigo; nunca te dejará ni te abandonará. No temas ni te desanimes.»

Si Josué pierde su valentía, la nación no sobrevivirá. Moisés acaba de decirlo a todos; ahora se lo repite específicamente a Josué. Lo llama y le otorga este cargo en presencia de todo Israel. Josué tiene que:

- **Ser fuerte y valiente.** Dios repite este mandamiento en el primer capítulo del libro de Josué. Tenemos que recordarnos con frecuencia este orden. No es opcional. ¿Puede ser la palabra de Dios para ti hoy?

- **Entrar con ellos en la tierra.** Eso parece bastante obvio, pero hay momentos en que nos enfrentamos a una tarea tan difícil que queremos correr hacia el otro lado. Josué había visto su rebelión y los dolores de cabeza que Moisés había soportado. Tú puedes sentirte tentado a buscar otra iglesia para pastorear o simplemente renunciar al ministerio por completo. Pero tenemos que hacer todo lo que Dios nos manda. Tú no tienes la opción de alejarte de las personas a las que Dios te ha confiado, ya sea tu esposa, tu familia o tu iglesia. Quédate con ellos.

- **Dividir su herencia.** Dar a cada tribu su porción. Asegúrate de que la gente bajo tu cuidado haya recibido todo lo que Dios tiene para ellos. Usa bien la Palabra de verdad. Enseña cómo Dios distribuye sus dones y ayuda a cada persona a discernir y operar en su don.

- **No temer.** El temor del hombre es especialmente debilitante. Con el respaldo de Dios no hay que temer.

- **No desanimarse.** El desánimo es demasiado común entre los pastores. El ministerio es duro. Las personas son pecaminosas. Rara vez las cosas suceden rápido o tan fácilmente como deseamos. Tú puedes ver las grandes cosas que otros hacen en Internet y tu pequeño ministerio parece tan insignificante. Puedes sentir que nunca alcanzarás eso, pero solo tienes que ser fiel a tu llamado. Lucha contra el desaliento.

Con todos los desafíos que tiene por delante, Josué tiene que saber, en lo más profundo de su corazón, que Dios irá delante de él, estará con él y nunca lo dejará ni lo abandonará. Esa palabra es para ti también.

El lugar central de la Palabra de Dios

Moisés le está dejando a Josué algo muy valioso: la Palabra de Dios.

⁹ Moisés escribió esta ley y se la entregó a los sacerdotes levitas que transportaban el arca del pacto del Señor y a todos los ancianos de Israel. ¹⁰ Luego les ordenó: «Cada siete años, en el año de la cancelación de deudas, durante la fiesta de las Enramadas, ¹¹ cuando tú, Israel, te presentes ante el Señor tu Dios en el lugar que él habrá de elegir, leerás en voz alta esta ley en presencia de todo Israel. ¹² Reunirás a todos los hombres, mujeres y niños de tu pueblo, y a los extranjeros que vivan en tus ciudades, para que escuchen y aprendan a temer al Señor tu Dios, y obedezcan fielmente todas las palabras de esta ley. ¹³ Y los descendientes de ellos, para quienes esta ley será desconocida, la oirán y aprenderán a temer al Señor tu Dios mientras vivan en el territorio que vas a poseer al otro lado del Jordán.»

Josué tiene dos grandes recursos al asumir el liderazgo:

La Biblia

Dios instruyó a Moisés para que escribiera todo lo que Él le dijo. ¡Gracias a Dios que lo hizo! ¡Todavía lo tenemos hoy! La Biblia ha sido más escudriñada que cualquier otro libro. Fielmente ha guiado a millones de personas. Tú probablemente la tengas en tu celular y varias Biblias de estudio en distintas traducciones. Métete en la Palabra y déjala entrar en tu corazón y guiar tu vida.

Líderes escogidos por Dios

El trabajo de Josué será infinitamente más fácil si el pueblo conoce la Palabra y vive conforme a ella. Si la nación ha de sobrevivir, los niños tienen que aprender la Palabra y seguirla. Afortunadamente, Josué no tiene esa tarea. La responsabilidad recae principalmente en la familia, pero Dios también la confió a los sacerdotes y a los ancianos para enseñar la Palabra y administrar el culto conforme a ella.

Eso sucedería a nivel local, pero cada siete años todos se verían obligados a reunirse y experimentar, en esencia, un avivamiento. Tendrían la oportunidad de examinar su caminar, escuchar la Palabra de nuevo y ser desafiados a ponerla en práctica. Se debe incluir a cualquier extranjero que haya vivido entre ellos. Y, tal vez inusual para la época, las mujeres y los niños tenían que estar presentes.

¿Nos falta el temor del Señor hoy? Moisés dice que aprendemos a temerle al escuchar su Palabra. ¿Tal vez estamos fallando al enseñar adecuadamente la Biblia? El propósito de escuchar la Palabra y su enseñanza es seguir cuidadosamente todas sus palabras. Moisés lo ha repetido muchas veces. Podemos pensar que lo estamos haciendo bastante bien si obedecemos el 50%, pero el estándar es el 100%.

Predicción de la rebelión de Israel

Moisés ha compartido su corazón. Ahora Dios le hablará una vez más.

14 El Señor le dijo a Moisés: «Ya se acerca el día de tu muerte. Llama a Josué, y preséntate con él en la Tienda de reunión para que reciba mis órdenes.» Fue así como Moisés y Josué se presentaron allí.

Fue una reunión privada. Solo Josué y Moisés estaban en el tabernáculo, esperando al Señor. ¡Qué contraste con la imagen optimista pintada justo antes, con toda la congregación! Josué tiene que saber que su pueblo romperá el pacto y será destruido. ¡Que comience su nueva tarea!

15 Entonces el Señor se apareció a la entrada de la Tienda de reunión, en una columna de nube, 16 y le dijo a Moisés: «Tú irás a descansar con tus antepasados, y muy pronto esta gente me será infiel con los dioses extraños del territorio al que van a entrar. Me rechazarán y quebrantarán el pacto que hice con ellos. 17 Cuando esto haya sucedido, se encenderá mi ira contra ellos y los abandonaré; ocultaré mi rostro, y serán presa fácil. Entonces les sobrevendrán muchos desastres y adversidades, y se preguntarán: "¿No es verdad que todos estos desastres nos han sobrevenido porque nuestro Dios ya no está con nosotros?" 18 Y ese día yo ocultaré aún más mi rostro, por haber cometido la maldad de irse tras otros dioses.

¿No sería desalentador para Moisés escuchar esta palabra después de dedicarles cuarenta años de su vida? Claro que sí, pero no fue una sorpresa. Es cierto que parece contradictorio; Dios apenas les dio un nuevo líder, su Palabra y sus sacerdotes para ayudarlos a obedecerla. Sin embargo, hay una rebeldía tan profunda en todo ser humano que ya está destinado al fracaso. Pero ¿por qué dijo Dios que nunca los dejaría ni los abandonaría?

¡Ahora dice específicamente que los abandonará! Otra vez, como muchas de las promesas de Dios, parece condicional. Primero, ellos abandonan a Dios y rompen su pacto; Dios no tiene más remedio que abandonarlos. Por un rato, no para siempre. Él va a ocultarles su rostro. Su ira se encenderá. Como una esposa infiel, se prostituirán ante otros dioses. Dios no puede soportar su pecado; por lo tanto, permitirá que los desastres y las calamidades lleguen a ellos y los destruirán. Y ellos tienden a culpar a Dios en lugar de arrepentirse y reconocer su pecado y su culpa.

¿Por qué hablaría Dios tan negativamente?

Tengo que confesar que a veces lucho con la Palabra de Dios. Eso es normal y está bien si tú lo haces. El tono cambia tan rápidamente en este capítulo: desde la seguridad optimista de que Dios está con ellos y los llevará a un lugar hermoso, hasta la predicción extrema de que abandonarán a Dios y Él los abandonará. El mismo tono deprimente llena la canción en el próximo capítulo. Consulté varios comentarios evangélicos y ninguno mencionó inquietud alguna al respecto. Parece que sus autores no estaban pensando en cómo sonaba a la gente al escucharla. Todos los eruditos aplaudían la precisión de la predicción del pecado de Israel. Por supuesto, los comentaristas liberales dicen que esto fue un agregado posterior que Moisés nunca escribió, pero yo no puedo tomar esa libertad con la Palabra de Dios — especialmente cuando acaba de declararse la importancia de cada palabra que Dios habla. ¿Quién soy yo para decidir qué es y qué no lo es? Tengo que aceptar toda la Biblia como verdadera.

Así que me deja la opción de averiguar por qué Dios haría esto. Francamente, si yo fuera uno de esos judíos que pasaron cuarenta años caminando por el desierto, estaría tentado a tirar la toalla. ¿Por qué batallar por la tierra sabiendo que Dios va a destruirte? Estas no son las técnicas motivacionales que nos enseñan hoy. Sin duda, no encaja con la "confesión positiva", la actitud mental positiva ni con todos esos enfoques comunes. ¿Podría Dios querer que sepamos lo importante que es enfrentar la realidad de nuestro pecado y sus consecuencias?

La Canción

[19] »*Escriban, pues, este cántico, y enséñenselo al pueblo para que lo cante y sirva también de testimonio contra ellos.*

[20] »*Cuando yo conduzca a los israelitas a la tierra que juré darles a sus antepasados, tierra donde abundan la leche y la miel, comerán hasta saciarse y engordarán; se irán tras otros dioses y los adorarán, despreciándome y quebrantando mi pacto.* [21] *Y cuando les sobrevengan muchos desastres y adversidades, este cántico servirá de testimonio contra ellos, porque sus descendientes lo recordarán y lo cantarán. Yo sé lo que mi pueblo piensa hacer, aun antes de introducirlo en el territorio que juré darle.»* [22] *Entonces Moisés escribió ese cántico aquel día, y se lo enseñó a los israelitas.*

La canción está escrita en el capítulo 32 (y en el próximo capítulo de este libro). Es un poco deprimente. No es el tipo de alabanza que cantamos en la iglesia hoy, pero Dios quiere que ellos sepan por qué les acontecerá el desastre. Él quiere que sean conscientes de las consecuencias del pecado. Dios nunca toma el pecado a la ligera ni ofrece una imagen del futuro que no sea realista.

Las canciones siempre han sido una excelente manera de recordarnos un mensaje. ¡Lamento que no conozcamos su melodía! La música puede despertar emociones intensas y recuerdos vívidos. Tal vez Dios quería que ellos recordasen cómo fue tener a su gran líder envejecido enseñarles esta canción. Me sorprende que incluso los comentarios conservadores mencionen a Moisés como su autor. Dios dice claramente aquí que la tarea de Moisés era escribirla y enseñarla. Dios fue el autor de la canción. ¿Tal vez deberías incluirla en tu iglesia el próximo domingo?

El mandato de Dios a Josué

23 Y el Señor le dio a Josué hijo de Nun esta orden: «Esfuérzate y sé valiente, porque tú conducirás a los israelitas al territorio que juré darles, y yo mismo estaré contigo.»

Aquí está otra vez: ¡Esfuérzate y sé valiente! Tengo que confesar que, para mí, esa afirmación de la presencia de Dios con Josué suena un poco débil después de la predicción de que le darían la espalda a Dios y serían destruidos. Pero conociendo la naturaleza de su pueblo, la fuerza y el valor de Josué se vuelven más necesarios.

24 Moisés terminó de escribir en un libro todas las palabras de esta ley. 25 Luego dio esta orden a los levitas que transportaban el arca del pacto del Señor: 26 «Tomen este libro de la ley, y pónganlo junto al arca del pacto del Señor su Dios. Allí permanecerá como testigo contra ustedes los israelitas, 27 pues sé cuán tercos y rebeldes son. Si fueron rebeldes contra el Señor mientras viví con ustedes, ¡cuánto más lo serán después de mi muerte! 28 Reúnan ante mí a todos los ancianos y los líderes de sus tribus, para que yo pueda comunicarles estas palabras y las escuchen claramente. Pongo al cielo y a la tierra por testigos contra ustedes, 29 porque sé que después de mi muerte se pervertirán y se apartarán del camino que les he mostrado. En días venideros les sobrevendrán calamidades, porque harán lo malo a los ojos del Señor y con sus detestables actos provocarán su ira.»

La canción resume el libro

La canción no fue el único testigo en su contra; simplemente resume lo que Moisés ya había dicho en sus últimos mensajes.

Veremos que no hay nada nuevo en ella. ¿Has notado tu propia tendencia a pasar por encima de las muchas secciones sobre el pecado y el juicio cuando lees la Biblia y a aferrarte solo a las promesas? Por ejemplo, lo que casi todos saben sobre Jeremías es el famoso versículo 29:11, sobre los grandes planes que Dios tiene para nosotros. ¡Pero la mayor parte del libro es muy deprimente! ¡Sin mencionar las Lamentaciones, también escritas por Jeremías! ¿Cuándo fue la última vez que escuchaste un sermón sobre ese libro? (¿Has leído Lamentaciones?) Si predican sobre Lamentaciones, casi siempre se trata de la fidelidad de Dios (3:21-24).

El libro que Moisés escribió (los primeros cinco libros de nuestra Biblia) se colocaría en el arca como un recordatorio permanente de todo lo que Dios había dicho. Lo que dice Moisés al punto de embarcarse en la conquista de la Tierra Prometida simplemente hace eco de la imagen deprimente que Dios le ha dado de Israel:

- Son rebeldes y tercos. Moisés espera que empeoren aún más después de su muerte.

- Él va a llamar al cielo y a la tierra para que testifiquen contra ellos.

- Él sabe que serán totalmente corruptos y se apartarán de lo que ha enseñado.

- Desastres caerán sobre ellos. Harán lo malo ante los ojos de Dios y encenderán su ira por sus ídolos.

Entonces, ¿qué podemos decir sobre la conclusión de este capítulo? ¿Cómo te sentirías al hacerte cargo de una iglesia con esta clase de gente? ¿Cuál sería tu reacción, como líder (o como miembro de la congregación), al escuchar estas palabras? Para experimentar la gracia y el poder de Dios, tenemos que reconocer honestamente nuestro pecado e impotencia. La tentación es ignorar esas palabras fuertes en los mensajes de bendición y prosperidad.

Al reflexionar sobre lo que Dios quiere comunicarnos en este capítulo, pienso en la importancia de ser fiel a Dios cada día. Puedo meditar sobre el envejecimiento y mis remordimientos, o sobre las cuestiones de la tribulación y los desastres que vendrán al mundo, pero Dios me llama a vivir por el momento. Todavía hay mucho que Él tiene para mí que hacer ahora. Yo no dejo de evangelizar porque Cristo puede venir en cualquier momento. Los sacerdotes en ese entonces no dejaron de animar a la gente a seguir la ley porque ya sabían que, en última instancia, probablemente no lo harían. ¡Debe impulsarlos aún más para enseñarles la ley y ayudarlos a obedecerla! ¡Y agarrar el poder de Dios! ¡Israel aún vería el poder de Dios y entraría en la Tierra Prometida! ¿Qué querría Dios que hicieras ahora mismo?

47

La canción de Moisés

Deuteronomio 32

Dios le dio esta canción a Moisés, pero, como la mayor parte de la Palabra inspirada, no necesariamente implica que fue dictada. Dios comienza a llenar la mente de Moisés con pensamientos, y el gran líder escribe esta introducción:

¹«¡Escuchen, oh cielos, y hablaré!
 ¡Oye, oh tierra, las palabras que digo!
² Que mi enseñanza caiga sobre ustedes como lluvia;
 que mi discurso se asiente como el rocío.
Que mis palabras caigan como lluvia sobre pastos suaves,
 como llovizna delicada sobre plantas tiernas.

Cuando tú hablas, ¿cae tu enseñanza como la lluvia? No como un aguacero, sino suavemente bajando como el rocío; lluvia que no daña el pasto suave. Y llovizna lo suficiente como para dar a las plantas tiernas el agua necesaria sin romperlas. Cuando abras tu Biblia, imagina la Palabra de Dios cayendo como una lluvia refrescante sobre tu alma sedienta. Deja que el agua viva de Dios reviva tu alma tierna, marchitada en el calor de la batalla.

La Roca

³ Proclamaré el nombre del Señor;
 ¡qué glorioso es nuestro Dios!
⁴ Él es la Roca, sus obras son perfectas.
 Todo lo que hace es justo e imparcial.

Él es Dios fiel, nunca actúa mal;
  ¡qué justo y recto es él!

Dios fue llamado por primera vez «la Roca de Israel» por Jacob en Génesis 49:24. El nombre no vuelve a aparecer hasta esta canción (seis veces). También se lo ve con frecuencia en los Salmos e Isaías. Primera de Corintios 10:3-4 dice: *Todos comieron el mismo alimento espiritual y bebieron la misma bebida espiritual; Porque bebían de la roca espiritual que les acompañaba, y esa roca era Cristo.* Las rocas de donde brotó el agua salvaron a Israel en el desierto. Irónicamente, el cuerpo crucificado de Jesús fue colocado en un sepulcro excavado en la roca. Aférrate a la Roca sólida hoy y confía en su bondad en medio de las pruebas.

Dios no puede hacer ningún mal. Todo lo que hace es perfecto. Es totalmente confiable y fiel; recto y justo. ¡Tenemos que proclamar este Dios a las naciones! ¡Tenemos que postrarnos y alabarlo!

¡Tú eres una de sus obras! Incluso en tus pruebas, Dios está trabajando para perfeccionarte. Y si estás dolido porque tus hijos son rebeldes, este gran Dios crió hijos perversos y torcidos:

⁵ *»Pero ellos se comportaron de manera corrupta con él;*
  cuando actúan con tanta perversión,
 ¿son realmente sus hijos?
  Son una generación engañosa y torcida.
⁶ *¿Es así como le pagas al Señor,*
  pueblo necio y sin entendimiento?
 ¿No es él tu Padre, quien te creó?
  ¿Acaso no te formó y te estableció?

Él es nuestro Creador y Padre. Tú y yo estamos entre sus obras perfectas, pero hemos recompensado su bondad y gracia con el pecado y la rebelión. Es posible que tus hijos también te hayan pagado así por todo lo que has hecho por ellos.

Muchos creen que todos somos hijos de Dios, pero aquí vemos que no es así. Cuando nos rebelamos, renunciamos a nuestros derechos como hijos. Estas mismas palabras describen el mundo de hoy:

- Corruptos y malvados
- Perversos
- Torcidos
- Engañosos
- Necios
- Sin entendimiento y sabiduría

En lugar de agradecerle y alabarle a Dios, y obedecerle voluntariamente, se han avergonzado por los caminos necios que escogen. Pablo escribió sobre ellos en los primeros dos capítulos de Romanos.

Límites

7 Recuerda los días pasados,
    piensa en las generaciones anteriores.
Pregúntale a tu padre, y él te informará.
    Averigua con los ancianos, y ellos te contarán.
8 Cuando el Altísimo asignó territorios a las naciones,
    cuando dividió a la raza humana,
fijó los límites de los pueblos
    según el número de su corte celestial.

9 »Pues el pueblo de Israel pertenece al Señor;
    Jacob es su posesión más preciada.

¿Pensamos en las generaciones anteriores? Por lo general, creo que no. Tenemos tanta tecnología y tanto para llamar nuestra atención que resultan irrelevantes. ¿Te has sentado con tu padre y otros ancianos para preguntarles sobre sus vidas y experiencias? Muchos jóvenes de hoy, sobre todo en los países más ricos, han perdido el respeto y el honor hacia los ancianos, lo cual, gracias a Dios, todavía está presente en algunos países. Prestamos poca atención al pasado. Creemos que somos mucho más "iluminados" que los escritores bíblicos, "ignorantes". Pero aquellos que ignoran la historia la repetirán.

Dios ha establecido límites en su palabra; no fronteras para las tribus de Israel, sino límites de lo aceptable e inaceptable. Límites de quién entrará en su reino. ¿Eres consciente de sus límites? ¿Los respetas? ¿Te das cuenta de que debes seguir su ejemplo y establecer límites apropiados para tu vida y tu hogar?

¡Dios tiene una gran herencia para nosotros! No le preocupan las casas y los terrenos; su porción es su gente. Él está haciendo todo lo posible para que recibamos todo lo que Él ha planeado para nosotros.

¡Un águila!

10 Él lo encontró en un desierto,
 en un páramo vacío y ventoso.
Lo rodeó y lo cuidó;
 lo protegió como a la niña de sus ojos.
11 Como un águila que aviva a sus polluelos
 y revolotea sobre sus crías,
así desplegó sus alas para tomarlo y alzarlo
 y llevarlo a salvo sobre sus plumas.

Ya hemos visto a Dios como Creador, Padre y Roca; ahora Él es un águila. La próxima vez que te sientas vulnerable y solo, piensa en Dios cerniéndose sobre ti como un águila. ¡Él se deleita en ti! ¡Eres la niña de sus ojos! ¡Él quiere llevarte a las alturas y entrenarte para volar! Y si comienzas a caer, ¡extenderá sus alas para rescatarte! Como Jesús rescató a Pedro cuando se hundió al caminar sobre el agua. ¡Qué bella imagen!

Un pájaro recién nacido no es impresionante. Un águila joven no da indicios de la majestuosa ave adulta. No había nada impresionante en Jacob que hiciera que Dios lo eligiera. No estaba buscando a Dios; de hecho, él estaba en un páramo vacío y ventoso. Dios fue a buscarlo en ese desierto y lo encontró. A partir de ese momento, la vida de Jacob y su familia se transformó para siempre. ¿Estás agradecido de que Dios extendió la mano y te eligió en ese páramo vacío y ventoso de pecado? Ahora Dios participa activamente en tu vida. Te rodea y te cuida. Te aviva y te levanta.

Si todavía estás en ese desierto árido, aullante y peligroso, si estás atravesando un desierto sin fin, busca a Dios. No es casualidad que estés leyendo esto. Él será tu Padre. Tu Roca. Y el águila que te levanta para superar todo lo que te está tirando hacia abajo.

Miel de la roca
12 El Señor, él solo, lo guio;
 el pueblo no siguió a dioses ajenos.
13 Él lo dejó cabalgar sobre tierras altas
 y saciarse con las cosechas de los campos.
Lo nutrió con miel de la roca
 y con aceite de oliva de los pedregales.
14 Lo alimentó con yogur de la manada
 y leche del rebaño,
 y también con la grasa de los corderos.
Le dio de los mejores carneros de Basán y cabras,
 junto con el trigo más selecto.
Bebiste el vino más fino,
 elaborado con el jugo de las uvas.

Cuando venimos al Señor, nos bendice con su abundancia. No es un Dios tacaño, sino un Padre generoso que quiere bendecir a sus hijos, y da lo mejor: el vino más fino, los mejores carneros selectos y el trigo más selecto. ¿Cómo te ha hecho Dios cabalgar sobre tierras altas? ¿Cómo te ha nutrido con miel de una roca para bendecirte? ¿Cuándo fue la última vez que le agradeciste a Dios por esas bendiciones, reconociendo que todo don bueno y perfecto proviene del Padre de luz?

Cómo responde Israel a la bondad de Dios

^{15} »*Pero Israel pronto engordó y se volvió rebelde;*
  ¡el pueblo aumentó de peso, se puso gordo y relleno!
Entonces abandonó a Dios, quien lo había creado;
  se burló de la Roca de su salvación.
^{16} *Lo provocó a celos al rendir culto a dioses ajenos;*
  lo enfureció con sus actos detestables.
^{17} *Ofreció sacrificios a demonios, los cuales no son Dios,*
  a dioses que no conocían,
a dioses nuevos y recientes;
  a dioses que sus antepasados jamás temieron.
^{18} *Descuidaste la Roca que te engendró;*
  te olvidaste del Dios que te dio la vida.

Israel ni siquiera está en la tierra que fluye leche y miel, y ya está satisfecho consigo mismo, perezoso y centrado en su propio placer. Cuando su situación mejoró y disfrutaron de la bondad de Dios, en lugar de responder con acción de gracias y fidelidad:

- **Abandonaron a su creador**; negaron su evidente derecho de propiedad. ¡Él los hizo! Y ellos lo olvidaron. Él es su padre, pero en las Escrituras también se le ve como madre. Ya sabemos que el hombre y la mujer, juntos, fueron hechos a imagen de Dios. Aquí Dios los engendró; los dio a luz, pero como un adolescente rebelde, Israel no quiere nada que ver con mamá y papá.

- **Rechazaron y abandonaron la Roca.** Es difícil ignorar una roca. La Roca es su Padre y Salvador, y ellos lo rechazaron consciente y deliberadamente.

- **Lo enfurecieron y lo dejaron celoso de** sus ídolos y falsos dioses. ¡Dios los ama! ¡Fue madre y padre para ellos! Él proveyó para ellos. Él está herido. Celoso. Enojado. ¡Ellos han elegido otros dioses e imágenes hechas por el hombre en lugar del Dios vivo!

- **Rechazaron al Dios de sus padres.** Durante cientos de años, sus antepasados adoraban a Dios, a pesar de la larga esclavitud. Pero rompieron esa tradición para perseguir a dioses ajenos. ¡Suenan como muchos jóvenes hoy! Nadie les enseñó estos dioses, pero ahora, a pesar de que no hay evidencia de que sean reales, corren precipitadamente tras ellos y les hacen sacrificios.

¿Conoces a alguien que haya rechazado la bondad de Dios, como lo hizo Israel? Muchos cristianos se han convertido en gordos y rellenos, pateando las restricciones de Dios. ¿Has hecho a Dios enojado o celoso en el pasado? ¿Te imaginas rechazar a tu madre, la que te dio a luz? ¿Por qué incluso considerar abandonar al Dios que te engendró? Ten cuidado con la tentación de correr tras los dioses falsos de hoy. ¡No rechaces la única verdadera roca!

El juicio de Dios

[19] »*El Señor vio todo eso y se alejó de ti,*
  provocado al enojo por sus propios hijos e hijas.
[20] *Dijo: "Los abandonaré*
  y ya veremos cómo terminan.

Pues son una generación torcida,
   hijos sin integridad.
²¹ Ellos despertaron mis celos al rendir culto a cosas que no son Dios;
   provocaron mi enojo con sus ídolos inútiles.
Ahora yo despertaré sus celos con gente que ni siquiera es pueblo,
   provocaré su enojo por medio de gentiles insensatos.
²² Pues mi enojo arde como el fuego
   y quema hasta las profundidades de la tumba.
Devora la tierra y todos sus cultivos
   y enciende hasta los cimientos de las montañas.

Dios no puede simplemente sentarse y dejarlos ir. Él los rechaza (porque primero lo rechazaron a Él) y les oculta su rostro, pero Él sigue siendo su Padre. Son sus hijos. Él no los olvidará; tratará de hacerlos envidiosos al incluir a una gente que nunca lo había conocido—exactamente lo que Pablo dice que Dios hizo mediante la inclusión de los gentiles en el Evangelio. ¡Pero aun eso no ha funcionado muy bien para llevar a los judíos a su Mesías!

¡No provoques a Dios a la ira! Su ira es lo suficientemente fuerte y caliente como para encender un fuego que devorará la tierra y sus cosechas, y eso es sólo el comienzo de su juicio.

¿Qué los salva de la destrucción total?
²³ Amontonaré calamidades sobre ellos
   y los derribaré con mis flechas.
²⁴ Los debilitaré con hambre,
   alta fiebre y enfermedades mortales.
Les enviaré los colmillos de bestias salvajes
   y serpientes venenosas que se arrastran por el polvo.
²⁵ Por fuera, la espada los matará

y por adentro, el terror los carcomerá,
tanto a los muchachos como a las jovencitas,
tanto a los niños como a los ancianos.
²⁶ Los habría aniquilado por completo,
habría borrado hasta el recuerdo de ellos,
²⁷ pero temí la burla del enemigo,
quien podría entender mal y decir:
'¡Nuestro poder ha triunfado!
¡El Señor no tuvo nada que ver en eso!'"

Mira las palabras que Dios usa para describir los juicios venideros:

- Calamidades amontonadas
- Flechas derribadas
- Hambruna debilitante
- Enfermedades mortales
- Los colmillos de bestias salvajes
- Serpientes venenosas
- La espada los matará
- El terror los carcomerá
- Aniquilados por completo
- El recuerdo de ellos borrado

Esta no es la primera vez que ellos escuchan de este juicio; Moisés ya predijo estas calamidades; la canción simplemente las repite. ¿No servirían de luz roja en su camino hacia la perdición? ¿Sabes que el mismo juicio puede caer sobre quienes hoy rechazan a Dios y su Palabra?

Entonces, ¿por qué no simplemente destruirlos? El verso 27 dice que Dios teme la burla del diablo y de sus demás enemigos. ¡Le preocupa que el enemigo malinterprete lo que está haciendo! El terror es la especialidad del diablo, y Satanás podría atribuirse el mérito de su destrucción (estamos acostumbrados a pensar que el diablo vino a matar, a hurtar y a destruir, y así es). Por eso, Satanás puede ver la destrucción de Israel como un gran triunfo para su equipo. Pero Dios no dará a sus enemigos esa satisfacción; va a salvar a Israel y exaltarlo de nuevo.

Esto puede aplicarse a la iglesia pecadora de hoy. ¡Dios no permitirá que su iglesia esté tan devastada como para que Satanás pueda creer que triunfó sobre nosotros!

²⁸ *»Pero Israel es una nación insensata;*
su gente es necia, sin entendimiento.
²⁹ *¡Ay, si fueran sabios y entendieran estas cosas!*
¡Ay, si supieran lo que les espera!
³⁰ *¿Cómo podría una persona perseguir a mil de ellos*
y dos personas hacer huir a diez mil,
a menos que la Roca de ellos los hubiera vendido,
a menos que el Señor se los hubiera entregado?
³¹ *Pero la roca de nuestros enemigos no es como nuestra Roca,*
hasta ellos mismos se dan cuenta de eso.
³² *Su vid crece de la vid de Sodoma,*
de los viñedos de Gomorra.
Sus uvas son veneno,
y sus racimos son amargos.
³³ *Su vino es veneno de serpientes,*
veneno mortal de cobras.

¿Has pensado en lo que te espera? ¿Qué has sembrado? ¿Qué cosecharás? ¿Te importa? ¿Crees que marcaría la diferencia si supieras tu futuro?

Dios está gritando: ¡Despiértate! Israel apenas está entrando en su herencia, ¡y ya está fracasando! ¡Son ciegos! Cuando las locuras comienzan a suceder en tu vida, ya es momento de preguntarte: ¿por qué? Dios tiene un mensaje para ti. Locuras como un solo hombre (del enemigo) persiguiendo a un millar. ¿Cómo se pueden ignorar señales tan claras? ¡Incluso los enemigos de Dios saben que no hay otro como Él! ¡Pero Israel está tan involucrado en el pecado de Sodoma y Gomorra que no puede discernir lo que sucede!

Y tú, ¿tienes discernimiento espiritual? ¿Puedes ver adónde vas? ¿De dónde crece tu vid? ¿Está tu "vino" lleno de veneno y amargor?

La venganza es mía

34 »El Señor dice: "¿Acaso no estoy sellando todas esas cosas
y almacenándolas en mi cofre?
35 Yo tomaré venganza; yo les pagaré lo que se merecen.
A su debido tiempo, sus pies resbalarán.
Les llegará el día de la calamidad,
y su destino los alcanzará".

Lo que siembras, cosecharás. Dios te recompensará. Esta es la primera vez que el conocido dicho "la venganza es mía" aparece en la Biblia. Dios les permite seguir su camino pecaminoso hasta que sus pies se deslicen. El desastre está mucho más cerca de lo que ellos pueden imaginar.

36 »Sin duda, el Señor hará justicia a su pueblo
y cambiará de parecer acerca de sus siervos,
cuando vea que ya no tienen fuerzas
y no queda nadie allí, ni siervo ni libre.
37 Y luego preguntará: "¿Dónde están sus dioses,
esas rocas a las que acudieron para refugiarse?
38 ¿Dónde están ahora los dioses
que comían la gordura de sus sacrificios
y bebían el vino de sus ofrendas?
¡Que se levanten esos dioses y los ayuden!
¡Que ellos les den refugio!

Dios puede parecer vengativo aquí, pero su corazón también se conmueve de compasión al ver la debilidad y la destrucción de su pueblo. ¿Has sufrido castigo bajo la mano de Dios? ¡Anímate! Él se lo quita cuando sabe que ya no puedes soportarlo. Dios espera hasta que hayas agotado tus fuerzas corriendo tras otros dioses y, finalmente, te das cuenta de que ellos no tienen nada que ofrecer. Dios quiere decir:

- ¿Pensabas que esos dioses eran tan grandes? ¿Dónde están ahora?
- Puede que confíes en tu dinero, en tu posición o en tus amigos mundanos. ¿Dónde están ahora?
- ¿Por qué no te ayudan? ¿No pueden?

El gran YO SOY

39 ¡Miren ahora, yo mismo soy Dios!
 ¡No hay otro dios aparte de mí!
Yo soy el que mata y el que da vida,
 soy el que hiere y el que sana.
 ¡Nadie puede ser librado de mi mano poderosa!
40 Ahora levanto mi mano al cielo
 y declaro: 'Tan cierto como que yo vivo,
41 cuando afile mi espada reluciente
 y comience a hacer justicia,
me vengaré de mis enemigos
 y daré su merecido a los que me rechazan.
42 Haré que mis flechas se emborrachen de sangre,
 y mi espada devorará carne:
la sangre de los masacrados y cautivos,
 y las cabezas de los jefes enemigos'".

Este es el crescendo de la canción. Me imagino trompetas y voces de júbilo. Dios se declara a sí mismo el gran YO SOY (lo cual queda un poco oculto en la traducción del versículo 39).

Dios se vengará y dará retribución a sus enemigos. Este se ha convertido en un tema central de la canción. Y va a ser feo. Para enfatizarlo, Él jura por sí mismo. ¡Qué bueno saber que hay un solo Dios! ¡Ojalá que tú lo conozcas! Si no, ahora mismo puedes clamar a Él y ser salvo.

En medio de su ira y venganza, existen tres verdades muy consoladoras para los obedientes:

- **Dios tiene el poder de resucitar.** El poder de la vida y la muerte está en su mano. ¿Te sientes muerto? ¿Ha muerto tu matrimonio? ¿Tus sueños? Dios puede hacerlos vivir, pero primero tienes que morir, crucificando en la cruz de Jesús el "yo" y lo que queda de tu vida.

- **Él tiene el poder de sanar.** Dios hiere y esas heridas duelen, pero Él siempre tiene un propósito. Dios sana al herido. ¿Tienes heridas en tu vida? Pueden ser de Dios, del diablo u de otras personas. ¡Que Dios los sane!

- **Tu enemigo no puede ser librado de su mano.** Nadie puede enfrentarse a Él y, cuando estás en su mano, nadie puede arrebatarte de ella.

¿Has notado cómo Moisés pasó de hablar de Dios al principio de la canción a estas declaraciones proféticas muy claras? A menudo he visto que eso ocurre en la profecía. Al principio puede ser una mezcla de los pensamientos de la persona y de la palabra de Dios, pero con el Espíritu moviéndose, la palabra cambia y proviene directamente del corazón de Dios.

Ahora, al concluir la canción, Moisés responde a lo que Dios le ha dado y llama al pueblo a regocijarse por lo que Dios hará.

¡Alégrense!

43 »Alégrense con él, oh cielos,
y que lo adoren todos los ángeles de Dios.
Alégrense con su pueblo, oh gentiles,
y que todos los ángeles se fortalezcan en él.
Pues él vengará la sangre de sus hijos,
cobrará venganza de sus enemigos.
Dará su merecido a los que lo odian
y limpiará la tierra de su pueblo».

El regocijo es para ahora; el resto es todo tiempo futuro. Nuestra alegría se basa en lo que creemos por fe que Dios hará en el futuro, no en lo que estamos experimentando ahora. Moisés también les recordó las obras de Dios del pasado. Podemos alegrarnos en ellas también. ¿Son ambos parte de tu adoración? ¿Recuerdas lo que Dios ha hecho por ti en el pasado? ¿Y te regocijas en su reino venidero y en todo lo que nos ha prometido para el futuro?

Moisés señala tres cosas que Dios hará:

- **Vengará la sangre de sus siervos.** Los mártires son preciosos para Dios y la sangre de cada uno se vengará.

- **Cobrará venganza de sus enemigos.** Ellos pagarán por todo lo que han hecho contra su reino. Pueden creer que han escapado de la ira de Dios, pero hay un día de juicio venidero.

- **Hará expiación por la tierra de su pueblo.** El sacrificio de su propio Hijo en la cruz proporcionó expiación para su pueblo. La tierra será purificada de su idolatría y su pueblo restaurado.

Lo sorprendente aquí es la invitación a los gentiles (literalmente *naciones*) a unirse a las alabanzas. ¡Estas son buenas noticias para todos! Moisés pudo haber visto proféticamente la inclusión de los gentiles, quizá incluso vislumbrando esa gran reunión de todas las naciones y todas las lenguas en el reino de Dios.

⁴⁴ Entonces Moisés fue con Josué, hijo de Nun, y recitó todas las palabras de ese canto al pueblo.

⁴⁵ Cuando Moisés terminó de recitar todas esas palabras al pueblo de Israel, ⁴⁶ agregó: «Toma en serio cada una de las advertencias que te hice hoy. Transmítelas como una orden a tus hijos, para que obedezcan cada palabra de esas instrucciones. ⁴⁷ No son palabras vacías; ¡son tu vida! Si las obedeces, disfrutarás de muchos años en la tierra que poseerás al cruzar el río Jordán».

Los judíos dividen los cinco libros de Moisés en porciones semanales. Cada año, a lo largo de las generaciones, esta canción ha servido para recordarles qué significa servir al Dios vivo. Aunque hay palabras ominosas de apostasía y juicio, aún tienen la oportunidad de poseer la tierra y disfrutar de una larga vida en ella. Dios les ha dado su Palabra y su Palabra es vida. No hay palabras vacías ni vanas en la Biblia. ¡No la tomes a la ligera! ¡Las palabras de Dios son tu vida! Aprende a vivir por ellas.

Otra canción de Moisés

Vamos a tener la increíble oportunidad de escuchar otra canción de Moisés, en realidad, un dúo de Moisés y Jesús, el Cordero. Se registra en Apocalipsis 15:2-4. ¡Qué tributo impresionante al lugar que Moisés ocupa en el Reino de Dios!

Vi también un mar como de vidrio mezclado con fuego. De pie, a la orilla del mar, estaban los que habían vencido a la bestia, a su imagen y al número de su nombre. Tenían las arpas que Dios les había dado, y cantaban el himno de Moisés, siervo de Dios, y el himno del Cordero:

«Grandes y maravillosas son tus obras,
Señor, Dios Todopoderoso.
Justos y verdaderos son tus caminos,
Rey de las naciones.
¿Quién no te temerá, oh Señor?
¿Quién no glorificará tu nombre?
Sólo tú eres santo.
Todas las naciones vendrán
y te adorarán,
porque han salido a la luz las obras de tu justicia.»

48

La muerte de Moisés

Deuteronomio 34

Ya llegó esa hora que viene para cada hombre, la hora en que este gran varón de Dios muere. Moisés tuvo una vida increíble:

- Su infancia en el palacio del faraón.
- Su llamado con la zarza ardiente.
- Un milagro tras otro en Egipto y en el desierto.
- Hablar con Dios cara a cara.

Ahora Dios le dice cuándo morirá. ¿Te gustaría saber la hora de tu muerte? Moisés no protesta; lo que aún le molesta es morir sin pisar la Tierra Prometida. Dedicó cuarenta años de su vida a guiar a su pueblo hacia esa tierra. Sí, Dios le dijo que podía verla desde lejos, pero al inicio de sus mensajes finales a Israel le pidió a Dios, una última vez, un cambio de opinión.

Dios niega su súplica (Deuteronomio 3:23-29)

Sí, él era un gran hombre de fe cuyas oraciones a menudo movían la mano de Dios. Salvó a Israel de una gran destrucción. Pero Dios le negó esta simple petición de ver la Tierra Prometida:

²³ »*En aquella ocasión le supliqué al Señor:* ²⁴ *"Tú, Señor y Dios, has comenzado a mostrarle a tu siervo tu grandeza y tu poder; pues ¿qué dios hay en el cielo o en la tierra capaz de hacer las obras y los prodigios que tú realizas?* ²⁵ *Déjame pasar y ver la*

buena tierra al otro lado del Jordán, esa hermosa región montañosa y el Líbano."

Es interesante que él sienta que Dios solo "ha comenzado" a mostrarle su grandeza y su poder. Vio la liberación de Israel en Egipto. Cruzó el Mar Rojo en tierra seca. Vio tantas manifestaciones del poder de Dios. ¡Pero Moisés anhela mucho más! Ahora, como tantas veces, le recuerda a Dios su poder y su compromiso con su pueblo, y que él ha sido un siervo fiel. ¡Moisés no pide mucho! Dios ya se ha arrepentido muchas veces de algún juicio debido a sus oraciones, pero no sería así con Moisés.

[26] Pero por causa de ustedes el Señor se enojó conmigo y no me escuchó, sino que me dijo: "¡Basta ya! No me hables más de este asunto. [27] Sube hasta la cumbre del Pisgá y mira al norte, al sur, al este y al oeste. Contempla la tierra con tus propios ojos, porque no vas a cruzar este río Jordán. [28] Dale a Josué las debidas instrucciones; anímalo y fortalécelo, porque será él quien pasará al frente de este pueblo y quien les dará en posesión la tierra que vas a ver." [29] »Y permanecimos en el valle, frente a Bet Peor.

Todavía es difícil para Moisés aceptar la responsabilidad de sus acciones. Su resentimiento es notable cuando afirma que Dios se enojó consigo *"por causa de ustedes"*. Moisés pudo mirar la tierra, pero no tocarla. Pudo ver lo hermosa que era, pero Dios es firme en que no va a cruzar el Jordán, y si él, en rebelión, lo hubiera intentado, probablemente Dios lo habría matado. La tarea de Moisés era preparar al hombre que los llevaría a la tierra:

- Comisionarlo.
- Animarlo.
- Fortalecerlo.

Eso puede ser agridulce. Imagina invertir toda tu vida en un joven, preparándolo para el liderazgo. Ahora él tiene la oportunidad de experimentar lo que tanto has anhelado. Y tienes que animarlo y fortalecerlo mientras te preparas para morir.

La Biblia enseña la perseverancia en la oración. Jesús nos exhortó a perseverar en varias parábolas (Lucas 11:1-13; 18:1-8). Pero si Dios está enojado con nosotros o si simplemente no es su voluntad, a veces podemos experimentar lo que sucedió con Moisés. Dios no le hizo caso y, de hecho, lo reprendió: *"¡Basta ya! No me hables más de este asunto."* En ese momento ya no podemos discutir con Dios; tenemos que aceptar su voluntad.

Moisés predicó sus últimos mensajes y compartió la canción que Dios le dio. Ese mismo día, después de bendecir a las tribus (capítulo 33), subiría a la montaña una vez más para morir.

Las últimas palabras de Dios a Moisés (Deuteronomio 32:48-52)

⁴⁸ Ese mismo día el Señor le dijo a Moisés: ⁴⁹ «Sube a las montañas de Abarín, y contempla desde allí el monte Nebo, en el territorio de Moab, frente a Jericó, y el territorio de Canaán, el cual voy a dar en posesión a los israelitas. ⁵⁰ En el monte al que vas a subir morirás, y te reunirás con los tuyos, así como tu hermano Aarón murió y se reunió con sus antepasados en el monte Hor. ⁵¹ Esto será así porque, a la vista de todos los israelitas, ustedes dos me fueron infieles en las aguas de Meribá Cades; en el desierto de Zin no honraron mi santidad. ⁵² Por eso no entrarás en el territorio que voy a darle al pueblo de Israel; solamente podrás verlo de lejos.»

No parece muy compasivo de parte de Dios para recordarle a Moisés sus fallas el día de su muerte. Está claro que esa desobediencia fue muy grave para Dios.

- Moisés (y Aarón) le fueron infieles a Dios a la vista de todos los israelitas. *Pecaron* contra Dios (RVR) y lo *traicionaron* (NTV) por su desobediencia. Es una cosa desobedecer en privado, pero cuando se está frente a toda la congregación, es mucho más grave.

- No honraron la santidad de Dios entre los israelitas. Dejaron que la ira los dominara y golpearon la roca en lugar de hablarle. No reflejaron ni el amor de Dios ni su provisión graciosa para su pueblo.

Moisés fue uno de los hombres más grandes de la historia del mundo. Durante cuarenta años, él ejerció un liderazgo ejemplar en Israel. Sería muy difícil encontrar un líder en la iglesia de hoy como él. Sin embargo, pagó un alto precio por un solo fracaso. Tú y yo también podemos sufrir consecuencias dolorosas por nuestras acciones. He visto un error tonto destruir a hombres que sirvieron fielmente a Dios durante muchos años.

La muerte de Moisés (Deuteronomio 34:1-8)

[1] Moisés ascendió de las llanuras de Moab al monte Nebo, a la cima del monte Pisgá, frente a Jericó. Allí el Señor le mostró todo el territorio que se extiende desde Galaad hasta Dan, [2] todo el territorio de Neftalí y de Efraín, Manasés y Judá, hasta el mar Mediterráneo. [3] Le mostró también la región del Néguev y la del valle de Jericó, la ciudad de palmeras, hasta Zoar. [4] Luego el Señor le dijo: «Éste es el territorio que juré a Abraham, Isaac y Jacob que daría a sus descendientes. Te he permitido verlo con tus propios ojos, pero no podrás entrar en él.»

Moisés pasó muchos días con Dios en el Monte Sinaí. Él tuvo el privilegio de escuchar de la boca de Dios más directamente que cualquier otro hombre. Ahora, una vez más, sólo él y Dios están en la cima de la montaña. ¿Estaba Israel mirando a Moisés subir los 805 metros (2,643 pies) del Monte Nebo?

Estas son las últimas palabras de Dios:

- Esta es la tierra que les prometí a Abraham, Isaac y Jacob.
- Se la daré a sus descendientes.
- Te he permitido verla con tus propios ojos.
- Pero no podrás entrar en ella.

Mientras Moisés la vio, murió. Los judíos tradicionalmente creen que Dios se lo llevó con un beso.

⁵ Allí en Moab murió Moisés, siervo del Señor, tal como el Señor se lo había dicho. ⁶ Y fue sepultado en Moab, en el valle que está frente a Bet Peor, pero hasta la fecha nadie sabe dónde está su sepultura.

⁷ Moisés tenía ciento veinte años de edad cuando murió. Con todo, no se había debilitado su vista ni había perdido su vigor. ⁸ Durante treinta días los israelitas lloraron a Moisés en las llanuras de Moab, guardando así el tiempo de luto acostumbrado.

¿Quién lo enterró? Al parecer, Dios. Dios le quitó la vida, aunque todavía estaba sano. Con 120 años, escaló la montaña y sus ojos eran lo suficientemente fuertes como para ver toda la Tierra Prometida.

Hay una intrigante referencia del Nuevo Testamento a la muerte de Moisés: *El mismo arcángel Miguel, cuando luchaba contra el diablo disputándole el cuerpo de Moisés, no se atrevió a condenarlo con insultos, sino que solamente le dijo: «¡Que el Señor te reprenda!»* (Judas 9) No sabemos qué significa, pero el cuerpo de Moisés probablemente habría sido un premio para el diablo. Tal vez Satanás quería impedir la entrada de Moisés en la presencia de Dios, aludiendo a su pecado al golpear la roca y matar al egipcio.

El legado de Moisés

⁹ Entonces Josué hijo de Nun fue lleno de espíritu de sabiduría, porque Moisés puso sus manos sobre él. Los israelitas, por su parte, obedecieron a Josué e hicieron lo que el Señor le había ordenado a Moisés.

Tal vez "espíritu" debería escribirse con mayúscula "E". Seguramente fue el Espíritu Santo quien llenó a Josué cuando Moisés le impuso las manos, el primer ejemplo de la imposición de manos para ungir a un nuevo líder.

¹⁰ Desde entonces no volvió a surgir en Israel otro profeta como Moisés, con quien el Señor tenía trato directo. ¹¹ Sólo Moisés hizo todas aquellas señales y prodigios que el Señor le mandó realizar en Egipto ante el faraón, sus funcionarios y todo su país. ¹² Nadie ha demostrado jamás tener un poder tan extraordinario, ni ha sido capaz de realizar las proezas que hizo Moisés ante todo Israel.

Moisés conocía al Señor cara a cara. Nadie más se acercó a esa intimidad con Dios hasta que Jesús llevó una vida sin pecado, revelando plenamente al Padre e iniciando el Nuevo Pacto.

¿Qué más te inspira en la vida de Moisés? ¿Puedes imaginar conocer al Señor cara a cara? ¿Hay algo que te impida entrar en la tierra prometida? ¿Qué dirá la gente de ti cuando mueras?

49

Moisés en el resto de la Biblia

El nombre "Moisés" aparece 803 veces en la Biblia. No sorprende que 603 de ellas estén en los libros que él escribió, los primeros cinco libros de la Biblia. Hay 51 más en Josué. Obviamente, Moisés seguiría teniendo gran influencia en el país durante muchos años. ¡Pero también hay 85 referencias en el Nuevo Testamento! ¡Aproximadamente 1,300 años después de su muerte! ¡Esa es una influencia duradera! ¿Qué perspectiva nos ofrece el resto de la Biblia de Moisés? Muchas de esas escrituras se refieren a las experiencias de su vida y al éxodo, o a los libros que escribió y a la ley que dio.

Los descendientes de Moisés

La Biblia nunca dice mucho sobre su familia. Sus descendientes no eran líderes en Israel, pero sí, sabemos que entraron en la Tierra Prometida:

A Moisés, hombre de Dios, y a sus hijos se les incluyó en la tribu de Leví. Los hijos de Moisés fueron Guersón y Eliezer. Sebuel fue el primero de los descendientes de Guersón. Eliezer no tuvo sino un solo hijo, que fue Rejabías, pero éste sí tuvo muchos hijos (1 Crónicas 23:14-17).

¡Nada más! A mí me parece un poco extraño para un hombre de la importancia de Moisés, pero Dios nunca le dijo que tendría una dinastía como la de David. Tampoco le hizo promesas a sus descendientes, como Dios le hizo a Abraham. Reflexionando sobre la vida familiar de Moisés, resultaba inusual en todos sus aspectos.

Salmo 90: Una oración de Moisés, hombre de Dios

Esta es la única porción escrita por Moisés fuera de sus cinco libros. Es probablemente el más antiguo de todos los Salmos.

> **1** *Señor, tú has sido nuestro refugio (o morada, u hogar)*
> *generación tras generación.*
> **2** *Desde antes que nacieran los montes*
> *y que crearas la tierra y el mundo,*
> *desde los tiempos antiguos*
> *y hasta los tiempos postreros,*
> *tú eres Dios.*

Dios es el creador. Él nunca cambia. Muchos tienen casas muy humildes; cuesta mucho conseguir una casa propia. Dios es la única morada segura. He conocido a mucha gente que anhela un hogar y nunca lo encuentra. Dios es tu hogar. Es tu refugio. Qué hermoso saber que Dios nos proporciona ese lugar de reposo y seguridad. Es especialmente relevante que Moisés conociera a Dios como su morada, refugio y hogar: fue criado en el palacio del Faraón, huyó a otro país y pasó los últimos cuarenta años de su vida vagando sin hogar en el desierto. ¡Y luego se le prohibió entrar en la Tierra Prometida! En medio de toda la inseguridad y de las transiciones de su vida, Moisés descubrió que Dios era el único refugio seguro.

Dios nunca te fallará. No va a morir. Nadie puede echarte de su hogar. Desde el principio y hasta el fin de tu vida, de tu matrimonio y de la historia, Él es Dios.

> **3** *Tú haces que los hombres vuelvan al polvo,*
> *cuando dices: «¡Vuélvanse al polvo, mortales!»*
> **4** *Mil años, para ti, son como el día de ayer, que ya pasó;*

son como unas cuantas horas de la noche.
⁵ Arrasas a los mortales. Son como un sueño.
Nacen por la mañana, como la hierba
⁶ que al amanecer brota lozana
y por la noche ya está marchita y seca.

Una enfermedad debilitante o la muerte de un ser querido nos recuerda rápidamente que esta vida es pasajera. Desde la perspectiva de la eternidad, toda tu vida es un milisegundo. Dios suena un poco duro, barriéndolos como un torrente y diciendo: «¡*Vuélvanse al polvo, mortales!*» Pero nos da una perspectiva sobre nuestro egocentrismo muy inflado. Sí, Dios te ama y eres de gran valor para Él, pero no eres el centro del universo. Moisés había visto a Dios destruir a miles de personas en un momento de juicio y no pudo entrar en la Tierra Prometida por su pecado. Sin embargo, también vio la cara de Dios y su grandeza como ningún otro hombre.

Tal vez, después de vagar por el desierto durante tantos años, Dios le mostró que lo que parecía una eternidad para Moisés no era nada en el calendario de Dios. ¿Te parece que Dios está tardando mucho en cambiar algo en tu vida? ¿Te preguntas por qué Jesús aún no ha regresado? Recuerda que para Dios mil años son como unas pocas horas de la noche.

⁷ Tu ira en verdad nos consume,
    tu indignación nos aterra.
⁸ Ante ti has puesto nuestras iniquidades;
    a la luz de tu presencia, nuestros pecados secretos.
⁹ Por causa de tu ira se nos va la vida entera;
    se esfuman nuestros años como un suspiro.
¹⁰ Algunos llegamos hasta los setenta años,
    quizás alcancemos hasta los ochenta,
    si las fuerzas nos acompañan.

*Tantos años de vida, sin embargo,
sólo traen pesadas cargas y calamidades:
Pronto pasan y con ellos pasamos nosotros.
¹¹ ¿Quién puede comprender el furor de tu enojo?
¡Tu ira es tan grande como el temor que se te debe!
¹² Enséñanos a contar bien nuestros días,
para que nuestro corazón adquiera sabiduría.*

¿Te parece la vida muy pesada y dura? ¿Buscas algo para llenar los días vacíos y aliviar el aburrimiento? ¿O están tan llenos que te estás perdiendo momentos especiales con tu esposa o tus hijos? ¿Es Dios el último en tu lista de prioridades? ¡Señor, enséñanos a vivir bien! Hoy es un regalo de Dios para ti. Que Él te otorgue sabiduría para aprovechar al máximo cada día. No desperdicies tu vida en páginas interminables y sin sentido de Internet ni en programas de televisión. No caigas en la trampa de buscar las riquezas y los placeres del mundo. Inviértete en cosas de valor eterno: tu familia y el Reino de Dios. ¿Qué quiere Dios que hagas con tu vida? ¿Cómo afecta eso el uso de tu tiempo, el tiempo que Dios te ha dado como mayordomo?

Aunque Moisés tenía 120 años cuando murió, sabía lo rápido que pasan los años. Al envejecer, uno es cada vez más consciente de ello. De hecho, cuando yo tenía veintitantos años, la vida parecía casi interminable. Ahora soy muy consciente de que está llegando a su fin. Tal vez Moisés había visto suficiente de la ira de Dios como para conocerla a diario. Es cierto que la ira forma parte de la naturaleza de Dios, pero estoy agradecido a Jesús porque Él sufrió la condena de esa ira en la cruz. Ahora somos libres para adorarlo y servirlo con un corazón agradecido, acompañados de un temor adecuado y de reverencia hacia Él.

Durante muchos años yo creí en el mito popular de que la vida es básicamente buena. Los estadounidenses son expertos en aislarse de las realidades más difíciles de la vida, y todos quieren ese estilo de vida. Los programas de televisión y las películas difunden el mito y brindan un escape de la realidad, pero la verdad es que para la gran mayoría del mundo la vida es muy dura. El optimismo de la juventud es bueno, y hay que ver las dificultades de la vida a través de los ojos de la fe, pero el mensaje muy popular de que Dios quiere hacer tu vida muy cómoda y libre de dolor simplemente no es toda la verdad.

¿Y el pecado? Eso parece ser un tabú en muchos círculos. ¿Le has pedido al Espíritu de Dios que te revele cualquier pecado u oscuridad que pueda haber en tu corazón? ¿Cómo te sientes al pensar que Dios pone tus iniquidades delante de ti? (Versículo 8) ¿Hay pecados secretos que crees que puedes esconder de Dios? ¿Sabes que Él les brilla su luz para exponerlos? ¡Jesús dijo que serían gritados a los cuatro vientos! ¿Eres consciente de la profundidad de tu naturaleza pecaminosa? Moisés lo había visto claramente día tras día durante el éxodo.

13 ¿Cuándo, Señor, te volverás hacia nosotros?
¡Compadécete ya de tus siervos!
14 Sácianos de tu amor por la mañana,
y toda nuestra vida cantaremos de alegría.
15 Días y años nos has afligido, nos has hecho sufrir;
¡devuélvenos ahora ese tiempo en alegría!
16 ¡Sean manifiestas tus obras a tus siervos,
y tu esplendor a sus descendientes!

¡Espérate! ¡Pensé que Moisés decía que la vida es difícil y que Dios está enojado con nuestro pecado! Sin embargo, a medida que sentimos el impacto del pecado cada día y somos conscientes de la ira de Dios, su compasión y su amor nos rodean y nos ayudan a través de las pruebas.

Moisés acaba de decir que el tiempo (que para nosotros puede parecer interminable) es para Dios como una vigilia de la noche, pero ahora tiene que preguntar cuándo Dios se volverá hacia ellos. ¿Estás en un lugar donde clamas: "Ten misericordia de mí, Señor"? "¡No puedo soportar mucho más!" ¡Dios es compasivo! Donde hay enfermedad, Él puede sanar. Donde hay oscuridad, puede brillar su luz. Donde hay pecado, Él puede perdonar.

¿Te acercas a Dios temprano por la mañana para recibir su amor? A menudo me despierto atribulado y tengo que bañarme en su amor para hacer frente a las dificultades del nuevo día. Cuando Dios te libere de esa pesadez, alábalo y reflexiona sobre su esplendor, su poder y su fidelidad.

Si tu vida ha sido muy dura, Dios quiere llenarte de su amor y de su alegría. Puede que Dios no cambie todas las circunstancias difíciles, pero te dará una canción y un gozo inexplicable en medio de las pruebas. Dios quiere saciarte con su presencia.

17 Que el favor del Señor nuestro Dios esté sobre nosotros.
  Confirma en nosotros la obra de nuestras manos;
sí, confirma la obra de nuestras manos.

Y que el Señor nuestro Dios nos dé su aprobación
  y haga que nuestros esfuerzos prosperen;
  sí, ¡haz que nuestros esfuerzos prosperen! (NTV)

Hay tanto trabajo malgastado, hecho contra la voluntad de Dios y sin su favor. Sin embargo, con Dios, nuestro trabajo puede producir resultados duraderos. El trabajo es bueno. ¡Él nos dio las manos para usarlas! Y cuando Dios esté en medio de ese trabajo, nuestros esfuerzos prosperarán. ¿Has experimentado la frustración de hacer un gran esfuerzo en algo que no era de Dios, solo para verlo desmoronarse? ¡Que Dios confirme la obra de tus manos!

Moisés y Jesús

Jesús se refería con frecuencia a Moisés como el autor del Pentateuco y afirmaba lo que Moisés escribió allí. Para los judíos en los días de Jesús, Moisés era visto como el "estándar de oro" por el cual Jesús fue comparado: *Y sabemos que a Moisés le habló Dios; pero de éste no sabemos ni de dónde salió* (Juan 9:29).

Tal vez el homenaje más impresionante de la importancia duradera de Moisés es su inclusión (junto con Elías) en la Transfiguración:

Unos ocho días después de decir esto, Jesús, acompañado de Pedro, Juan y Jacobo, subió a una montaña a orar. Mientras oraba, su rostro se transformó y su ropa se tornó blanca y radiante. Y aparecieron dos personajes —Moisés y Elías— que conversaban con Jesús. Tenían un aspecto glorioso y hablaban de la partida de Jesús, que él estaba por llevar a cabo en Jerusalén (Lucas 9:28-31).

Hemos visto a Moisés en la presencia de Dios en el Monte Sinaí. Murió y fue sepultado en la cima del Monte Nebo. Y ahora está en la cima de una montaña de nuevo, con alguien que Moisés obviamente conoció antes de su nacimiento en este mundo: el Hijo de Dios. Moisés ya tenía conocimiento del milagro más grande de la historia: la salvación que Jesús logró para nosotros por su muerte en la cruz. ¡Y Moisés aparece en un glorioso esplendor! ¡Y era muy amigo de Elías!

Jesús quería asociarse con Moisés y señaló los muchos lugares donde Moisés escribió sobre Él:

Si le creyeran a Moisés, me creerían a mí, porque de mí escribió él (Juan 5:46).

Moisés formó parte de la conversación el día de su resurrección. En el camino a Emaús, Jesús explicó lo que Moisés había escrito acerca del mesías:

Entonces, comenzando por Moisés y por todos los profetas, les explicó lo que se refería a él en todas las Escrituras. Cuando todavía estaba yo con ustedes, les decía que tenía que cumplirse todo lo que está escrito acerca de mí en la ley de Moisés, en los profetas y en los salmos (Lucas 24:27, 44).

¡Me encantaría saber qué dijo Jesús sobre los libros de Moisés!

Moisés en el libro de Hebreos

Está claro que Moisés era uno de los hombres más grandes de toda la historia, pero el autor de Hebreos, escribiendo a judíos, enfatiza que hay uno infinitamente mayor:

[Jesús] fue fiel al que lo nombró, como lo fue también Moisés en toda la casa de Dios. De hecho, Jesús ha sido estimado digno de mayor honor que Moisés, así como el constructor de una casa recibe mayor honor que la casa misma (Hebreos 3:2-3).

Solo Abraham recibe más espacio entre los héroes de la fe en Hebreos 11:23-29:

Por la fe Moisés, recién nacido, fue escondido por sus padres durante tres meses, porque vieron que era un niño precioso, y no tuvieron miedo del edicto del rey. Por la fe Moisés, ya adulto, renunció a ser llamado hijo de la hija del faraón. Prefirió ser maltratado con el pueblo de Dios a disfrutar de los efímeros placeres del pecado. Consideró que el oprobio por causa del Mesías era una mayor riqueza que los tesoros de Egipto, porque tenía la mirada puesta en la recompensa. Por la fe salió de Egipto sin tenerle miedo a la ira del rey, pues se mantuvo firme como si estuviera viendo al Invisible. Por la fe celebró la Pascua y el rociamiento de la sangre, para que el exterminador de los primogénitos no tocara a los de Israel. Por la fe el pueblo cruzó el Mar Rojo como por tierra seca; pero cuando los egipcios intentaron cruzarlo, se ahogaron.

Moisés es elogiado como un gran héroe de la fe. Hemos visto esa fe una y otra vez en el éxodo. Es interesante que estos sean apuntados aquí:

- Su decisión, como adulto, de renunciar a su adopción y a sus privilegios, y de alejarse de su madre adoptiva, la hija de Faraón.

- Su elección de identificarse con sus hermanos israelitas y de sufrir con ellos, rechazando los placeres pecaminosos del palacio.

- Confiar en que una recompensa eterna valía más que el éxito temporal.

- Su fe lo hizo salir de Egipto sin temer la ira de Faraón. Como siempre, la fe echa fuera el temor.

- Perseveró a pesar de muchas pruebas debido a su profunda confianza en Dios.

- Celebró y condujo a todo Israel a celebrar la Pascua, protegiendo a sus primogénitos del ángel de la muerte.

La última referencia a Moisés se encuentra en Apocalipsis 15:2. Ya vimos la canción que él cantará con Jesús. Sí, ¡Moisés estará allí con Jesús cuando lleguemos al cielo!

www.ingramcontent.com/pod-product-compliance
Lightning Source LLC
Chambersburg PA
CBHW070115100426
42744CB00010B/1844